权威·前沿·原创

皮书系列为
“十二五”“十三五”国家重点图书出版规划项目

驾培行业蓝皮书

BLUE BOOK OF
CHINA'S DRIVER TRAINING INDUSTRY

中国驾培行业发展报告（2019）

ANNUAL REPORT ON CHINA'S DRIVER TRAINING INDUSTRY
(2019)

中国交通运输协会
趣学车安全驾驶研究院
主　编／刘治国　刘伟俊

社会科学文献出版社
SOCIAL SCIENCES ACADEMIC PRESS (CHINA)

图书在版编目(CIP)数据

中国驾培行业发展报告. 2019 / 刘治国, 刘伟俊主编. -- 北京：社会科学文献出版社, 2019.5
（驾培行业蓝皮书）
ISBN 978-7-5201-4672-2

Ⅰ. ①中… Ⅱ. ①刘… ②刘… Ⅲ. ①汽车驾驶员－培训－研究报告－中国－2019 Ⅳ. ①U471.3

中国版本图书馆CIP数据核字（2019）第066816号

驾培行业蓝皮书
中国驾培行业发展报告（2019）

主　　编 / 刘治国　刘伟俊
副 主 编 / 赵　健　熊燕舞　刘文海

出 版 人 / 谢寿光
责任编辑 / 陈凤玲　田　康
文稿编辑 / 田　康　陈凤玲

出　　版 / 社会科学文献出版社·经济与管理分社（010）59367226
地址：北京市北三环中路甲29号院华龙大厦　邮编：100029
网址：www.ssap.com.cn
发　　行 / 市场营销中心（010）59367081　59367083
印　　装 / 三河市东方印刷有限公司

规　　格 / 开　本：787mm×1092mm 1/16
印　张：17.5　字　数：261千字
版　　次 / 2019年5月第1版　2019年5月第1次印刷
书　　号 / ISBN 978-7-5201-4672-2
定　　价 / 168.00元

《中国驾培行业发展报告（2019）》
指导委员会

主　　任　李　华　中国交通运输协会副会长、交通运输部公路局原局长

李　刚　中国交通运输协会副会长、交通运输部运输服务司原司长、交通运输部政策研究室原主任

成　　员　刘海生　江西省运输管理局调研员

俞卫江　中国交通运输协会驾驶培训分会特聘专家、交通运输部运输服务司车辆处原处长

惠建华　中国交通运输协会办公室主任

张柱庭　交通运输部管理干部学院发展研究中心主任、教授

范　立　中国交通运输协会驾驶培训分会高级顾问、特聘专家

牛文江　中国交通通信信息中心国交信息股份有限公司总经理

姜占峰　人民交通出版社管理咨询有限公司信息技术总监

张燕晨　北京海淀驾校校长、中国交通运输协会驾驶培训分会常务副会长

《中国驾培行业发展报告（2019）》
编 委 会

孟凡博　趣学车安全驾驶研究院研究员

秦　磊　趣学车安全驾驶研究院研究员

邱晶晶　趣学车安全驾驶研究院研究员

田岚岚　安徽省蚌埠运管局教培科科长

王　萍　趣学车安全驾驶研究院研究员

王常香　合肥八一驾校校长、安徽省驾培行业协会副会长

王劲翩　浙江省瑞安市五联机动车驾驶培训学校校长

魏小锋　中国交通运输协会驾驶培训分会专家

邢海燕　中国交通运输协会驾驶培训分会副会长、河北燕赵驾校董事长

徐小灵　中国交通运输协会驾驶培训分会副秘书长、北京海淀驾校副校长

张泽涛　趣学车安全驾驶研究院研究员

钟鸿峰　趣学车安全驾驶研究院研究员

序　一

今年是中华人民共和国成立 70 周年，机动车驾驶培训社会化也基本走过了 40 年。这几十年来，我国社会化、市场化驾校从无到有、从少到多，不断发展壮大。截至 2018 年底，全国有驾校 19000 余所，其中民营企业占比很高，据粗略估计，至少在 80% 以上。

不久前，习近平总书记在民营企业座谈会上的讲话指出，我国民营经济已经成为推动我国发展不可或缺的力量，成为创业就业的主要领域、技术创新的重要主体、国家税收的重要来源，为我国社会主义市场经济发展、政府职能转变、农村富余劳动力转移、国际市场开拓等发挥了重要作用。长期以来，广大民营企业家以敢为人先的创新意识、锲而不舍的奋斗精神，组织带领千百万劳动者奋发努力、艰苦创业、不断创新。我国经济发展能够创造中国奇迹，民营经济功不可没！

同样，中国机动车驾驶培训经过这几十年充分的社会化、市场化，取得了有目共睹的成绩，驾培行业共为包括教练员在内的 120 多万名从业人员提供了就业机会，每年培训出机动车驾驶员近 3000 万名，为经济社会的发展做出了巨大的贡献。

随着驾培、驾考改革的持续深入和社会经济的不断发展，驾培行业的发展进入一个新的时期。驾培市场产能过剩、各地价格战狼烟四起，恶性竞争加剧，一些驾校在经营发展中遇到不少困难和问题，导致焦虑感上升，信心不足。这和其他行业民营企业的遭遇非常相似。正如习近平总书记所指出的，有的民营企业家遇到了“三座大山”：市场的冰山、融资的高山、转型的火山。对于驾培行业的经营管理者而言，这些困难和问题成因是多方面的，是外部因素和内部因素、客观原因和主观原因等多重矛盾问题碰头的结果。

一是社会经济环境变化的结果。一方面，我国人口红利逐渐消失，市场需求见顶，老中青同时学车的场面愈来愈少见；另一方面，驾校越办越多，市场产能严重过剩，僧多粥少，驾校的经营必然会受到影响，那些同质化竞争的驾校更是受到波及。

二是我国驾培行业由高速增长阶段转向高质量发展阶段的结果。当前，驾培行业正处在转变经营方式、提升教学服务质量的转型期，学员年轻化、需求多样化，消费结构全面升级，对供给质量和水平提出了更高的要求，尤其是低效的落后产能必然会使利润日渐摊薄，必然给驾校带来转型升级压力。在市场调整过程中，行业集中度一般会上升，兼并重组会成为常态，这是市场优胜劣汰的正常竞争结果。市场有波动、价格有起伏、需求在变化、人口在流动，在这样一个复杂背景下，部分驾校遇到困难和问题是难免的，民营驾校和国有驾校都需要逐步适应。

三是政策落实不到位的结果。近几年来，国家出台的有关驾考驾培的政策措施很多，但落地打折扣、效果不理想。有些驾考驾培管理机构和地方对规范驾培市场健康发展的大政方针认识不到位，工作中存在不应该有的政策衔接偏差，比如，在学时监管平台对接、打击黑驾培黑驾校等方面还有待落到实处。

除此之外，驾培行业遇到的困难也有驾校自身的原因。在市场需求井喷时期，一部分驾校经营比较粗放，没有做详细的市场调查就进入驾培行业，盲目铺摊子、上车辆、搞竞争，在教学服务质量、员工队伍建设等方面不规范、不用心，在市场需求无法稳步增长的背景下，驾校必然会面临很大压力，长期积累的经营风险会逐渐暴露。随着驾培市场竞争的逐渐激烈，一部分驾校正面临关、停、并、转，驾培行业重新洗牌整合在所难免，驾培市场由分散到集中化进程逐步加快。

根据 2018 年底中国交通运输协会驾驶培训分会组织的“2018~2019 全国

驾培市场发展情况与信心指数调查”结果来看，有约 51% 的驾校处于经营亏损阶段。应该承认，当前一些驾校遇到的困难越来越大，形势不可谓不严峻。同时，也要认识到，这些困难是驾培行业发展中的困难、前进中的问题，行业亟待在各级管理部门的支持下，依靠行业协会和驾校经营管理者的力量自律发展、联合创新发展。

机动车驾驶培训行业，是一项充满道德血液的良心行业，是用生命呵护生命的伟大事业。我们每培养出一个安全文明的合格驾驶人，就是在积德行善，就是从车轮下挽救生命。全体驾培人应该牢记初心，不辱使命，砥砺前行，培育出更多中国好司机，让每位学员平安出行！这是行业的价值所在，也是驾校存在的唯一价值，谁把这一点记得越牢、做得越好，谁就能率先走出困境，取得更好的社会效益和经济效益。

由衷期冀蓝皮书《中国驾培行业发展报告（2019）》的出版成为一个良好的开端，由此而开辟出一片驾培行业健康发展、规范发展研究的新天地。

行业同仁每个人往前的一小步，就是行业的一大进步。本人曾经参与了国内第一本《安全驾驶从这里开始》的出版工作，也见证了中国道路运输和驾驶培训事业的蓬勃发展。按中国交通运输协会第七届理事会的分工，由我分管驾驶培训分会。这使得我更加关注驾驶培训行业的发展，关注驾驶培训对汽车生活时代的正面作用。

呈现在眼前的这本新书，就是我们团队关于 2018~2019 年驾驶培训行业发展的最新研究报告。我们期望这一系列的研究，能够推动学界、市场与政策制定者们更加关注新时期驾驶培训行业的健康发展、创新发展和转型升级。

百舸争流千帆竞，众人划桨开大船。《中国驾培行业发展报告（2019）》，是我会为行业发展贡献的一份力量。我要感谢驾驶培训分会和趣学车安全驾驶研究院团队的各位成员，他（她）们均为报告的写作尽心尽力，还花费了很多工作之外的时间。同时，也要鸣谢交通运输部运输服务司的指导，安徽各级运管部门和河南、安徽、江西驾培协会等地方协会的鼎力支持！

我相信，驾培行业在交通运输部的指导下，在各级管理部门和行业协会的支持下，在行业同仁的努力下，假以时日，一定会获得应有的社会地位，为汽车社会做出更大的贡献。

李　华
中国交通运输协会副会长
交通运输部公路局原局长
2019 年 4 月 15 日

序　二

又到总结过去一年驾培行业发展局面的时候，《中国驾培行业发展报告（2019）》即将问世。回看组织编写并出版驾培行业蓝皮书的这三年，驾培行业发展风起云涌，蓝皮书从无到有，从有到优。蓝皮书是驾培行业发展的记录者，我与趣学车有幸发起参与蓝皮书的编写与出版，深深感受到个人、企业与行业变迁息息相关，休戚与共。

回想在2017年组织编写第一本驾培行业蓝皮书时，很多同行不理解，为什么趣学车要做这样一件事。其实是因为在探索最优商业模式的过程中，趣学车找遍了市面上关于驾培行业的研究报告，甚至花重金向咨询公司购买。但是发现，这些报告只是把碎片化的信息杂糅在一起，既不成体系，又缺少对行业客观、有价值的判断和思考。

这个行业需要一份全面、客观、严谨、对行业有深度思考、指引行业未来发展的研究报告。如果我们有这样的需求，那么是否整个驾培行业，17804所驾校，91.6万名教练，也有同样的需求？如果我们解决了这个痛点，那么是否也能帮助驾培行业解决一个痛点？

这便是我们组织编写驾培行业蓝皮书的初衷。这也成为趣学车贯彻至今的思考方式，不光解决自身发展过程中的问题，同时也为整个驾培行业思考如何解决问题，创造价值与利他，是趣学车这家企业的底色。

还记得去年的驾培年会暨《中国驾培行业发展报告（2018）》发布会上，我作为一位行业从业者有幸受邀上台演讲。当大屏幕上显示出一行文字“任何一个行业都值得被尊重”的时候，我看到台下1000多位驾校校长激动地鼓起了掌，甚至还有观众流下了眼泪。我不禁感叹，这个行业需要唤起更多社会尊重和认同。

同样关乎生命的职业还有医生，被尊称为白衣天使，同样传授知识技能的职业还有人民教师，被赞美为人类灵魂的工程师，可为什么一提到驾校和教练员，人们往往就会产生一种负面印象？事实上，教练员从事的是一个非常高尚的工作，因为他们决定了“是往车轮子底下送人，还是从车轮子底下救人”；我们一生中可能会经历无数次考试，但只有这次考试是关乎未来生命安全的。所有的驾培从业者，其实都肩负着这份社会责任。

任何一个行业都值得被尊重，任何一个驾培从业者都想做好自己的工作，获得社会的认可。只是在驾培行业改革转型期，身处行业阵痛中，驾校校长和教练中的大多数人都感到迷茫和无奈，才会陷于无休无止的价格战，找不到努力的方向。在驾培行业五年来的所见所思，让我意识到，这个行业没有得到足够的关注，资本和人才的缺失，使得大多数从业者只能在迷雾中摸索，艰难前行。

产能过剩、运营成本增加、价格战、品牌缺失、资本参与度低、信息化程度低、管理难度大……学员在抱怨，驾校校长和教练同样也在迷茫，在经历阵痛，这是整个行业的痛。因此，趣学车的战略定位越来越明确，我们不仅仅要解决学员痛点，更要做优秀驾校校长的好朋友，帮助传统驾校实现品牌化、规模化、互联网信息化、服务标准化、用户粉丝化和资产证券化；帮助驾培行业产业升级，提效降本，形成经营的良性循环。

慢行业，苦赛道，这是一条艰难但正确的路。有幸的是，我们收获了行业各界的支持与帮助。在《中国驾培行业发展报告（2019）》的内容获得行业专家与诸多行业参与者的主动贡献与支持之余，还获得了来自全国各地的优秀驾校校长在业务合作上的强烈意向，这种认可，让我们在产业互联网的路上更有信心地走下去。

随着趣学车对驾培行业的进一步深耕，这份行业蓝皮书也将越来越充实完善。趣学车同样也将伴随蓝皮书的成长，继续为行业创造价值。

蓝皮书的发行量与影响力越来越大，我们收到了大量驾培行业参与者的关注、建议与意见，越来越多的行业专家愿意参与到蓝皮书的内容编撰队伍中来，趣学车也为2019年版蓝皮书做了大量准备工作，历时10个月调研、走访、编撰，众志成城为驾培行业的理论依据做出贡献。

中国交通运输协会驾驶培训分会秘书长刘治国，成文《转型期的驾培行业价值观与社会责任》及《2019年驾培行业发展展望》；交通运输部科学研究院高级工程师，交通运输科技传媒有限公司总编熊燕舞先生将自己多年研究成果《驾培行业安全责任与安全意识教育》贡献给蓝皮书编委会；中国交通运输协会驾驶培训分会专家委员会主任冯晓乐结合自身多年经验，对驾校经营模式展开分析，成文《驾校经营模式演变与发展趋势》；四川长征驾校集团董事长董强先生将自己20余年的驾校经营经验贡献出来，成文《社会化考场及政府购买服务》；山东蓝翔驾校校长安道利成文《驾培行业创新责任与发展实践》……

《中国驾培行业发展报告（2019）》还获得了诸多同行，如“驾考宝典”“趣教练”“驾培创业教练”的大数据支撑，这让《中国驾培行业发展报告（2019）》有了更广泛的数据依据。

在此感谢各单位、企业、专家的大力支持，向全行业共享这本《中国驾培行业发展报告（2019）》，与更多的优秀从业者相互交流，彼此学习。

我们坚持每年定期发布蓝皮书，将其作为了解驾培行业相关人士的最新行业状态、理论研究和应用实践研究的平台，为行业参与者提供全面的行业发展历史总结和未来业态预测；为政策制定者提供客观公正的行业现状和趋势判断；为潜在投资者提供严谨可信的行业数据分析。

希望这本蓝皮书，能够呼唤驾培行业从业者的社会责任，做利国利民，有担当的社会一分子。感受到社会责任之际，希望趣学车此举能够为推动驾培行业发展贡献绵薄之力。

刘老木

趣学车创始人

2019年4月18日

前　言

2018 年是“机动车驾驶培训考试制度”三年改革的收官之年，2019 年是中国机动车驾驶培训行业深化改革和发展重点布局的新一年。

2015~2018 年，驾培行业供给侧的结构重点是解决“便不便利”的问题。随着市场的进一步开放，驾培市场从“供不应求”逆转到“供大于求”。其中，这三年全国绝大部分地区有效圆满地解决了“培训能力滞后于市场学车考证需求、考试能力滞后于培训能力”的问题，但也带来了产能迅速增加和部分地区严重过剩的新问题。

如今，矛盾的焦点转到了如何解决“高不高效”的问题，促进驾培行业高质量发展的问题，推动行业规范发展、健康可持续发展的问题上。以车辆场地投入、低价恶性竞争为主要特征的传统增长模式，已经难以适应经济新常态的要求，迫切需要我们转变发展方式，加快转型升级。

随着政府主管部门“放管服”工作的全面推进，机动车驾驶培训行业的发展重点聚焦于“便民、经济、规范”，而驾培市场发展的布局则是大力推动“延伸服务链、提升价值链、整合产业链”优化革新，促进行业整体向“创新发展、转型升级”的正确方向前进。

近年来，在驾培、驾考一系列政策改革的推动下，在激烈的市场竞争倒逼下，很多地区的驾校纷纷开始自救图存，探索适合本地区的经营管理模式，开展了理念创新、管理创新、营销创新、教学创新、服务创新等各种各样的创新发展，涌现了很多新亮点，总结了很多新举措，也不同程度地取得了良好成效。

基于协会“服务行业、服务政府、服务社会”的宗旨，和驾驶培训分会“推动驾校成长，促进行业发展”的目标，为了更好地服务于广大驾驶员培训机构，让驾校了解新形势、把握新政策、建树新思路、调整新方略，顺势而为、与时俱进，在中国交通运输协会总会的指导和支持下，中国交通运输协会驾驶培训分会联合趣学车安全驾驶研究院，经过深入广泛的行业调研，编辑出版了《中国驾培行业发展报告（2019）》（即2019年驾培行业蓝皮书，以下简称蓝皮书）。

本蓝皮书作为连续发布的第三本中国驾培行业发展报告，力求全面总结2018~2019年驾培行业发展情况，反映新情况、分析新问题、提出新思路。以“责任担当、创新发展”为主题，分为“总报告”“社会责任篇”“行业发展篇”等篇章。

总报告对行业发展状况进行梳理和分析，对全国驾培行业发展的现状与回顾及新情况、新特征、新动向和新趋势进行了详细介绍，深入分析了目前我国驾培市场的发展情况以及面临的典型和突出问题，详细解析了促进我国驾培行业健康发展的重点政策。

社会责任篇，从行业核心价值观、安全责任、环保责任、创新责任、就业责任等行业责任与价值回归入手，详细分析了行业责任担当的发展动态、重点领域、主要作为以及具体表现等。

行业发展篇，围绕着行业自律与协会作用作为、驾校经营模式演变、社会化考场与政府购买服务、驾校品牌营销与市场拓展、信息化演变与行业效率提升等行业发展中的若干热点问题，总结了新技术、新思维和新方式，并对我国驾培行业的下一步发展提出了启示。

研究行业发展情况、撰写行业发展报告是一件很辛苦、很费心的事，中国交通运输协会驾驶培训分会与蓝皮书指导委员会，对趣学车安全驾驶研究院和编写组的专家学者的支持表示衷心的感谢。由于我们占有的资料数据不全、深入实际调研不够、研究能力有限，蓝皮书的内容与观点难免存在不全面、不准确等情况，敬请业内专家与广大同仁批评指正。

目 录

Ⅰ 总报告

Ⅱ 社会责任篇

Ⅲ 行业发展篇

皮书数据库阅读**使用指南**

总　报　告

B.1

2018~2019 年驾培行业发展现状与演变

赵　健　钟鸿峰　刘　彬

摘　要：2015~2018 年是驾培行业发展跌宕起伏的三年，是驾考改革从提出到逐步落地执行的三年，纵观 2018 年 1 月 1 日到 2019 年 3 月 31 日的全国驾培市场，整体来看依然是竞争日趋激烈，供大于求的现象更加严重，学员存量市场加速萎缩，增量市场变化不大，教练车数量略微增加，价格战越来越严重，驾校之间逐步开始联合。作为驾考改革的最后一年，“计时培训”“自学直考”“先学后付”等政策在各地加速落地，与之匹配的是“放管服”政策的执行力度加大，主管部门在逐步加强行业规范化管理。

关键词：驾培行业　驾考改革“放管服”政策　自学直考

一 2018~2019 驾培行业发展概况

（一）机动车驾驶员培训业务发展概况

根据中华人民共和国交通运输部编《中国道路运输发展报告（2017）》，2017 年，我国（不含北京）共完成机动车驾驶员培训 2706.7 万人次，同比增加 0.7%；其中培训合格的为 2241.7 万人次，同比下降 0.7%，合格率为 82.8%，同比下降了 1.2 个百分点。2017 年，完成道路运输从业资格培训 242.1 万人次，同比减少 12.5 万人次。2013~2017 年我国机动车驾驶员培训完成情况如图 1 所示。

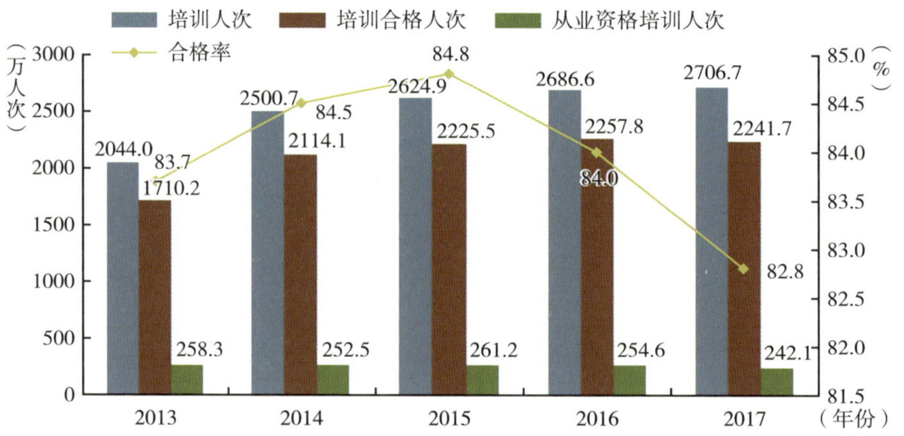

图 1 2013~2017 年我国机动车驾驶员培训完成情况

资料来源：中华人民共和国交通运输部编《中国道路运输发展报告（2017）》，人民交通出版社，2018。

近五年来，全国机动车驾驶人数量呈现持续大幅增长趋势，年均增量达 3012 万人（见表 1）。2018 年，全国机动车驾驶人数量达 4.09 亿人，其中汽车驾驶人达 3.69 亿人，占驾驶人总数的 90.28%。从驾驶人年龄看，26~50 岁的驾驶人达 3 亿人，占驾驶人总数的 73.31%；18~25 岁的驾驶人达 5136 万人，占 12.55%；51~60 岁的驾驶人达 4663 万人，占 11.40%；超过 60 岁的驾驶人达 1123 万人，占 2.74%。从驾驶人性别看，男性驾驶人达 2.86 亿人，占 69.9%；女性驾驶人 1.23 亿人，占 30.1%，比 2017 年提高了 1.3 个百分点。

表 1　2014~2018 年驾驶人数据

指标	单位	2014 年	2015 年	2016 年	2017 年	2018 年	年增长率（%）
机动车驾驶人数量	亿人	3.02	3.27	3.6	3.85	4.09	8.37
近五年驾驶人年均增量	万人	2057.00	2299.00	2450.00	2467.00	3012.00	11.76
驾龄 1 年以内驾驶人数量	万人	2967.00	3613.00	3314.00	3054.00	—	21.77
驾龄 1 年以内驾驶人占比	%	9.80	11.00	9.20	7.90	—	—
男性驾驶人数量	亿人	2.30	2.40	2.60	2.70	2.86	4.35
男性驾驶人占比	%	76.5	74.30	72.80	71.20	69.90	—
女性驾驶人数量	万人	7092.00	8415.00	9738.00	1.00	1.23	18.65
女性驾驶人占比	%	23.50	25.70	27.20	28.80	30.10	—
18~25 岁驾驶人数量	万人					5136.00	
26~50 岁驾驶人数量	万人					30000.00	
51~60 岁驾驶人数量	万人					4663.00	
60 岁以上驾驶人数量	万人					1123.00	

机动车驾驶培训供给能力反映的是驾培市场内利用现有教练车、教练员等设施和人员理论上培训学员的最大值。而机动车驾驶培训包括实操和理论培训两个部分，两个部分是并行状态，因此市场供给能力主要取决于需要最多时间的教学部分，即驾驶培训的实操教学，也就是最终取决于教练车的数量。

我国《机动车驾驶培训教学与考试大纲》明确规定了学员学习各种准驾车型的教学内容和学时要求。其中，学习小型汽车 C1 驾驶证的时间为 62 个学时，包括 22 个理论学时和 40 个驾驶操作学时，驾驶操作学时中又涵盖了 4 个驾驶模拟教学的学时；而学习小型汽车 C2 驾驶证的时间为 60 个学时，相对于 C1 车型来说，减少了 2 个驾驶操作学时。

假设每车每周1天用来休息、维护或接送学员考试，剩余6天时间进行培训，每天培训8小时。每年52周时间，扣除国家法定节假日，每车一年可培训2416小时。根据《机动车驾驶培训教学与考试大纲》对各车型的学时要求可以得到各车型每年培训人次，大中型客车为43人，牵引车为36人，城市公交车为2人，大型货车为28人，小型汽车、低速载货汽车和残疾人汽车为60人，摩托车为120人。计算得出，2017年的驾驶培训供给能力约为4458万人次，即市场的最大理论培训量，这也证明了目前驾驶培训市场供给远远大于需求的现状。

（二）机动车驾驶员培训机构概况

2013~2017年，全国驾培机构从12556家增加到17804家（见图2），增幅高达42%，然而从2015年开始，每年的增幅开始逐年递减。其中，2013年增幅为8.6%，2014年增幅为9.8%，2015年增幅为9.6%，2016年增幅为9.3%，2017年增幅为7.8%。驾培机构的绝对数量每年在增长，而增长的幅度逐年下降，主要因为两方面因素：一方面，《国务院办公厅转发公安部交通运输部关于推进机动车驾驶人培训考试制度改革意见的通知》（国办发〔2015〕88号）

图2　2013~2017年我国机动车驾驶员培训机构数量及增长率

资料来源：中华人民共和国交通运输部编《中国道路运输发展报告（2017）》，人民交通出版社，2018。

明确对符合法定条件的申请人，道路运输管理机构不得以任何理由拖延或者禁止准入，这一改革文件开放了驾驶培训行业准入的资格，大量行业外人员和机构得以顺利进入驾培行业，导致驾培机构的绝对数量增加；另一方面，随着从业者的迅速增加，供求关系发生变化，驾培市场逐渐变为供大于求的市场，市场竞争压力增大，从而导致进入市场的机构增幅逐渐递减。

从类型来看，普通机动车驾驶员培训机构从以前的以二级类型为主转变为以三级类型为主，2017 年三级类型占比为 55.6%；三级普通机动车驾驶员培训机构继续保持高速增长，2017 年增长率达 14.5%，一级普通机动车驾驶员培训机构呈现增长趋势，2017 年增幅为 4.0%，二级普通机动车驾驶员培训机构呈现略微下降趋势，2017 年降幅为 1.5%。2013~2017 年我国机动车驾驶员培训机构类型及数量变化情况见表 2。

表 2　2013~2017 年我国机动车驾驶员培训机构类型及数量变化

单位：户

类型				2013 年	2014 年	2015 年	2016 年	2017 年
机动车驾驶员培训机构	总计			12556	13783	15108	16512	17804
其中	普通机动车驾驶员培训机构	合计		12408	13631	14912	16325	17552
		其中	一级	1796	2044	1908	1934	2011
			二级	5913	6249	5842	5870	5782
			三级	4699	5338	7162	8521	9759
	道路运输驾驶员从业资格培训机构	合计		2100	2120	2093	2014	2013
		其中	客货运输	2010	2032	2008	1926	1927
			危险货物运输	402	380	419	448	445
	机动车驾驶员培训教练场经营机构			461	525	531	807	836
	残疾人驾驶员培训机构			279	309	304	305	413

资料来源：中华人民共和国交通运输部编《中国道路运输发展报告（2017）》，人民交通出版社，2018。

2017 年，机动车驾驶员培训行业规模化经营继续深入推进，我国机动车驾驶员培训机构户均拥有教学车辆达到 43 辆。其中有 13 个省份户均拥有的教学车辆超过全国平均水平。2017 年我国驾驶员培训机构户均拥有教学车辆数量情况见图 3（北京数据空缺）。

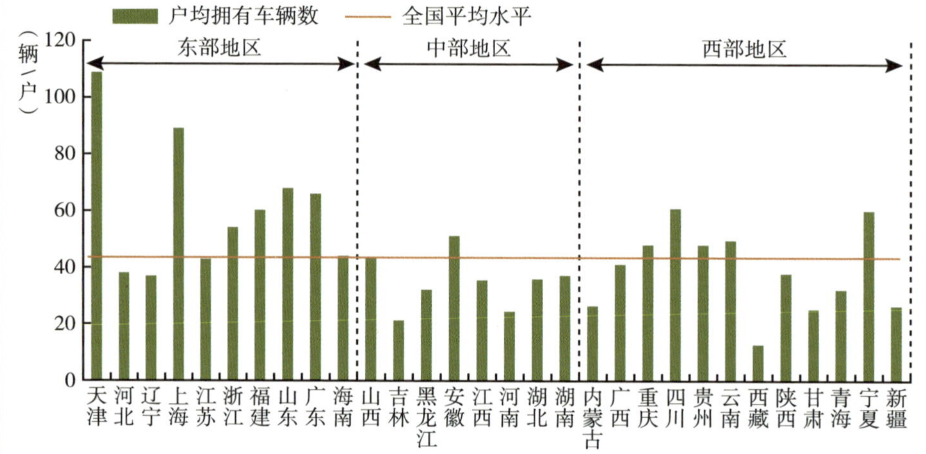

图 3　2017 年我国驾驶员培训机构户均拥有车辆数量情况

资料来源：中华人民共和国交通运输部编《中国道路运输发展报告（2017）》，人民交通出版社，2018。

（三）机动车驾驶员培训机构地区分布情况

与 2016 年相比，2017 年我国机动车驾驶员培训机构的分布更加均衡，东部地区培训机构所占比重为 35.6%（见表 3），同比上涨 0.5 个百分点；中部地区培训机构所占比重为 34.3%，同比下降 0.5 个百分点。其中，一级普通机动车驾驶员培训机构在东部地区集中的趋势更加明显，比重达 51.1%。

表 3　2017 年我国东、中、西部地区机动车驾驶员培训机构分布情况

类型			东部地区		中部地区		西部地区	
			数量（户）	比例（%）	数量（户）	比例（%）	数量（户）	比例（%）
培训机构			6333	35.6	6105	34.3	5366	30.1
其中	普通机动车驾驶员培训机构	合计	6217	35.4	6067	34.6	5268	30
		一级	1027	51.1	420	20.9	564	28
		二级	2149	37.2	1773	30.6	1860	32.2
		三级	3041	31.2	3874	39.7	2844	29.1
	道路运输驾驶员从业资格培训机构		543	27	793	39.4	677	33.6
	机动车驾驶员培训教练场经营机构		278	33.2	171	20.5	387	46.3
	残疾人驾驶员培训机构		97	23.4	177	42.9	139	33.7

资料来源：中华人民共和国交通运输部编《中国道路运输发展报告（2017）》，人民交通出版社，2018。

2017 年我国东、中、西部地区机动车驾驶员培训机构数量居前 5 位的省份见表 4。

表 4　2017 年我国东、中、西部地区机动车驾驶员培训机构数量居前 5 位的省份

序号	东部地区			中部地区			西部地区		
	省份	培训机构（户）	培训人次（万人次）	省份	培训机构（户）	培训人次（万人次）	省份	培训机构（户）	培训人次（万人次）
1	河北	1080	105.9	河南	1787	153.7	四川	637	139.6
2	江苏	1060	211.6	湖南	996	99.6	新疆	607	30.2
3	广东	952	195.8	湖北	710	68.8	内蒙古	595	40.3
4	浙江	837	135.4	江西	659	76.1	甘肃	587	30.6
5	山东	797	143.5	安徽	586	122.7	广西	549	64

数据来源：中华人民共和国交通运输部编《中国道路运输发展报告（2017）》，人民交通出版社，2018。

（四）教学车辆及设备

2017 年，我国拥有机动车驾驶员培训教学车辆 76.1 万辆，同比增长 4.6%。从设备的构成来看，仍然以小型汽车为主，所占的比例为 92.3%。其中，大型客车 4513 辆，同比减少 0.9%；通用货车半挂车（牵引车）4424 辆，同比增加 14.0%；城市公交车 1607 辆，同比增加 18.0%；中型客车 2017 辆，同比增加 5.5%；大型货车 3.4 万辆，同比减少 7.5%；小型汽车 70.2 万辆，同比增长 5.3%；低速汽车 2301 辆，同比增加 2.8%；摩托车 7200 辆，同比减少 0.6%；残疾人教学车 1379 辆，同比增加 25.7%。2017 年，我国继续加大机动车驾驶模拟器推广应用，共有机动车驾驶模拟器 107420 台，同比增长 9.6%。

二　2018 年驾培行业经营现状分析

综观整个驾培行业在 2018 年的经营表现，基本符合数据展示出来的市场情况，供求关系不平衡现象越来越明显，培训价格持续下跌，导致驾校的经营收益大幅下降，与此同时，各项成本和开支却有所上涨。

（一）价格战、恶性竞争严重

随着驾校市场化、社会化的推进，机动车驾驶培训机构越来越多，驾培市场明显供大于求，已经从之前的卖方市场过渡到现今的买方市场；而随着驾驶培训收费价格管制的逐步放开，学费也已经进一步市场化，驾校间的竞争日趋激烈和白热化，价格战已在各地硝烟弥漫。

据中国交通运输协会驾驶培训分会对“贵校2018年的培训价格与2017年同期相比，下降还是上升？”调查显示，25.4%的驾校培训价格下降了20%以上（见图4），培训价格下降5%~20%的驾校占比为38.36%。在具体的培训价格方面，培训价格在2001~3000元的驾校占38.76%（见图5），3001~4000元的占36.77%，4001元以上的占16.93%。若严格按照《中华人民共和国机动车驾驶员培训教学大纲》内容完成对驾驶人的教学培训，其固定成本应不低于3000元，这就意味着目前全国有46.3%的驾校培训价格低于成本，市场存在恶性竞争。

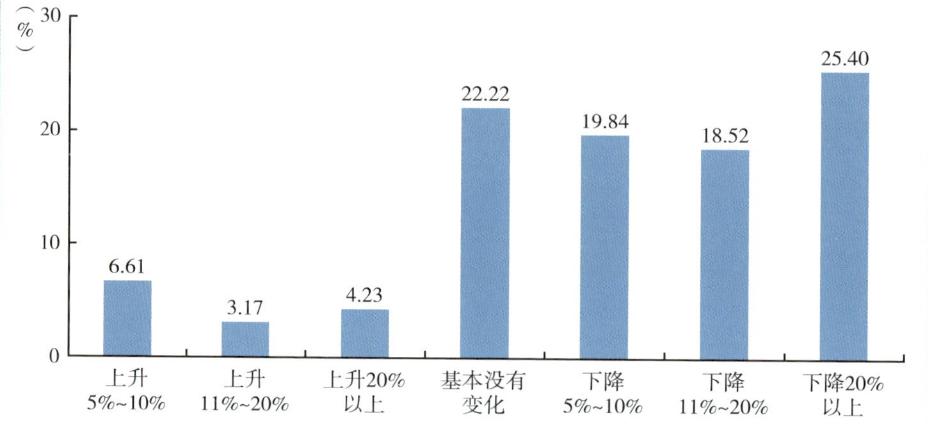

图4　2018年驾校培训价格升降情况

“价格战”的根源在于目前驾校的总培训能力供过于求，产能过剩，各个驾校之间产品（服务）雷同，同质化现象严重。在我国现阶段，“物美价廉”仍然是学车人在选择学车时的主要出发点。驾校的价格战愈演愈烈，一些驾

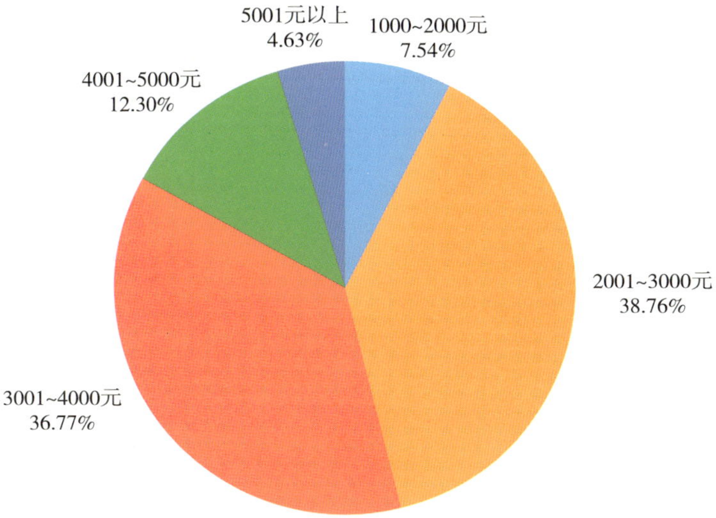

图 5　2018 年驾校培训价格情况

校经营者已经陷入“价格战”的怪圈之中，培训价格一降再降，驾校盈利也日渐稀薄。

（二）运营成本高企

根据中国交通运输协会驾驶培训分会做的调查，81% 的从业者表示 2018 年驾校的运营成本相较 2017 年有所增加。成本增加 20% 以上的占 15.08%，10%~20% 以内的占 26.72%，10% 以内的占 39.15%，见表 5。

表 5　2018 年驾校运用成本调查情况

选项	人数	比例（%）
有，增加 10% 以内	296	39.15
有，增加 10%~20%	202	26.72
有，增加 20% 以上	114	15.08
基本没有变化	144	19.05
本题有效填写人次	756	

面对逐年升高的成本，驾校经营管理者通常用以下两种办法来控制成本。

（1）通过流程的改进来降低平均培训成本。有的驾校通过优化服务培训流程，将服务和教学的模块化、标准化、流程化，融入学员的整个培训过程中，从而提高运营效率，提高考试通过率，提升学员的服务体验。然而，有的驾校却通过减少培训时间、降低培训质量等手段来降低培训成本，原本应该 12 个小时的课程，缩短到 5 个小时，然后就催促学员去考试，这样做的结果是：一方面学员考试合格率低下，需要进行再次考试，提高了学员的资金成本和时间成本，驾校口碑变差；另一方面是即使学员侥幸通过考试，拿到了驾驶证，也没有真正掌握驾驶技能，没有养成良好的驾驶习惯，对学员自身和社会造成交通安全隐患。通过流程再造可以有效降低培训成本，但是要选择一个可持续发展的方式。

（2）扩大规模，发挥规模效应从而降低成本。驾校通过规模的扩大、学员数量的增加，可以降低驾校的运营、管理成本；或者采取开设分训练场、报名服务点，兼并、收购、重组等横向一体化成长战略，扩大驾校的体量，按照管理成本、营销成本边际效益递减原理，最大限度地降低驾校总成本。这要求驾校必须建立起规模化、高效率的运营系统，全力以赴地降低招生、教学、服务及管理等各方面不必要的成本与费用。

然而，在实际操作中，驾校为了在不增加车辆、场地等成本的情况下扩大规模，就逐渐采取了将车辆承包或者挂靠给教练的模式，虽然在相对较短、成本相对较低的情况下实现了快速的规模扩张，但这种粗放型的扩张模式并没有给驾培行业带来价值，没有实现效率的提升或者服务的升级，反而增加了驾校的管理难度，导致服务质量的参差不齐，给整个行业造成一定程度的负面影响。

除此之外，规模效应与驾校经营的实际情况在不同城市有不同的效果。比如，东方时尚驾校在北京，是一家特大型驾校，北京的学员能够接受花费 1 ~ 2 个小时在路程上去学车，因为在北京这样一个特大型城市里，人们已经习惯于每天花大量时间去上班或上学，学员不会产生不好的服务体验。在青岛则是不一样的情况，人们日常的工作和生活半径大概不会超过 1 个小时的路程，大部分都在半小时以内，青岛人选择学车就会看重是否方便，驾校是否在工作地或者居住地的周边。在中国，像青岛这样的城市占绝大多数，北京、上海、广州等特大型城市的数量并不多，扩大单体驾校规模未必符合市场需求。

（三）经营效益下滑严重

如图 6 所示，2018 年驾校亏损比例达到了 50% 以上，而大幅赢利的只占 1.32%，小幅赢利的占 26.85%，20.24% 基本保持盈亏平衡，驾培行业已进入微利时代。

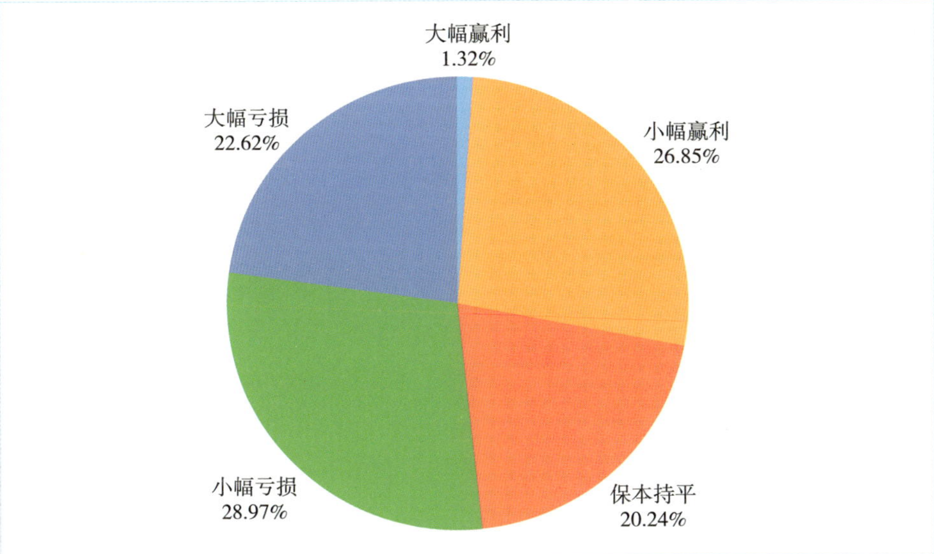

图 6　2018 年驾校盈亏情况

我们再看一下国内两家上市驾培企业云南一乘驾驶培训股份有限公司（以下简称一乘股份）和东方时尚驾驶学校股份有限公司（以下简称东方时尚）近年来的经营情况。

一乘股份在 2015 年挂牌新三板，挂牌的 2015 年，是其经营状况的高峰，此后，行业形势急转直下。一乘股份 2016 年营收为 2.79 亿元，同比下降 25.38%；净利润为 –3188.04 万元，同比下滑 206.79%。2015~2017 年，一乘股份的毛利率分别为 44.85%、30.1%、37.49%，2018 年上半年为 27.72%，呈逐年下降的走势。2017 年净利润为 –959.12 万元，2018 年上半年净利润为 –2982.13 万元。

同样，被誉为国内驾校第一股的东方时尚，近年来业绩也呈下滑趋势。公开数据显示，2015~2017 年其营收分别为 13.27 亿元、11.55 亿元、11.73 亿元；同期净利润分别为 3.29 亿元、2.46 亿元、2.35 亿元。2018 年三季报显示，前三季度营业收入为 8.08 亿元，同比下降 13.78%。

两家上市驾培企业的业绩表现，也能够普遍反映出驾培从业者目前的生存状态。随着供需关系改变，驾校逐年增加，竞争越来越激烈，再加上招生价格下降，经营成本上升，利润减少，恶性竞争严重，导致经营难度加大，大部分驾校难以适应变化，做出快速调整。不少驾校因为持续亏损，资金链断裂，难以再继续生存。

驾培行业进入一个艰苦经营的时期，过去 10 年行业的飞速发展导致如今的产能过剩，影响已经开始逐渐释放，“冰冻三尺非一日之寒”，每一名驾培从业者都感受到了寒冷的气息。每一个驾校的经营情况也都或多或少地反映了行业的经营状态，市场化竞争是激烈的，甚至是残酷的，在某种程度上却是健康的。市场的大浪淘沙、优胜劣汰，是每一个行业必须经历的过程。

三 行业面临的主要问题

我国大部分区域的驾培市场，自 2015 年以后曾经的好日子风光不再，除了外部市场环境的改变外，驾校之间的过度竞争，甚至是恶性竞争，逐渐成为造成其自身生存危机的重要因素。部分驾校为了维持生存，为了维系场地租金和员工工资以及日常开支，不惜以“保本”姿态招收学员，不考虑企业的长期稳定发展，不考虑培训和服务成本，全力增加现金流，如此一来，则加重了一些驾校尤其是新进驾校的倒闭风险。

在市场经济里，消费者通常会选择购买性价比较高的产品和服务，但驾培市场关键的问题是学员通常先付钱后培训，在学员无法对培训质量进行鉴别的情况下，有些驾校利用消费者贪小便宜的心理，通过大幅降价的行为来吸引不了解情况的消费者。

降价竞争一旦开始，同一个市场内的竞争对手会跟随降价，随着同一区域内价格持续降低，当驾校和教练已经没有利润空间时，从业者则无法提供满意的服务，因此不能达到合格的培训质量，甚至会出现二次收费，吃、拿、卡、要的现象。因此，恶性竞争最终扰乱了行业市场，导致整个行业全盘皆输的现象，无论是对眼前还是未来，对行业的伤害都是触目惊心、无法估量的。

（一）供求关系失衡导致低价竞争

截至 2017 年底，全国有超过 17000 家驾校，以往每年学员人数都在 2600 万左右，受各种因素影响，2018 年实际学员人数减少 25% 以上，而教学车辆由两年前的 60 余万辆增加到现在的 70 余万辆，年培训能力约 5000 万人，出现了僧多粥少的局面，培训能力超过市场需求量的一倍。在某些竞争激烈的区域，以成都为例，年学员数量约 50 万人，而教学车辆高达 2 万余辆，年车均学员仅有 25 人。在这样竞争激烈的情况下，有些驾校为了争夺日益减少的学员，不去思考怎样提升服务和培训的流程化以及标准化，不去想办法修炼内功来提升口碑并以此增强自身的竞争力，反而采取了最粗暴最简单的竞争方式进行降价，迫使区域内市场的其他驾校只能跟进降价，如果不这样做只能面临着迅速出局的窘境，在这样的恶性竞争环境下，不出几个回合，整个市场价格就被彻底扰乱，所有从业者都变成了输家。

（二）低价竞争导致驾校生存困难

在全国驾培市场的从业者看来，目前依然以学费乘以学员人数得到的收入作为开源的主要部分，降低价格是以价换量，但随着越来越多的驾校被迫进入降价竞争的行列，进行没有最低只有更低的低价竞争，带来的实际是经营严重亏损。在低价竞争的环境下，低价的驾校势必能招收更多的学员，看似热火朝天、生意兴隆，但实际上并没有降低的成本支出是驾校无法回避的，仔细一算账，扣除人工工资、房租费、水电费、油料费、市场推广费、土地租赁费、营改增后的税费、网络费、电话费、社会事务费等开支，到头来很可能是入不敷出的结局。年复一年，驾校在没有利润或者亏损的情况下经营，无暇顾及提升服务品质和进行培训的标准化、流程化，无法建立健康持久的培训模式，就相当于给自己埋下了一颗定时炸弹，况且还得承担起在培训中出现交通安全事故的法律和经济责任，驾校的经营压力可想而知。

（三）生存困难导致培训质量下降

虽然驾校以低价招揽学员，初期似乎占了便宜，但后续随着培训的进行会出现各种各样的问题，经常听到学员及学员的亲朋好友投诉或抱怨某教练有“吃拿卡要、低进高出”等问题，殊不知除必要的培训成本以及物价上涨严重外，驾校的各方面成本居高不下，低价格是无法保证有品质的培训质量的。随着招生越来越难、生源越来越少、价格越来越低，很多驾校都将销售作为业务发展的第一重要任务，更多的精力和人员都投入招生和宣传工作中，反而无暇顾及研究提升服务培训质量。但是驾校的本质是培训出合格的机动车驾驶员，培训质量的下降是行业从业者和学员都不愿意看到的情况。

（四）危害行业健康发展

低价招生，导致驾校无法产生正常利润，从而缩减培训和服务质量，进而导致口碑受损。而且，一旦某个区域内一家驾校开始降价招生，就会给在同一区域内招生的其他驾校造成极大的压力，在压力的迫使下，如果没有更好的营销方法，大部分驾校都会选择跟进降价，有的甚至会把价格降到低于成本。在激烈的价格战环境下，驾校越来越放松对服务和培训质量的提升，进而所有驾校的口碑受到影响，整个驾培行业的健康发展都会受到影响。这样负面的循环是从一家驾校或者一名教练引起，从而产生连锁反应，最终导致整个行业为此买单的情况。

任何一个行业在任何一个发展阶段都会存在各式各样的困难，驾培行业是模式相对传统又没有经历过巨大变革的行业。直到最近 3 年，随着政策调整和改革的进程，驾培行业才产生了变化，而刚好又在市场存量的下行期，导致供求关系迅速变得紧张，这成为几乎所有驾培从业者要面临的首要问题。在这种情况下，部分驾校经营者已经开始行动，采取各种方法来应对市场的巨大变化，其中“抱团取暖”是很多校长们想到的可以快速应对价格战的方案。

四　驾校联合抱团取暖

在价格战的博弈中，有很多驾校采用抱团取暖、联合发展的方式来提高招生价格。《中华人民共和国反垄断法》第五条明确规定，经营者可以通过公平竞争、自愿联合，依法实施集中，扩大经营规模，提高市场竞争力。驾校可以从原来简单的孤立的模式转变为联合、联盟、整合、直营等方式，共同提高服务水平、培训质量，重新赢回消费者信心、赢得市场，从而获取合理的利益。[①]

案例一　宁海驾校整合成立全省首家集团化运营驾校[②]

从 2016 年 10 月开始，浙江宁海在车管所和各大驾校等多方共同努力下，启动驾校整合工作，由宁海远大机动车驾驶培训有限公司发起，将 6 家驾校联合注册成立新公司——宁海乐佳时代机动车驾驶培训有限公司。

整合重组后的驾校聘请了职业经理人，构造规模化、集约化经营的驾培新体系，让学员享受一条龙服务；新驾校还推出因人而异的“私人定制”服

① 《驾校为什么要放下身段，合作共赢抱团发展?》，搜狐网，http://www.sohu.com/a/274241104_658430，2018 年 11 月 9 日。

② 《打破僵局：宁海驾校整合成立全省首家集团化运营驾校》，搜狐网，http://www.sohu.com/a/206562603_658430，2017 年 11 月 24 日。

务，满足学车族的不同需求。目前，正在雄风山庄附近打造集报名、体检、拍照等于一体的服务大厅。今后还将建立驾培行业公共信息系统，实现学员从招生训练到考试的全过程信息化监管，学员可网上报名、预约、支付学费，并可以查询教练员信用、教练车信息等。

下一步宁海将借助越溪乡品质职教小镇建设的有利契机，规划打造省内首个考培一体化驾培园区。根据该集团公司的规划，园区将规范设计办公用房、后勤保障用房、理论教室、模拟培训教室、考训一体化教学场地等，为驾培学校打造良好的软硬件环境。

案例二　乐清畅达驾校引领联合重组①

2015 年以来，随着当地驾培经营环境渐趋恶化，乐清畅达驾校呼吁当地驾校推动新一轮联合重组。与此前不同的是，本次重组采取分阶段逐步推进方式，在保留各驾校原驾驶操作技术培训经营业务的基础上，剥离驾培理论培训、模拟培训等业务，注入现 4 家驾校共同出资的新公司实施统一经营管理。

畅达驾校与其他驾校在初步达成联合意向后，积极引导其他驾校不仅要着眼于近期利益，更要立足于长远利益，逐步推动各驾校培训业务统一进程，实现报名、培训、教练场地管理、教练员管理和驾驶教学的标准化统一管理，实现乐清驾培业集约化经营、一体化发展目标。联合经营不会立竿见影，但通过彼此的利益绑定，最终可以让驾校共同分享一体化发展的红利。

迫于市场竞争的压力，最近几年驾校之间的整合和联盟已经越来越多，然而模式都相对单一。在绝大多数情况下，固定区域内的几家驾校达成联盟协议，统一确定一个招生的最低价格就可以了，但维系这个联盟的基础来自驾校经营者之间的信任或者缴纳一定金额的保证金。这样的模式相信绝大多数行业内人士都熟悉或者已经参与了，但结果往往不一定乐观，主要原因是

① 《名校风采：乐清畅达驾校》，汇智交通，2018 年 5 月 22 日（微信公众号）。

这种相对粗放和简单的联盟没有创造价值，仅仅是为了形成区域内的相对垄断，从而提升招生价格而达成一致意见，一旦某一家驾校打破这个协议，联盟就会瓦解。一个真正可以稳定持久的联盟组织，一定要有创造价值的能力或者潜力，为联盟内的驾校赋能，提升每一所驾校的竞争实力：可以是通过信息化、技术化的手段来提升运营效率，也可以是通过服务培训标准化的规范来提升教学效率和用户体验，通过提升运营、服务、培训效率，提升驾校口碑，从而最终实现整个驾培行业的全面升级。

五　政府规范行业发展进程加速

（一）“驾考改革”收官之年情况分析

2015年12月10日，《国务院办公厅转发公安部交通运输部关于推进机动车驾驶人培训考试制度改革意见的通知》（国办发〔2015〕88号，以下简称《意见》）的工作目标指出：2016年上半年，部署驾驶人培训考试制度改革工作，明确各项任务推进步骤，启动重大改革事项试点；2017年，总结试点经验，深入推进改革实施；到2018年，完成改革重点工作任务，基本建立开放有序、公平竞争、服务优质、管理规范的驾驶培训市场体系，基本建立公开透明、权责清晰、运转高效、公正廉洁的驾驶考试管理体制，基本解决培训考试中的不便利、不规范、不经济等问题。

三年改革行将结束，先学后付，是手段还是目的，是市场行为还是行政行为；计时培训，涉及的因素可能比较多，目前全国落地情况如何；教练员是驾校的关键，是负责培训和服务的关键节点，教练员和驾校之间的关系以及定位如何界定；自学直考，对学员和对驾校的影响如何；驾考改革中的每一项都与每一个驾培人有千丝万缕的关系。

1. 计时培训，先学后付

2015年12月，《意见》中首次提到实行“计时培训，先学后付”。“计时培训，先学后付”的新培训模式是改变驾驶培训机构一次性预收全部培训费用的模式，学员自主预约培训时段、自主选择教练员、自主选择缴费方式。学员每次课时培训结束后对施教的教练员进行评价，完成单次培训费用的支付。

2016年1月，公安部、交通运输部联合印发了《关于做好机动车驾驶人培训考试制度改革工作的通知》（公交管〔2016〕50号），文件中要求驾培机构要改变一次性预收全部培训费用的模式，实行计时培训计时收费、先培训后付费的收费方式，并提供现金、银行卡和网上支付等多种支付方式，供学员自主选择。

知识框

总结过去几年各地的推动情况，有以下几点优势和困难。其中优势主要包括以下几点。

（1）“计时培训，先学后付”，对于大多数地区或驾校，尤其是对规范规模驾校而言，无疑有积极意义。从技术和行政手段上再一次推动依法培训，通过利用计时打卡设备、电子围栏等，重新将培训进行规范化管理，从对培训过程的监管，到培训结果的监督，全面推动，使过去这几年在市场乱战中的规范性驾校看到希望。

（2）“计时培训，先学后付”，使收费更加透明，驾培机构可以开展差异化培训服务，为学员提供多种学车模式，根据学员的要求设置定制培训班。学员可以根据自己学车过程中的短板，通过网上预约课程，反复训练，提高驾驶水平。甚至已经取得驾驶证的学员，可以根据自己某一科目的弱项，通过网上预约加强训练，提高驾驶水平。

（3）“计时培训，先学后付”，解决了学员训练时间不足、等待时间长的弊端，学员可以自由安排自己的学车时间，充分利用工作之余的时间，同时对自己的学车进度有相对明确的把控和了解。与此同时，教练员也对自己的工作有更加规范的规划，每个学员的进度和学时相挂钩，尤其是使用了信息技术管理软件后，获取学员的练车信息更加及时有效，有助于合理规划学员的练车时间。相比而言，传统模式学车是一个教练对多个学员，教练对学员的练车安排随意性较强，学员练习时间短，很多情况下，等待时间甚至大于练习时间。

（4）“计时培训，先学后付”，推动驾驶培训行业服务升级。此前的驾驶培训业务，大部分都是先一次性付费，驾校能很快地积累资金，通过充裕的现金流实现经营的正向循环。随着市场情况的恶化、招生价格的下跌，一旦招生价格低于培训成本，且现金流无法维持正常培训的进行，就会发生驾校拿钱跑路的情况。而“计时培训，先学后付”则保障了学员的权益，学员先进行培训，后支付学费。此前的培训模式对于驾校而言赢利容易、风险低，新模式改变了驾校的赢利方式，迫使驾校提升运营效率，降低成本支出，避免低价招生，更能发挥市场优胜劣汰的作用，从而推动驾驶培训行业整体发展。

（5）“计时培训，先学后付”，学一次，付一次，减轻一次性付款压力。现在学车的主体是学生和外来务工人员，传统学车收费模式是一次性收完费用，对于这些群体来说一次性收费有着很大的压力，如果将学车政策改为学一次付一次，就可以从整体上避免一次性付款的压力。

（6）“计时培训，先学后付”，重新定义了学员与教练之间的关系。学员可以自主选择教练，先学满意后付费，保障学车学员的权益，倒逼教练提升服务和培训质量，依靠高效的培训和服务来赢得口碑，并逐渐形成以服务品质、培训效率和口碑来提高招生水平的正向循环。根据新规，学员在先学后付的过程中，如果存在教练员和管理人员向学员索取、收受财物或牟取其他利益等问题，学员有权拒付相应时段的培训费用，学员有了更多的主动权，倒逼着行业净化风气，提高服务水平。

问题和困难包括以下几点。

（1）交通运管部门与公安车管部门培训学时对接不上。交通运管部门与公安车管部门的培训管理与考试工作衔接不通畅，培训与考试脱节，造成驾校和学员应试教育思想普遍，培训质量参差不齐，学员培训的学时普遍不足，即使未达到大纲规定的培训学时，也可以参加自主约考，在这种环境下开展“计时培训、先学后付”模式的推动，就更加困难。

（2）部分教练员的思想比较陈旧，不愿意接受新的事物，觉得“计时培训，先学后付”模式影响了自身的利益，导致新模式的推动难上加难。

（3）“先学后付”后，大部分地区的综合培训价格有所提高，学员的意见不一。以福建泉州为例，机动车驾驶员培训传统的一次性缴费模式收费在2580元至2999元不等，考试不过补考仅需要缴纳补考费，学多长时间都没问题。但新模式的费用因人而异，报名时就要交教材费、材料费、科目一的费用等，大概1850元。后面的按时计费分工作日、节假日，等等，周一到周五工作日培训费每小时120元，节假日更高。新规里面也有对学时的限制，学不够学时不能参加考试，在“先学后付”模式下，学员学得再快也要差不多每人五六千元的费用。

2018年，随着“驾考改革”进入收官之年，其重头戏“计时培训”和“先学后付”的落地执行推动速度较前几年有明显的加快。以下简要分析一下部分省份推动计时培训的进展情况。

（1）河南省推动计时培训的进展情况

河南省道路运输管理局和河南省公安交通警察总队联合下发了《关于推进河南省驾驶培训监管服务平台与公安互联网交通安全综合服务管理平台对接应用工作的通知》。通知规定：自2018年10月1日起，河南省驾考行业将实行计时培训，完成规定的课时之后才能够预约考试。

在以前，驾校虽然对学员练车时间也有一定的要求，但是学员能不能参加考试，跟练车时间关系不大，而是和练车的水平直接挂钩，达到考试水平了，就能参加考试。新规实行以后，大纲的“课时”将严格被规定为相应的“学时”。例如，C1 驾照的“课时”一共规定了 62 个“学时”。其中，“道路交通安全法律法规和相关知识”这一科目规定的学时是 12 个“学时”；“基础和场地驾驶”科目规定了 16 个“学时”；“道路驾驶”科目规定了“24”个学时；最后一科“安全文明驾驶常识”规定了 10 个“学时”。每学习一科，学生都将通过“计时打卡”的形式来计算“学时”。在学会“课时”内容后，同时学够“学时”，才能预约考试。从本质上说，对“学时”的要求来自对学员驾驶技能和驾驶习惯的要求，因为驾驶机动车属于对技能的掌握，除了学会之外，还需要更多的时间去实践和练习，才能真正掌握驾驶技能，并养成良好的驾驶习惯。

对这一新规却有人欢喜有人忧。

一些正规、大型的驾校，当得知“计时学车”马上就要实施后，既感到欢喜，又感到担忧。欢喜是因为实行“计时学车”以后，驾培行业的入行门槛将提高，很多不正规的驾校将可能消失，因为不正规的驾校无法让学生实现“计时学车”的形式。

但是，高兴之余，驾校也为“计时学车”实行后学员学车时间的增加而感到发愁。因为按照目前的政策，一些车感好的学员学车快，在同批次报名的学生中，可以先人一步拿到驾证。但有了“学时”要求后，这些学员不得不等进度了。

虽然不少驾校以及学员都感到“计时学车”的新规有利有弊，但是从长远来看，这次改革能为河南的驾培行业树立正确的竞争观念，无形中也能促进驾校行业更加走向正规化，有益于河南省驾培行业的健康发展。

（2）海南省推动计时培训的进展情况

海南省试行开展海南省驾驶培训监管服务平台（简称“省级驾培监管平台”）与公安互联网交通安全综合服务管理平台（简称“12123 平台”）联网对接应用工作，从 2019 年 1 月 1 日零时起，对计时培训数据信息合格有效的驾培机构学员，才允许通过公安互联网交通安全综合服务管理平台办理自主预约考试。

海南省道路运输局和省交警总队联合印发了《关于试行海南省驾驶培训监管服务平台与公安互联网交通安全综合服务管理平台对接管理的通知》。根据该通知要求，省道路运输局将会同省交通警察总队制定“省级驾培监管平台”和“12123 平台”联网对接技术方案，打通数据传输通道，实现省级驾培监管平台与公安 12123 平台联网对接、驾驶人培训与考试信息有效衔接。

各驾培机构应严格按照交通运输部、公安部联合发布的《机动车驾驶培训教学与考试大纲》中规定的内容和学时培训学员，并向属地运管机构提交结业申请，各市县审核通过的学员培训结业信息，由省级驾培监管平台推送至公安“12123 平台”。

对 2019 年 1 月 1 日前已完成部分考试科目的驾培机构学员，各驾培机构应主动配合并优先安排这部分学员完成后续科目培训内容。各驾培机构应合理制定培训教学计划，利用好培训预约模式，避免发生扎堆培训等不良现象，妥善处理短期培训供需矛盾，保证新老学员培训的连贯性，维护好驾培机构的教学培训秩序。

此外，该通知还要求驾培机构要加强对“机动车驾驶员计时培训系统”管理，使用统一标准的“机动车驾驶员计时培训系统”进行科目培训，将真实、有效、合格的学员计时培训数据信息传入省级驾培监管平台审核认定。省道路运输局负责通过省级驾培监管平台向公安 12123 平台传递学员计时培训数据信息。驾培机构要满足学员个性化、差异化培训需求，继续实行“计时培训、按学时收费、先培训后付费”的驾培服务新模式，实时公开培训时段信息，供学员自主选择，并与学员签订计时收费模式服务合同。

（3）江西省推动计时培训的进展情况

2018 年 10 月 31 日前，江西省所有驾培教练车完成了计时终端设备改进，并接入江西省驾驶培训监管平台，这意味着江西省驾培管理信息系统与公安车管部门考试系统实现联网。2018 年 8 月 2 日，南昌公路运输管理处下发了《南昌驾培监管平台试运行推进工作方案》。根据该方案,2018 年 8 月 26 日前，全市所有驾培教练车要完成计时终端设备改进，并接入江西省驾驶培训监管平台。另外，7 月 1 日至 8 月 31 日，景德镇、新余、鹰潭三个设区市完成驾驶培训监管平台与公安考试系统的联网对接。

（4）广东省推动计时培训的进展情况

根据广东省交通运输厅发布的《广东省交通运输厅关于做好省级驾驶培训监管服务平台与公安考试系统联网对接准备工作的通知》（粤交运函〔2018〕3022 号），2018 年底完成省级驾驶培训监管服务平台与公安考试系统联网对接，实现培训与考试信息共享，确保培训机构与公安部门有效对接。

“计时培训，先学后付”已经陆陆续续被提及了三年多，根据《中国道路运输发展报告（2017）》，截至 2017 年底，我国提供先培训后付费服务模式的驾培机构约为 1.45 万家，覆盖率达到 84%，惠及 2000 多万名学员，超过年初制定的“推行机动车驾培机构培训服务模式改革覆盖率 80% 以上”的目标。

在某些区域，“先学后付”的模式推动依然比较缓慢，这里尤为突出的是交通部门和公安部门的对接问题，因为双方对数据共享的思路不一致，这应该是一个关键影响因素。

目前许多驾校对于“计时培训，先学后付”持期待的心态，这种心态的产生，实际上出于对市场、生存、发展压力的无奈。归根结底，生存与发展主要取决于自身，其次才是环境，“计时培训，先学后付”仅是一个市场发展中的一项改革措施而已。因此，学时对接与否，驾校校长都应该抱有健康的心态，打铁还需自身硬，把自身的培训和服务做好，把标准化和流程化的管理做好，把驾校的口碑做好，才是掌握市场先机的重要筹码。

2. 自学直考①

自学直考，相对于传统的驾照考试而言，是一项必要的补充。是考生

① 《驾考自学直考为什么叫好不叫座？》，驾驶员考试，http://news.jsyks.com/n_a4cccd，2017 年 6 月 9 日。

通过自己学习，按规定改装自学车辆，通过自主学习得到驾驶技巧后参加并通过统一考试从而得到驾驶执照的一种新的方法。自学直考自 2016 年实施以来，媒体舆论也在不间断地发布相关信息，但似乎总体情况一直是叫好不叫座。虽然自学直考给了想考驾照的人们灵活安排的时间，钱也比在驾校花得要少，但大部分人并不愿意真的这么做，究其原因，主要有以下几个方面。

（1）改装车辆

根据规定，自学直考用车应为非营运小型汽车或者小型自动挡汽车，要加装供随车指导人员使用的副制动装置、辅助后视镜，经机动车安全技术检验合格，按规定投保交强险。绝大多数学员自己没有车，哪怕少数有车的学员，面对改装加检验费上千元的花费，也会非常犹豫。

（2）训练场地问题

城市里高楼耸立，符合训练标准的开阔场地很有限。虽然各个地方政府公布了提供科目二训练场地的驾校名单，但这些驾校的场地是在满足驾校自身学员使用的前提下再向社会学员提供，练车场地并不好约。不少人参加自学直考就是为了根据自己的情况灵活安排时间，如本来打算周末去练车的，可周末也是驾校练车的高峰时段，根本不好约。

（3）“靠谱”的指导人员比较难找

符合基本驾龄条件的人并不难找，但可以称为“专业”的随车指导人员，如有驾校教练从业经历、具备实际教学经验的，就比较少。各地对随车指导人员是否需要取得相关资质等问题处理方式也不一样。

综上所述，自学直考看起来挺美，可这样细细算一笔账，费用不少不说，还要花那么多心思去学规矩走流程，似乎还不如直接报考驾校。自学直考的优势主要体现在驾驶培训学习的时间与细节上，但驾校多数教练员还是很敬业的，一些经验丰富的教练员悉心执教，学员一次性通过率高，赢得了口碑。此外，驾校在代理报名、使用规范教材、规范教学流程、统一组织并包车赴考等方面为学员提供的服务较多。

驾照自学直考在农村认可度更高。一方面学车费用降低了一些，省去了在驾校的部分费用；另一方面省下了交通和住宿费。因为驾校主要设在县城，如果在驾校学车，村民要一趟趟往县城跑，跑一趟学不了多长时间。有了自学直考，村民可以集中时间自学，省去了奔波的麻烦。

同时，自学直考这件事对驾校有督促作用，以前有些驾校接待学员总是爱答不理，但现在明显有所改观，加强了竞争意识。总之，现在直接报考驾校仍是大势所趋，自学直考还得慢慢发展，经历重重考验。

3. 培训价格不升反降

虽然实行了“计时收费、先学后付”和“自学直考”，驾校和教练员的成本有所增加，学费收入应该水涨船高，但培训价格降低是全国大部分市场的普遍现象。一方面是由于政策执行落地情况不完善；另一方面也是由于作为逐渐市场化的驾培行业，其价格的确定也逐渐市场化，即由市场内的供求关系决定，如果供大于求，市场价格下降；如果供小于求，市场价格上升。

作为行业内的从业者，无论是从全国范围看，还是从区域范围看，从 2015 年至今，培训价格大体都是下降的，只不过降价的幅度各不相同。以成都市场为例，从 2015 年的 4000 元左右，下降到 2018 年底的 2500 元左右，降价达到 1500 元，幅度高达 37.5%，其背后的数据是学员数量降低了 40%，而教练车数量增长了一倍。由此可见，驾培市场的培训价格是符合市场规律的。

然而，在符合市场规律的背后，需要研究并深思的是为何学员数量减少幅度如此之大，教练车数量增长幅度也超出预期。驾培行业经过 2005~2015 年的飞速发展时期，已经将社会存量市场基本消耗完毕，每年的学员绝大部分都是刚满 18 岁的增量市场，因此可以预计学员数量将持续减少，直到数年之后二胎政策的影响逐渐显现。教练车数量的大幅增加，是源于市场化进程中不可避免的影响，在驾培行业从原来的半行政半服务机构逐渐变为市场化的服务培训机构的过程中，初期势必会吸引部分从业者一拥而入，造成供求关系不平衡的局面。

虽然我们看到全国市场的培训价格普遍下降，但依然有部分驾校的价格不受影响，从中可以看到驾校自身多年培训服务塑造的口碑和形象，对自己的业务有着不可磨灭的深刻影响，无论何时何地，自身的硬功夫都是每一个驾校必须具备的。

（二）持续推动“放管服”政策

放管服，是简政放权、放管结合、优化服务的简称。“放”指中央政府下放行政权，减少没有法律依据和法律授权的行政权；理清多个部门重复管理的行政权。“管”指政府部门要创新和加强监管职能，利用新技术、新体制加强监管体制创新。“服”指转变政府职能，减少政府对市场的干预，将市场的事由市场来决定，减少对市场主体过多的行政审批等行为，降低市场主体市场运行的行政成本，提高市场主体的活力和创新能力。简政放权是民之所望、施政所向。

“放管服”在驾培行业过去几年的政策改革中已经逐渐产生了多方面的影响，尽管各个地区的情况不一样，但更加市场化的竞争环境、更加自由的学车环境是让驾培行业相关人员可以深刻感受到的。2018 ~ 2019 年的进一步改革，将主要体现在以下几点。

1. 2018年重大改革

（1）省内异地考驾照取消居住证①

此前，公安部已全面放开驾驶证异地申领，但省内异地申领驾驶证仍需提交所在地居住证或者暂住登记凭证。此次改革，公安部在完善升级信息系统的基础上，逐步放宽异地申领驾驶证条件，进一步便利群众就近、自主考试领证。

新措施规定：放宽小型汽车驾驶证异地申领条件，自 2018 年 9 月 1 日起，本省（区）申请人可凭居民身份证直接申请；跨省（区）异地申请人在办理所在省（区）任一地市居住证后，也可直接在全省范围内申领。

① 《“放管服”改革新措施：9 月日起，省内异地考驾照不再需要这个证了》，搜狐网，http://www.sohu.com/a/242188775_662007。

据悉，这项改革是公安交管部门施行“放管服”改革中关于驾培改革的内容之一，此次放宽居住证政策也是本着利民便民的角度而设置的。对于此前的居住证政策，很多亲身经历的学员、教练都呼吁过取消凭居住证学车的要求，而这次的改革也将改变以往异地学员报名难的情况。施行居住证政策时，外省学员学车的数量大大减少，而驾校的运营成本却没办法降低，为了保障利益，学费涨价是在所难免的。一旦新规落实，外省学员学车的数量必然有所增加，一方面驾校比以往好招生了，另一方面学车的费用也将有所下降。

（2）教练员职业资格分级

2018 年下发的《交通运输部职业资格中心关于印发 2018 年鉴定工作计划和第一次统一鉴定考务工作安排的通知》提到的从原来的四级制改为五级制。在 2018 年之前，我国机动车驾驶教练员的从业资格体系一直是四级制，自 2018 年改为五级制度，分别为：五级机动车驾驶教练员（初级）、四级机动车驾驶教练员（中级）、三级机动车驾驶教练员（高级）、二级机动车驾驶教练员（技师）、一级机动车驾驶教练员（高级技师）。这样的变化和改革，体现出交通运输部对教练员职业资格认定的重视程度，对教练员素质提升的渴望，对驾培行业培训和服务质量的重视，对培养出中国优秀驾驶员的诉求，作为驾培从业者应该对此感到高兴，并积极主动配合执行，使驾培行业的从业者素质越来越高，整个行业的口碑越来越好。

2. 2019年最新改革

（1）小型汽车驾驶证全国“一证通考”

2019 年 4 月 10 日，公安部举行新闻发布会，自 6 月 1 日起，小型汽车驾驶证全国“一证通考”，申请人可以持居民身份证在全国任一地直接申领驾照，不再需要提交居住登记凭证，减轻群众经济和时间负担，也可以补领、换领、审验驾驶证，无须再返回户籍地；港澳台居民持港澳台居民居住证，也可以在内地任一地直接考领、补领、换领和审验驾驶证。据公安部估算，这一项措施每年将惠及新考领驾驶证人员 1200 多万，补换领驾驶证和审验驾驶证人员 370 多万，节省交通费用 200 多亿元。

（2）小汽车驾驶证异地分科目考试

目前，学员的所有科目考试都需要在学车报名和考试申请地完成，然而，随着交通越来越便利，人们的生活和工作半径越来越大，流动越来越频繁，之前的政策已经不再适应现在的大环境。新政策是，从2019年6月1日起，申请人报考小型汽车驾驶证考试已经通过部分科目后，因工作、学习、生活等原因，居住地变更到外地的，可以申请变更考试地，继续参加剩余科目的考试，从而减轻往返考试负担。

任何一项新政策和改革，从设计、出台到落地执行，都是需要一个过程的，相信2019年新改革的推动也同样需要一个阶段的磨合。各地的市场情况和先行的政策情况都不一样，当地的主管部门需要结合多方面影响来进行综合评估，尽可能将新改革的优势发挥到最大。

（三）政府加大对行业的监管

综观全国驾培市场，虽然原因各不相同，但几乎各地都是竞争越来越激烈。一部分是因为政策变化，原本以为可以进入一个暴利行业，进来后才发现错过了驾培行业发展的黄金时代；一部分是因为市场竞争变化，存量学员极速减少，增量学员也在逐步递减，然而教练车和教练员数量在持续增加，导致供求关系不平衡，市场竞争激烈；一部分是因为驾校本身的管理不够成熟，或者驾校管理者习惯了当甩手掌柜，这在驾培行业的黄金期也许可行，但随着竞争加剧，不努力做好管理工作自然无法在竞争中胜出。

综上所述，其实驾校经营困难的原因各不相同，但全国各地驾校经营的窘境大体相似，因此也就产生了各种非法经营，以及恶性竞争现象，给行业、学员、社会带来的负面影响不计其数。近几年新闻报道中关于驾校的负面报道越来越多，引起了政府部门的重视。随着驾考改革进入收官之年，各地都相应出台了对行业进行规范化管理的政策，且比以往更加全面。

1. 广东广州加强驾校监管情况[①]

为进一步加强机动车驾驶员培训行业管理，提高驾培行业服务质量，广州市交通部门印发了《2018 年广州市机动车驾驶员培训行业管理工作方案》，组织全市各区驾培行业管理部门进行了部署。

2018 年，交通部门将以压降投诉和加大违规行为查处力度为突破口，加强行业监督管理，提高行业服务质量，着力解决驾培行业发展不平衡不充分的问题，满足人民群众的学车需求。

（1）落实各区属地管理责任，加强投诉违规行为查处力度，督促驾校大力压降投诉，维护学员利益

①梳理重点违规行为，制定统一投诉处理指引，明确全市投诉处理标准。

②加强投诉查处力度，提高投诉违规行为查处比例，督促驾校提升服务质量，促进零投诉驾校数量增加，投诉量有效压降。

③加强对投诉靠前驾培机构及辖区的督办和约谈，推动投诉处理工作取得实效。

④加强投诉情况通报，每季度对投诉查处、零投诉驾校和投诉总量变化情况等进行通报，督促各区交通部门落实属地管理责任。

（2）依法严厉查处“外地班”、无证经营等违法违规经营行为，维护驾培市场秩序，确保行业稳定。

①开展驾培行业“外地班”、无证经营行为大排查，依法查处违法违规经营行为，净化驾培市场。

②充分发挥市驾培协会自律管理作用，摸查非法教练场和招生点情况，定期移交各区交通部门查处。

③加强督查暗访，对“外地班”、无证经营行为及时通报查处，确保整治力度和效果。

④定期通报全市各区打击“外地班”、无证经营行为工作情况，督促区

---

① 《市交通部门部署 2018 年驾培行业监管工作，加强违规查处，压降驾培投诉，提升服务质量》，广州交通南方号，http://static.nfapp.southcn.com/content/201805/04/c1151664.html，2018 年 5 月 4 日。

交通部门切实落实驾培整治工作。

（3）通过智能化、可视化等信息管理措施，加强服务监管，促进驾校规范经营和服务提升，减少投诉发生

①组织教练车辆新终端升级，督促驾校按照时间节点完成升级工作，实现"人脸识别"智能监管。

②升级学驾服务平台，全面运用智能化、可视化管理，提高行业管理效率及违规查处效率，促进驾校正规经营。

（4）深化推广"如约学车"模式，促进"零投诉"数量不断提升

①实现全面提供"如约学车"培训服务。按照交通运输部的要求，有序扩充，实现100%小型车驾校提供"如约学车"服务模式。

②加强"如约学车"宣传推广，鼓励促进驾培机构扩大"如约学车"招生比例，不断提升优质服务模式普及率。

③深化党员教练员戴党徽上岗活动，积极发挥先锋模范作用，带动其他教练员主动规范服务，提升整个驾培行业的服务形象和服务水平。

④继续加强"如约学车"服务监督，专人跟踪服务情况，及时解决学员学车诉求，使学员享受更加便捷、更为优质的服务。

（5）加强宣传引导和创建活动，扩大行业诚信信息透明度，倒逼驾培机构压实经营主体责任、主动提升服务质量，减少投诉纠纷发生

①进一步挖掘发布诚信信息，通过广州市学驾服务平台（http://www.gzxjpt.com）发布驾培机构诚信评价等级、投诉率和服务好评率，引导消费者选择优质驾校报名学车。

②结合驾培行业热点，多渠道开展学车消费指引宣传。

③指导市驾培协会开展"诚信服务、安心学车"创建活动，促进"诚信驾培"再上新台阶。

2. 山西晋城加强驾校监管情况[1]

晋城市道路运输管理局、晋城市公安局交通警察支队联合下发通知，在

① 《重磅！晋城严查"黑驾校"，一经发现坚决取缔》，搜狐网，http://www.sohu.com/a/232455315_395098，2018年5月22日。

全市开展机动车驾驶员培训行业专项整治工作，对辖区内的“黑陪练点”“黑陪练车”进行重点整治，整治时间为 2018 年 5 月 1 日至 2018 年 12 月 31 日，为期 8 个月。

对教练员的资格聘用、教练车的数量及技术标准、训练场地、科目设置及面积、模拟器、电教化设施设备等方面进行全面核查，对达不到许可资格条件的，要限期整改，并暂停其新学员的招生报名工作。

按照省运管局 2018 年驾管工作安排，各驾培机构充分应用“山西省驾驶培训监管服务平台”机动车驾驶员培训计时系统，开展“计时培训”服务模式，及时上传学员培训学时，县级道路运输管理局（所）要及时对驾培机构录入的信息及学时进行审核，落实培训教学大纲和学时。加强教练员培训质量监督，按照培训能力核定其招生数量，将驾驶员培训学校的招生和培训情况、培训质量、考试合格率等作为驾培机构年度质量信誉考核的参考依据。

按照《晋城市公安局交通警察支队、晋城市道路运输管理局关于印发〈文明交通进驾培机构“五个一”活动实施方案〉的通知》（晋市公交警支发〔2017〕6 号）文件要求，结合实际培训工作，考核环节将交通安全法治，安全意识教育融入教学中，增强驾驶人的责任意识、法律意识，采取多种教育形式，扎实开展、稳步推进文明交通进驾培机构“五个一”活动，并使活动常态化。

为进一步规范驾培机构经营行为，营造公平、规范、有序的培训行业环境，保障驾培机构及学员的合法权益，各县（市、区）道路运输管理局（所）会同公安局交通警察大队对辖区内的“黑陪练点”“黑陪练车”开展专项整治活动。

重点对未取得经营许可，擅自从事机动车驾驶员培训经营活动的；利用非教练车从事机动车驾驶员培训的；超越许可事项，非法从事机动车驾驶员培训的；教练车未在驾培机构许可的培训场地培训的；在未经公安交通管理部门指定的线路和时间在道路上进行培训的；等等，从严从快取缔并查处。

此次整治行动，对非法驾培机构、非法教练车、非法教练场要联合执法，加强配合，形成合力，严厉查处打击非法培训行为，充分发挥联合惩戒的作用。县级道路运输管理局（所）要对未达到许可标准的驾驶员培训机构依法限期整改，同时书面抄送给同级公安局交通警察大队，停止其招生受理业务。全市各机动车驾驶员培训机构要按照驾驶员培训行业要求严格自律，规范经营行为，坚决杜绝驾培机构受理“黑陪练点”的招生报名，坚决杜绝教练车在“黑陪练点”进行培训，彻底消除“黑陪练点”的滋生环境。

3．河南郑州加强驾校监管情况①

2018 年 6 月，郑州市交通运输管理局、郑州市机动车驾驶员培训协会联合媒体，在全郑州九区五市一县开展首批为期三个月的专项整治行动。6 月 13 日，管城回族区公路运输管理所依法查出了两所无证驾校，分别是位于郑州市紫荆山路紫竹小区内的众鑫驾校和位于南四环与新郑路交汇处的永鑫驾校。

管城回族区公路运输管理所执法人员对两所驾校现场张贴“取缔非法驾校（培训点）通知、暂扣驾校全部培训用车辆数台、并对两所驾校分别处以 5000 元以上 10000 以下的罚款等决定”。

这次为期三个月的驾培市场整治行动只是初级阶段，今后郑州市交通运输管理局会把该专项整治行动常态化，管城区运管所积极落实市局指示精神，加大查处力度，对于限期内没有自行关闭的非法驾校进行统一取缔，并对非法驾校所挂靠的总校进行处罚，必要时通过行政主管部门暂停或取消总校业务资质。

4．云南保山加强驾校监管情况②

（1）规范驾培机构经营行为

督促驾培机构按照国家相关法律法规的规定建立和完善各项规章制度，落实经营主体责任，切实履行法人义务。

① 《河南郑州市管城区运管所加大非法驾校培训点查处力度》，中国商务新闻网，http://cy.comnews.cn/cs/20180614/7042.html，2018 年 6 月 14 日。

② 《保山市 2018 年驾培整治“重磅来袭”》，搜狐网，http://www.sohu.com/a/247668906_100006913，2018 年 8 月 16 日。

重点整治以下违规经营行为：无驾驶培训经营资质，使用无牌无证教练车，聘用无资质教练员开展驾驶培训经营；异地开展驾驶培训经营；驾驶培训机构不落实经营和管理主体责任，导致驾培机构不能对教练车和教练员实施有效管理；超越许可范围从事经营，使用未达国标要求且未经验收的场地从事科目二教学活动，扰乱驾培市场秩序；培训机构未加强培训收费管理，让教练员或工作人员私自收费，损害学员利益；收取学员培训费而不出具正规培训发票；采取虚假广告招揽、欺骗、误导学员或借机向学员索取钱物；以长途训练为名强迫指定学员食宿，并从中谋取利益；未建立教练员安全教学、诚信教学、规范教学、廉洁教学等管理制度和相应的处罚措施，或者虽有制度但未能有效实施；未建立学员投诉受理机制，对学员投诉不认真进行核实处理并及时反馈处理结果；未建立服务承诺、收费标准、教学内容、投诉方式、学员权利等公示制度；未认真落实“计时培训、计时收费、先培训后付费”驾培服务模式改革工作，未按要求使用系统平台。

（2）规范培训机构教学行为

督促培训机构严格按照《机动车驾驶培训教学与考试大纲》（以下简称《大纲》）及相关规定要求开展驾驶培训工作。

重点整治以下违规教学行为：未严格按照《大纲》的教学要求，对学员进行法律法规、机动车基本知识和安全文明驾驶常识等理论知识的教学，理论培训缺失或流于形式；未严格按照《大纲》的教学要求，进行第二、第三阶段实际操作教学。培训过程少学时、漏项目、缺内容；未按照《大纲》要求对学员进行阶段教学考核；未向学员发放结业证书或结业证书未加盖行业管理部门的钢印；未使用与《大纲》配套的国家统编教材；未按规定安装使用“云南省机动车驾驶员计时培训系统”；恶意损坏、修改“云南省机动车驾驶员计时培训系统”的配套设备和软件；使用外挂软、硬件等不正当手段进行学时造假。

（3）规范教练员教学行为

督促驾培机构加强教练员管理，加强对教练员教学过程的监督和检查，加强教练员职业道德的教育，切实提高教练员队伍素质。

重点整治以下违规行为：未严格按照《大纲》的规定开展教学，随意缩短培训学时、减少培训项目；未按规定使用“云南省机动车驾驶员计时培训系统”；使用“跑码机”进行学时造假；教练员“吃拿卡要”；在学员长途训练中，指定或强迫学员消费，借机谋取不正当利益；教练员私自脱离培训机构招收学员并收取培训费；由学员承担教练员娱乐、休闲、健身等消费；邀约学员聚众赌博；在教学过程中对学员做出不文明的言行；教学过程中脱岗、离岗；借提高通过率收取“包过费”敛财；在教学过程中通过微信收取学员机器使用费、专车专道费等。

（4）驾培机构达标情况

核查驾培机构是否达到《机动车驾驶员培训机构资格条件》（GB/T30340–2013）的相关要求。

5. 广西玉林加强驾校监管情况[①]

自 2018 年 3 月起，玉林市道路运输管理处及玉林市公安局交通警察支队两部门联合，进一步加大对玉林市机动车驾驶员培训考试行业管理力度，重点整顿驾校不按规定计时培训、不在核准教练场地训练、篡改学时等乱象，并向社会公布违规驾校的名单。

玉林市道路运输管理处公布了玉林市恒大机动车驾驶员培训有限公司、玉林市桂顺机动车驾驶员培训有限公司、玉林市永通机动车驾驶员培训有限公司和兴业县新林职业技术学校 4 家驾校的严重违规行为，处以停业整顿的处罚。

对于驾驶培训机构、教练员减少培训内容和学时，伪造和篡改计时培训系统数据等违法违规行为，将按有关规定严肃处理，依法查处、停业整顿直至吊销经营许可或取消相应的教练员教学资格、教练车带教资格。

六　结束语

2018年是驾考改革的收官之年，“计时培训，先学后付”“自学直考”“放

① 《玉林 4 家驾校因为这样做被停业整顿，胆大了！》，搜狐网，http://www.sohu.com/a/235421900_760324，2018 年 6 月 12 日。

管服”等政策在全国各地加速推动，政府的政策管理越来越规范，各地也出台了各类监管策略，驾培行业的从业者对政策的解读不一致，更多的是从各地具体情况和驾校自身情况出发，但总体都希望新政策、新改革能够真正推动行业发展得更健康。

2018 年，驾培市场竞争越来越激烈，驾校数量、教练车数量、教练员数量都呈现增长的趋势，但增长速度较前几年明显放缓，与之相对应的是，学员存量市场快速萎缩，供求关系越发紧张。驾校面对这样激烈的市场竞争环境，除了采取较为传统的价格战和抱团取暖外，更应该通过服务培训信息化、标准化的手段来提升运营效率，提高客户体验，真正增强自身竞争力。

B.2
《中国驾培行业发展报告（2018）》预测回顾

胡小婧

摘　要：在《中国驾培行业发展报告（2018）》中，对2018年驾培行业的发展情况进行了预测，预计整体驾培行业的竞争环境将更加激烈，行业自身的洗牌还会加剧。驾校运营者急需调整运营策略，回归服务本质，通过精细化运营提升学员的服务满意度。2018年随着进一步简政放权，监管将更加严格规范。伴随驾培行业走向更加规范化、集中化的过程，资本并购将更加活跃，全国性、区域性驾校连锁品牌将陆续出现。而在2018~2019年行业发展进程中发现，由于竞争环境激烈，驾培行业洗牌加速，各地出现了驾校之间发展联盟、抱团取暖的现象，行业整合正在悄然发生。

关键词：行业洗牌　联盟　连锁品牌

在《中国驾培行业发展报告（2018）》中，编委会预测，整体驾培行业的竞争环境将更加激烈，行业自身的洗牌还会加剧；驾校运营者急需调整运营策略，回归服务本质，通过精细化运营提升学员的服务满意度；随着进一步简政放权，监管将更加严格规范；伴随驾培行业走向更加规范化、集中化的过程，资本并购将更加活跃，全国性、区域性驾校连锁品牌将陆续出现。

在2018~2019年驾培行业发展进程中发现，驾培行业正在朝着这一方向发展。随着进一步简政放权和市场竞争进一步加剧，驾培行业洗牌加速，各地出现了驾校之间发展联盟、抱团取暖的现象，行业整合正在悄然发生。由此也催生了驾培行业从业者对于更大规模协作、更精准的信息化服务、更高效的经营创新的需求。

一 竞争环境更加激烈，行业调整加剧，驾校运营改革势在必行

根据《中国道路运输发展报告（2017）》的数据，2012 年我国机动车驾驶员培训机构业户为 11557 户，截至 2017 年底达到 17804 户，2012 年到 2017 年，机动车驾驶员培训机构数量以平均每年 9% 的速度增长，通过行政去产能的效果不明显，驾培市场竞争者还在源源不断地涌入。在驾校资产配置方面，2012 年底全国机动车驾驶员培训机构共有教学车辆 43.4 万辆，教练员 52.3 万人，年培训学员量为 2228.8 万人次。但截至 2017 年底，教学车辆 76.1 万辆，教练员近 91.6 万人，年培训学员量为 2706.7 万人次（不含北京）。上述资料反映出，我国驾校 2017 年同 2012 年相比，培训学员数增长了 21.4%，但教学车辆和教练员分别增长了 75.3% 和 75.1%，即年车均学员培训量从 2012 年的 51 人左右降到了 2017 年的 36 人左右。

在市场如此严峻的供需不平衡状态下，编委会预计，2018 年行业洗牌将加剧，更多的驾校或主动退出，或被淘汰，或迫于经营的压力减少资产投入（将关停转让部分训场和教练车）。仍有多数驾校经营者会惯性地扩大场地、新增加车辆和教职员工，甚至以价换量，通过发动价格战争夺生源，驾校经营管理者将很难有精力去兼顾教学质量和使命担当。

案例 1

去年 11 月初，想学车的慕伟下载了一个网上学车 App：×× 学车。这是一家在杭州的公司推出的互联网学车平台。“我以前坐公交、地铁经常看到他们的广告。”慕伟被这些宣传语吸引：包过，给学员提供专职教练，就近提供训练场

地，“当时我的理解是它是个类似淘宝的第三方平台，觉得比传统驾校好”。

慕伟很快在 App 上下单，花 4699 元买了 C1 手动挡周末班课程。这个费用包括驾校操作培训费、理论培训费、考试费、场地训练费、体检费等 9 个项目。12 月初，慕伟完成了科目一的考试，按照流程，×× 学车应该给他安排教练练车。可是，对方迟迟没有反应，慕伟联系平台客服，也始终没回音。

急着学车的慕伟直接去了 ×× 学车的公司，“到了那里我才发现这个公司几个月前就出事了，和它合作的驾校拒绝培训通过这个平台报名的学员，现场还有很多学员在要求退款”。

聂飞（化名）的遭遇和慕伟类似，不过他是通过 ×× 学车的天猫店缴费的。之后他去 ×× 学车讨要说法，在一张费用清单上发现，他缴纳的学费，×× 学车在 2017 年向所在驾校付款 2100 元后，再也没付过款。10 月，聂飞向天猫投诉 ×× 学车旗舰店，但没有结果。“去年‘双十一’他们还在天猫店里搞活动，许多人还在继续报名。”这是最让聂飞气愤的地方之一。如今，在天猫上已搜不到这家店。

事发之后，聂飞和慕伟都走上了维权投诉之路。去年 12 月 6 日，×× 学车一位负责人和他们签订了一份《关于学员投诉退款协议》，承诺 12 月 31 日前退款到账。“当时承诺 15 天后退款。”随后，《钱江晚报》记者从杭州市江干区市场监督管理局四季青市场监督管理所了解到，这份退款协议是在管理所的调解下签署的。“当时，签这个协议的大概有 100 多人。学员可以根据协议去法院起诉。”但 15 天之后，无论是聂飞还是慕伟都没有拿到退款。“我们再去公司时，他们的一个负责人直接让我们去法院起诉。”相比聂飞，慕伟更生气，“我当初报名的时候，他们已经没有能力安排学员练车了，为什么还继续招生”？

从去年 12 月开始，慕伟和聂飞先后去过工商、消协、经侦等部门投诉报案，打过 12345 投诉。后来，他们先后向法院递交了诉状。①

由市场恶性竞争引发的恶性事件时有发生，反映出驾培行业当前的经营

① 《学车平台怪事：交了钱却学不了车》，《钱江晚报》，https://baijiahao.baidu.com/s?id=1623330101668066237&wfr=spider&for=pc。

困境，许多驾校经营者为了不打价格战，在一定区域范围内与其他驾校经营者以信用契约的方式开展联盟，守住价格线。但由于联盟模式较为松散，市场竞争激烈，联盟的信任关系较为脆弱。

案例 2

2017 年 12 月 1 日，合肥八一、新亚、宏昌、徽通等合肥市新老品牌驾校联合发起成立合肥驾培联盟，创建“合肥合驾联驾校管理有限公司”，成立合肥驾培联盟委员会，实行公司化管理，实体制经营，以驾培为核心，向上下游延伸。合肥驾培联盟自成立以来，不断发展壮大，从初始的九家驾校，现已发展到十四家会员单位。其 2017 年 11 月至 2018 年 11 月发展大事如下。

2018 年 11 月，联盟与河北洁达森新能源汽车公司达成战略合作，成为驾校版新能源汽车的全国总代理。

2018 年 10 月，联盟与安徽燕庄油脂公司达成战略合作，成为高端食用油安徽区域总代理；

2018 年 7 月，联盟成立党支部，促进保持党员的先进性，一切行动向党看齐；

2018 年 6 月，联盟接收倒闭驾校学员，勇担责任、不计利润、做好服务；

2018 年 5 月，联盟实行先学后付、学员第三方资金监管业务，为学员购买补考保险；

2018 年 3 月，联盟举办第二届大型品牌车展，继续对通过联盟购车的人给予实实在在的优惠；

2018 年 1 月，构建异业联盟体系，举办第一届大型车展，兑现承诺，给学员送优惠；

2018 年 1 月，联盟策划新春开门红招生宣传活动，效果显著，各会员驾校招生情况与上年同期相比平均增长了 20%；

2017 年 12 月，联盟确定首要任务，建立健全组织机构，强化员工素质教育培训；

2017 年 12 月，联盟成立召开新闻发布会，引起行业和社会广泛关注；

2017 年 11 月，联盟 9 家发起驾校召开第二次碰头会，达成一致意见，同意成立联盟。[①]

随着市场竞争进一步激烈，行业洗牌还将持续加速，一些驾校经营先行者开始尝试联盟合作等模式，迈出了运营改革的第一步。

为此，相关管理部门进一步简政放权，监管更加严格规范。2018 年 8 月 2 日，公安部交通管理局在全国公安交管“放管服”改革攻坚视频调度会上表示，开展 20 项公安交管“放管服”改革措施。[②]大力推进简政放权、减证便民，通过“马上办、网上办、就近办、一次办”，让群众、企业感受到实实在在的便利和实惠。

公安部于 2019 年 4 月 10 日宣布，随着改革的深入，继续推出 10 项深化公安交管“放管服”改革的便民利民服务措施，包括 5 类业务“异地通办”、5 项服务“便捷快办”，将于 6 月 1 日起推行。[③]

各省份着力深化机动车驾培服务模式改革。全面推广“计时培训，计时收费，先培训后付费”驾驶培训新模式，贵州、河北、上海等省份驾培服务新模式覆盖率已经达到 100%，新疆、青海、辽宁、湖南、江苏等省份覆盖率超过 90%，安徽、甘肃、广西、湖北、湖南、吉林、宁夏等省份覆盖率超过 80%。

根据《中国道路运输发展报告（2017）》数据，截至 2017 年底，我国提供先培训后付费服务模式的驾培机构约为 1.45 万家，覆盖率达到 84%，惠及 2000 多万名学员，超过年初制定的“推行机动车驾培机构培训服务模式改革覆盖率 80% 以上”的目标。

海南省依法开放驾培市场，取消驾校筹建审批和规划限制。对照法定许可条件和国家标准验收审批，2017 年海南省新增驾校 33 家，有效缓解了“学车难”问题。

辽宁省强化加强市场经营环境治理，深入贯彻落实《机动车驾驶员培训

① 《合肥驾培联盟：在探索中前进》，http://www.sohu.com/a/278299279_658430。

② 《公安部：20 项“放管服”改革 9 月 1 日前全国推行》，http://zgsc.china.com.cn/2018-08/03/content_40447421.html。

③ 《公安部推出 10 项公安交管“放管服”改革新举措小型汽车驾驶证全国“一证通考”》http://www.mps.gov.cn/n2253534/n2253535/c6467376/content.html。

机构资格条件》等两项国家标准，研究制定了有轨电车、无轨电车、摩托车培训机构的资格条件，授予 2 所有轨电车培训学校许可。辽宁省共有驾校 501 所，完成达标改造 462 所、降级 11 所、依法取缔 8 所，达标率为 92%。

预计随着“放管服”政策的进一步深化，驾培行业将更加市场化，更加便民利民。

二　资本并购更加活跃，将出现全国性、区域性驾校连锁品牌

编委会在《中国驾培行业发展报告（2018）》中这样预测：“在驾培行业上市日渐成为行业热点的时候，一些驾校开始寻求联盟合作、转让售卖、资产重组，兼并收购、连锁经营已经渐成气候，倒逼之下，驾培市场的集中化进程加快。预计 2018 年，在直营、承包挂靠模式外，托管、联盟、连锁、集团化将屡见不鲜，市场集中度将进一步提升。大鱼吃小鱼、快鱼吃慢鱼，将会成为市场常态；麦当劳连锁经营、加盟模式出现在驾培行业将成为可能。2018 年，随着更多资本的入局，驾培行业将加速整合、兼并、收购、重组的过程，2018 年驾培行业在资本市场将会更加活跃，甚至会出现多家区域性，全国性的驾校连锁品牌。”

相较 2017 年，2018 年驾培行业资本并购更为活跃，驾校之间的股权合作、兼并、收购时有发生，部分驾校因为经营困难出售意愿强烈，供大于求导致驾校资产价值大幅缩水。但尚未有大宗资本进入驾培行业进行行业整合，一些连锁驾校放缓规模扩张速度，转而稳健扩张，寻求更为可靠的合作加盟模式。

三　驾培机构回归服务本质，通过精细化运营提升服务满意度

为了促进驾培机构提升服务水平，将优质服务作为行业市场化的壁垒，

不少地方运输管理处都开始通过顾客满意度调查来对培训机构的服务质量进行综合测评，起到共同监督的作用。以下是上海驾培行业顾客满意度情况的相关报道。

对于 2018 年下半年顾客满意度的报道

近日，市运输管理处委托上海市质协用户评价中心开展的驾培行业 2018 年下半年服务质量顾客满意度出炉。本次测评学员满意度为 85.82，依据满意度量表加以量化评估，满意度处于较满意至满意区间。

本次测评指标体系框架基本不变，具体测评指标根据实际情况做了小幅调整，共采集到有效样本 17896 份，充分满足了满意度统计处理精度的要求。测评方向主要分成五大板块，分别是：经营管理、教学条件、规范教学、廉洁带教、投诉咨询。其中学员对“廉洁带教”评价最高，对“投诉咨询”评价最低，从学员对驾培机构服务质量的总体评价看，感到满意的学员占 71.5%，感到较满意的学员占 19.7%，感觉一般的学员占 6.4%；此外，分别有 1.1% 和 1.3 % 的学员感到较不满意和不满意。从反馈意见中发现，学员不满意主要集中在服务方面和教练员方面，其次是在价格、场地和车辆等方面。

在参与测评的 191 家培训机构中，依据数据，对其进行多元的聚类分析，满意度在 89.92 及以上的“优秀”企业有 13 家，满意度在 86.00 及以上的“良好”企业有 76 家，满意度在 79.00~86.00 的“尚可”企业有 91 家，满意度在 79.00 以下的“较差”企业有 11 家。

市运输管理处希望通过服务质量测评工作，促进各培训机构加强管理、规范经营，有针对性地进行改进，更好地接受社会及学员的监督，从而提高驾培行业整体服务水平。①

对于 2018 年上半年顾客满意度的报道

2018 年上半年度市驾驶员培训行业顾客满意度测评，是由市运输管理处

① 《(上海)本市驾培行业 2018 年下半年度服务质量顾客满意度出炉》，http://www.mot.gov.cn/difangxinwen/xxlb_fabu/fbpd_shanghai/201903/t20190311_3174187.html。

委托第三方专业机构上海市质协用户评价中心，对各培训机构的服务质量进行的综合测评。2018年上半年总体满意度指数为86.01，较2017年下半年下降了0.3，处于较满意至满意区间。测评围绕“经营管理”“教学条件”“规范教学”“廉洁带教”和“投诉咨询”五大类展开，通过电话调查和网络调查，共采集有效样本17017份，涉及192家驾培机构。在五项大类指标中，学员对“廉洁带教”的评价最高，为96.63，对“投诉咨询”的评价最低，为66.66。

在参与测评的192家驾培机构中，满意度在88.00及以上的“优秀”企业有16家，满意度在86.00及以上的“良好”企业有97家，满意度在79.00~86.00的“尚可”企业有73家，满意度在79.00以下的“较差”企业有6家。①

对于2017年下半年顾客满意度的报道

近日，市运输管理处委托上海市质协用户评价中心开展的驾培行业2017年下半年服务质量顾客满意度出炉。本次测评学员满意度总分为86.31，比2017年上半年上升了1.06。依据满意度量表加以量化评估，满意度处于较满意至满意区间。②

为了方便学员测评，此次测评除了采用原有的电话调查外，新增了网络调查渠道，即通过微信公众号推送信息的方式收集学员对培训机构服务质量和水平的客观评价，学员通过关注微信公众号登陆质协测评页面，注册登录后进入问卷调查。此次测评共完成有效样本17004个，涉及191家培训机构，实现测评企业全覆盖。

此次测评指标主要包括经营管理、教学条件、规范教学、廉洁带教、投诉咨询等五个方面。大多数培训机构集中在81~86。在五项大类指标中，学员对“廉洁带教”指标评价最高，为96.76；对“投诉咨询”指标评价最低，为71.89。

① http://www.shygc.net/jsp/html/20180905_0809899.jsp。

② 《（上海）2017年下半年度驾培行业满意度测评结果公布》，http://www.mot.gov.cn/difangxinwen/xxlb_fabu/fbpd_shanghai/201802/t20180209_2989830.html。

为了更好地接受社会及学员的监督，促进行业综合服务水平，管理部门提高了“学员满意度测评”指标在培训机构质量信誉考核指标中的权重。希望通过服务质量测评工作，促使培训机构了解掌握学员需求和意见，提高服务质量，对存在问题针对性开展整改；同时让管理部门有效把握行业服务短板，进一步明确行业监管重点。

根据2017年下半年驾培行业满意度测评结果，结合上半年行业日常监督管理情况，满意度达到优秀级别的培训机构共有20家。满意度评测结果为较差（最低级别）的有7家。此外，结合2017年驾培行业信访投诉情况，另有5户培训机构信访投诉率最高且未能按规定处理信访投诉。

市运输管理处将会同市交通委执法总队对评测结果较差、信访投诉率高的培训机构作为重点监管对象，降低质量信誉考核等级，依法增加日常检查监管频次，督促培训机构强化经营管理，提高服务质量。

对于2017年上半年顾客满意度的报道

2017年上半年，上海市驾驶员培训服务质量的学员满意度为85.25，与2016年下半年相比上升了0.59。从学员对培训机构服务质量的总体评价看，感到满意的学员占66.3%，感到较满意的学员占22.7%，感觉一般的学员占7.3%；此外，分别有1.7%和2.0%的学员感到较不满意和不满意。

在规范经营方面，调查数据反映，有6.69%的学员反映未签过合同，有22.0%的学员反映未收到培训费用发票，有4.4%的学员反映存在教练员私下收取培训费用的情况。在规范教学方面，有19.2%的学员表示倒车入库、侧方移位等科目是在道路或者居民区进行的。在廉洁带教方面，有3.7%的学员反映教练员提出过以通过考试的名义交“考试保险费”的情况。

根据此次驾培行业满意度测评结果，结合上半年行业日常监督管理情况，满意度达到优秀级别且教练车数量达到50辆以上的培训机构共有18家。另有6家满意度评测结果为较差（最低级别）。[①]

① 《本市驾培行业2017年上半年培训服务质量学员满意度结果出炉　6家培训机构综合评价较差》，http://www.shanghai.gov.cn/nw2/nw2314/nw2315/nw31406/u21aw1256442.html。

综合上海市运输管理处 2017~2018 年四次驾培行业顾客满意度测评结果，可以看到，上海市的学员满意度呈缓慢上升趋势，预计仍将缓慢上升。另外，满意度评分低于 79 分，被评为较差的驾校单位数量在 2018 年下半年有明显上涨，由上半年的 6 家增长至 11 家。这说明运管局公布满意度调查结果，起到了一定的市场监督作用，但对于增长的数据，引人思考的是，提升了服务质量，驾校就一定会经营得好吗？不一定。驾校在维持社会评价、服务质量的情况下，自身的经营效率遇到了挑战，经营压力越来越大，最终导致二者无法兼顾的双输局面。只有经营效率与服务质量同时兼顾，才能够获得长久有序的发展。

精细化管理的本质是提升经营效率，只有经营效率得到提升，驾校才有余力提升服务质量，学员满意度才会进一步提升，从而形成口碑—客源—服务—口碑的良性循环。

四　应用新模式新技术，推进信息化、互联网化

（一）行业整体信息化建设正在铺开

2018 年，继续强化机动车驾驶培训的信息化建设。将省级驾培监管服务平台与全国驾培数据交换与服务平台对接情况纳入民生实事督导考核内容。加快推进省级驾培监管服务平台与交通运输部平台联网对接工作，强化培训内容和学时落实，加强培训动态监管，为事中事后监管提供技术支撑。全国有 22 个省份的省级驾培监管服务平台与全国驾培数据交换与服务平台完成了技术对接。

组织制修订相关配套标准规范。按照驾培改革工作总体部署，组织制定发布了《机动车驾驶培训网络远程理论教学技术规范》。例如，广州市通过智能化、可视化等信息管理措施，加强服务监管，促进驾校规范经营和服务提升，减少投诉发生。组织教练车辆新终端升级，督促驾校按照时间节点完成升级工作，实现“人脸识别”智能监管。升级学驾服务平台，全面运用智能化、可视化管理，提高行业管理效率及违规查处效率，促进驾校正规经营。

江苏省交通运输厅会同省公安厅启动文明交通进驾校“五个一”工程，落实安全培训部署要求。打造远程网络培训旗舰品牌“江苏交通学习网”，有近一半的从业人员通过网络完成继续教育。江苏省13个设区市全部建成电子考场，为全省新增14万名道路客货运输驾驶员从业资格考试提供了良好的技术支撑。

海南省搭建了机动车驾驶员培训行业公众服务平台，为学员提供“电脑+手机App”自选驾校报名、自主预约培训等服务，增强了学驾人的知情权和选择权。此外，海南省全面改造升级了驾驶员计时培训系统，通过对教练场地设置电子围栏，对教练车实施卫星定位监控，对学员应用“二代身份证+指纹+培训过程自动抓拍”计时培训技术等，有效保证了培训质量。

河南省驾驶培训监管服务平台建设稳妥推进，实现了省级平台和全国平台的成功对接；衡水市在河北省率先实现了平台四级联网及与同级公安考试系统的对接，实现了驾驶培训信息共享和巡考有效衔接。

无论是监管部门对驾校进行监督管理，还是驾校对接考务系统、管理系统、学员服务系统，都需要信息系统的技术支撑。可以看到，驾培行业对信息化、互联网化的需求越来越多，程度越来越深。随着各地驾培服务越来越市场化，需求将进一步趋同，信息化服务也将越来越发达与便利。

（二）VR学车技术逐渐成熟，但成本较高

在《中国驾培行业发展报告（2018）》中，编委会预测：“VR学车设备受精细度、清晰度等因素影响，模拟越真实、影像越高清，价格越高。并且中国道路环境相当复杂，VR技术无法在短时间内完全模拟，短时间内VR学车也无法取代传统驾培机构，也暂时无法完全代替现场学车。驾驶行为可以通过VR来教导，但是车感还是必须通过真车教学才能实现。VR学车可作为现有驾培模式的有益补充。”

2018年，驾培行业VR学车设备的技术有了进一步发展。据媒体报道，福州规模最大的专业驾驶员培训企业安康达自主研发的VR学车设备攻克了眩晕等技术难题，2018年2月陆续推出数十台新一代设备——VR5D全仿真

智能车，一台造价 7 万 ~ 8 万元，软件方面采用了一套标准化的教学流程，硬件则采用全物理拟真方向盘、全局运动底盘、全真考场训练场景，实景呈现率超过 90%，操作真实度超过 80%，基本能满足培训教学的需要。

据称，“安康达首山校区已通过 VR 智能学车 + 实车操作的模式成功培训 1200 余人，初步数据显示，这些学员的考试通过率有所提高”。①

目前来看，VR 学车设备的市场接受度还有待观察，无法规模化生产以降低成本，这是市场接受度与量产降低成本的悖论，VR 学车设备解决了技术难题，但在商业化普及中还有很长的一段路要走。

不过，在英国的驾照考试设置中，有一个科目叫作 Hazard Perception Test，即通过模拟 14 个车辆行驶的视频短片，考察受试者的即时反应处理能力。这种测试方式目前使用视频和鼠标操作的方式来完成。不妨大胆猜测一下，这种测试方式使用 VR 学车设备来完成效果是否会更好？它将受试者身临其境地置于车辆行驶环境中做出实时反馈，有利于提升安全驾驶实操水平。②

（三）自动驾驶的中国机会

在《2017 驾培行业发展蓝皮书》与《中国驾培行业发展报告（2018）》中，编委会经过分析认为，自动驾驶和人工智能技术对驾培行业、市场的影响不会很快到来。“在《2017 驾培行业发展蓝皮书》中预测提到，无人驾驶要达到最终成熟并大规模应用，还需要几十年时间，而在此之前，即使是具有最先进自动驾驶技术的汽车，也必须要有一位驾驶人，即交通法规要求的持证驾驶人。因此，自动驾驶想要取代驾照考试，涉及技术实现到法规制定的漫长过程，还有着很长的路要走。”“对于驾培行业从业者来说，当下最重要的事依旧是以消费者需求为核心提供满意的服务，当自动驾驶技术逐渐普及，驾培行业拥抱这种趋势的变化时，自动驾驶与驾培行业可以相辅相成，共同发展。”

---

① 《“VR 学车”重出江湖　驾培的 VR 之变》，http://www.diankeji.com/vr/47581.html。

② 《如何在英国考驾照？看完这篇文章你就知道了》，http://dy.163.com/v2/article/detail/DR10C3G70518WCRJ.html。

2018年4月3日，工业和信息化部、公安部、交通运输部三部委联合印发《智能网联汽车道路测试管理规范（试行）》，要求相关主管部门可以根据当地实际情况，制定实施细则，具体组织开展智能网联汽车道路测试工作。① 这标志着国家正在大力发展智能网联汽车，我国的自动驾驶汽车行业正在蓬勃发展。

但在2018~2019年，全球的自动驾驶行业都在经历“寒冬”。尽管英伟达曾发布了一系列自动驾驶解决方案，被誉为人工智能领域最被看好的一家公司，但不幸的是，2018年10月，因为对主营业务GPU的判断失误，英伟达的股价被“膝斩”，从289.20美元跌至127.08美元，使得市场对英伟达在自动驾驶这一新兴市场的信心受损。2019年1月8日，智能芯片公司英伟达（NVDA）在2019 CES推出全球首款商用L2+自动驾驶系统NVIDIA DRIVE AutoPilot，集成多项AI技术，以助力监督式自动驾驶汽车2020年投产。与此同时，在传统供应商大陆集团和采埃孚的展台上，二者均宣布推出基于NVIDIA DRIVE的L2+自动驾驶解决方案，并将于2020年开始投产。但是市场仍普遍认为，自动驾驶的价值被高估，对自动驾驶这一未来技术的判断趋于理性。

此外，率先实现量产并广受欢迎的电动汽车品牌特斯拉在2018~2019年也麻烦不断，自动驾驶汽车生产问题频发，也使得市场对于自动驾驶的判断逐渐回归理性。但这并未影响国内发展自动驾驶技术的热情，在绝大多数中国汽车行业人士看来，自动驾驶将有望在中国率先落地。“自动驾驶的未来在中国。自动驾驶如果在中国做成功了，在美国会很好做，反之则很难。”威马汽车董事长兼CEO沈晖说。支撑上述论点的原因是多方面的。一方面，中国路况的复杂程度远超欧美等国家，既给自动驾驶带来挑战，同时也能为自动驾驶的落地积累更多的数据；另一方面，相对来说，中国人的驾驶习惯更加复杂和丰富，这也为自动驾驶提供了更多场景化的应用挑战和经验积累。

2019年3月28日，国内自动驾驶技术解决方案提供商Momenta推出了

① 《多部门关于印发〈智能网联汽车道路测试管理规范（试行）〉的通知》，http://www.gov.cn/xinwen/2018-04/12/content_5281923.htm。

可量产的结构化道路自动驾驶解决方案 Mpilot，该方案采用了符合车规级、可量产的感知方案，其利用摄像头、毫米波雷达、高精度地图与定位技术融合的方式，能够实现高速公路上下匝道、主动变道、应对紧急加塞等复杂场景的自动驾驶，并在雨天、黄昏繁忙时段、夜晚等极端环境下依然保持良好的性能。

Momenta 公司 CEO 曹旭东认为，自动驾驶的关键是量产和规模化。而在当今的市场中，尚未有一款激光雷达产品能满足量产所需的低成本和高稳定性。“只有通过量产的自动驾驶才能获得前面提到的海量数据，包括感知的数据、地图的数据、驾驶行为的数据和接管的数据。有了这些数据流向，完全的无人驾驶系统的性能才会提升。”曹旭东说，“中国每年的汽车销量差不多三千万台，所以，自动驾驶量产方案出货量小则百万台，大则是千万台以上，它对安全性要求极高，因此，在量产的方案上，我们的预判大概需要 20 年时间，这 20 年的时间内都是以人车共驾为主”。

由此可以看出，尽管中国同样在发力发展自动驾驶技术，但从商用到普及再到完全替代有人驾驶仍需约 20 年的时间，在这 20 年里，对技术和商业发展的挑战充满了不确定性。

而对于一个驾培行业的从业者而言，随着技术发展趋势越来越明朗，市场对于新兴科技的判断更加理性，无须为自动驾驶或无人驾驶感到焦虑和恐慌。反之，现有的有利于驾培行业发展的触手可及的信息化、科技化新应用，反而是驾培行业从业者需要大胆尝试的。

B.3
2019年驾培行业发展展望

刘治国　顾　皓　华　斌

摘　要：2019年，新一轮驾培改革就要来临。改革是对旧的市场秩序的打破，改革从根本上符合人民群众包括驾培行业正规驾校的长远利益；而改革又是对不合理的旧机制的打破和变革，必然要引发一些驾培市场深层次的矛盾和新问题，触及各方面利益关系的调整。由于行业发展的惯性使然，2019年驾培市场的总体情况将继续沿着2018年发生的代表性事件和轨迹演变发酵。2019年，将是大批驾校倒闭的前兆和倒闭潮的开始，驾校的生存门槛越来越高，这也将倒逼驾校主动或被动去掉过剩产能，提升教学服务水平，逐步实现价值回归。

关键词：驾考改革　市场调整　正规驾校

刚刚过去的2018年，恰逢中国改革开放40周年，也是驾考改革[①]的收官之年。2018年，对于驾培行业而言，虽没有太大的惊涛骇浪，却是静水流

① 驾考改革：2015年12月10日，《国务院办公厅转发公安部交通运输部关于推进机动车驾驶人培训考试制度改革意见的通知》（国办发〔2015〕88号）中的工作目标是：2016年上半年，部署驾驶人培训考试制度改革工作，明确各项任务推进步骤，启动重大改革事项试点；2017年，总结试点经验，深入推进改革实施；2018年，完成改革重点工作任务，基本建立开放有序、公平竞争、服务优质、管理规范的驾驶培训市场体系，基本建立公开透明、权责清晰、运转高效、公正廉洁的驾驶考试管理体制，基本解决培训考试中的不便利、不规范、不经济等问题。

深。历史的车轮滚滚向前，却总有它发展的轨迹：昨天孕育了明天，过去孕育了未来。由于行业发展的惯性使然，2019 年驾培市场的总体情况将继续沿着 2018 年发生的代表性事件和轨迹演变发酵。

当前，驾培行业潜移默化地发生着很多改变，改变是常态。政策在变，学员在变，经济环境在变，从业者的经营思路也在创新发展。2018 年，中国交通运输协会驾驶培训分会面向全国驾校，于 2018 年底进行了“2018~2019 全国驾培市场发展情况与信心指数调查”，共收到有效答卷 756 份。下面，我们结合调查报告，来回顾昨天展望明天，从驾校经营管理者的角度，来研究和预测 2019 年驾培行业和市场的发展趋势。

一　驾培市场调查报告分析

本次的全国驾培市场发展情况网络调查报告一共有 15 题。下面结合问卷调查结果，就驾培行业存在的相关问题归类分析。

（一）2018年全国驾培市场调查结果及分析

2018 年的驾培市场如果用一个词来形容，就是“混乱”。调查问卷第 1 题是：对于 2018 年驾培市场的变化，您认为哪两个字可以代表您的感受？对此，有 51.1% 的被调查者选择了“混乱”这一项，见图 1。

为什么说是混乱，原因主要有三个。

1. 政策衔接混乱

2015 年底，我国新一轮驾培改革启动，其中网上自主约考推行、驾培市场价格放开、市场审批准入门槛降低等政策，在很大程度上改变了以往的驾培行业规则和市场生态。客观地说，改革的顶层设计非常好，但因为行业“放管服”政策落地等诸多原因，一些配套政策并没有齐头并进，甚至有些政策衔接出现真空地带，导致行业监管者、从业者无所适从，大多一片茫然和不知所措。

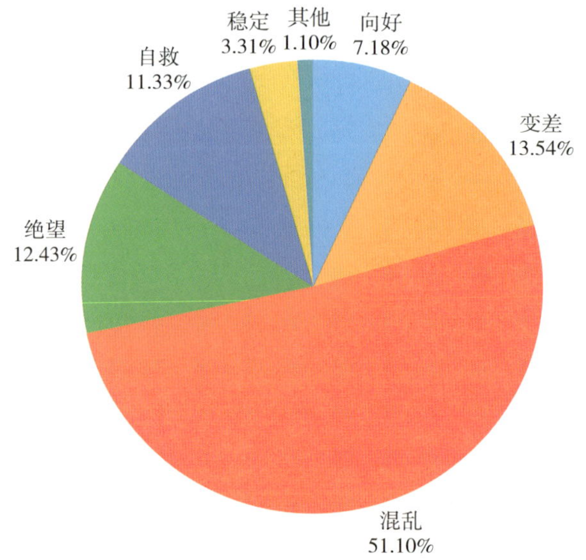

图 1　被调查者对驾培市场变化的感受

2. 市场秩序混乱

很多人认为，驾培市场的秩序混乱始于 2016 年。因为政策的变化，尤其是自主约考的单方面实行，使得驾培教学大纲要求的学时完成难度加大，不少驾校原有的经营管理模式受到极大的冲击，黑驾培机构野蛮生长，互联网驾培中介低价截流。同时，驾培市场从卖方市场转向买方市场、产能供给严重大于市场需求，也导致了行业恶性竞争，价格战此起彼伏，乱象丛生。以下案例可以充分说明这一点。

2019 年 3 月 30 日，《南国早报》发出了《瘦了驾校 肥了中介》的报道：学员花了将近 3000 元报名学车，招生机构抽走其中将近三成，再将学员转给驾校培训。招生机构招生成本低廉但利润可观，驾校则由于竞争激烈大多亏本经营，教练员的劳动回报被严重挤压……这样的情况，在南宁驾培市场已是常态。据介绍，中介与合作驾校谈好底价后，自行招生并让利给学员，以此吸引大批学员来报名。打个比方，某驾校对外招生价格为每人 2800 元，中介以 2600 元的价格招收学员后，再按 2000 元的价格将学员转给驾校培训。对驾校而言，这样的价格没钱赚甚至是亏损的。

既然是亏本经营，驾校为何还要与之合作？业内人士道出其根本原因：一方面，驾校属于前期投入较大的行业，一两百万元的前期场地建设费，以及每年数十万元的场地租金，使得驾校资金周转压力极大；另一方面，虽然是低价招生，但如果学员数量足够多，也能为驾校在短期内聚拢资金。因此，不少驾校只能“饮鸩止渴”，先解燃眉之急，招生之后或巧立名目增加费用，或通过降低培训质量缩减培训成本。

近年来，随着中介的不断增多，整个驾培市场的培训价格不断下探。数年前，南宁的主流学车价格为 3300 ~ 4000 元，近两三年，许多口碑良好的老牌驾校价格也降至 2500 元左右，而不少驾校对外招生价格已降至 2000 元，有的甚至宣称学车价格仅 900 元。

3. 经营理念混乱

面对行业政策的变化、市场生态的变化和未来的不确定性，很多驾培行业从业者不得已放弃旧有的思维模式和经营理念，但又找不到舒适区，乱从心生、诚惶诚恐，对于将来感到迷惘，甚至产生了抱怨，很多人心态没有完全调整和适应好。

驾培市场的混乱，不止停留在政策和市场层面。在乱世出英雄的同时，也有人趁机浑水摸鱼。君不见，自我包装的“各路大师、精英导师、行业第一人”突然之间凭空一夜冒出，各种经营理念、思想满天飞。虽说百家争鸣是好事，但有些误导人的思想观念和一些不切合实际、夸大其词的内容，还是存在的。鱼龙混杂、自相矛盾的观念经不起推敲，反而扰乱了驾培从业者的平静心态，使其乱了心智和方寸。

（二）2018年驾培行业最具代表性的关键词

调查问卷第 2 题：您觉得以下哪几个关键词，可以代表 2018 年驾培行业的变化和驾培市场的热点问题？（多选题）

从调查结果看，排名靠前的依次分别是学时对接、量价齐跌、服务升级、黑驾培和回归教学（见图 2），这在很大程度代表了大多数行业人士的心声和认知。分析如下。

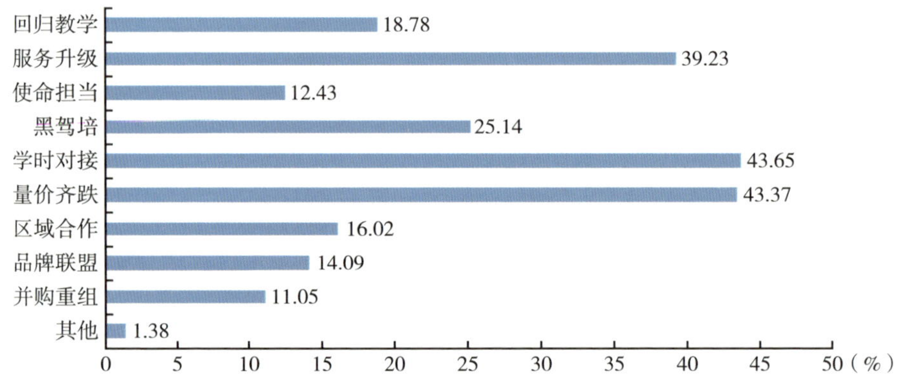

图 2　被调查者选择的驾培行业关键词情况

关键词1：学时对接

学时对接是一个老生常谈的问题，很多从业者都希望学时对接能够改良驾培市场环境，从而对自身经营带来帮助。2018 年，重庆、河南、江西等地终于在驾培、驾考主管部门及行业协会的推动下，开始了学时对接的相关工作；2019 年初，广东、海南等省份也开始了学时对接，但还有很多的地方依然是“犹抱琵琶半遮面”“君问归期未有期”。

学时对接其实不是唯一关键点，即使学时对接了，驾校的市场环境也不一定能好起来。学时对接重要，“保证学时真实性”更重要，两者相辅相成、缺一不可。只有有效管控学时才能保证驾培行业健康发展。从目前情况看，实现这个愿望也许还需要较长时间。另外，驾培机构、驾考部门的“信息共享”同等重要。车管部门经由共享运管部门审核过的学员培训信息，受理通过驾校这一渠道培训出来学员的自主约考，也是给正规驾校营造良好营商环境的一大着力点。

关键词2：量价齐跌

驾培市场的价格战已经愈演愈烈，2018 年在学费不断下降的同时，大部分驾校招生的数量也下来了，这是意料之中的事情。如果说，之前的价格战结果是以价换量的话，2018 年的后果却是价跌量也跌。调查结果显示，74.86% 的驾校招生数量下降（见图 3），64. 64% 的驾校学费较 2017 年有所下降（见图 4）。

调查问卷第 5 题：2018 年贵驾校招生的数量与 2017 年相比表现如何？

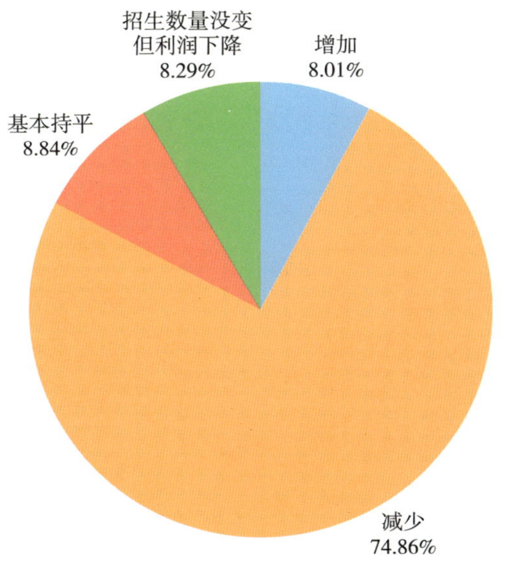

图 3　驾校招生情况

调查问卷第4题：贵校2018年的培训价格与2017年同期相比，下降还是上升？

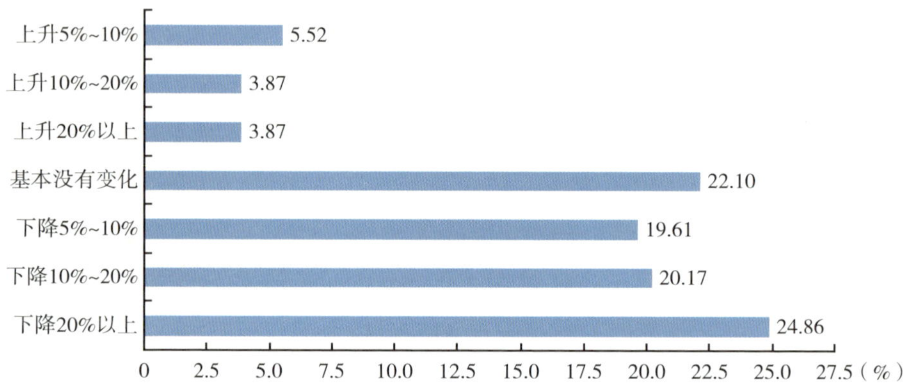

图4　驾校学费情况

究其原因，首先，是驾校数量的增加导致培训产能严重过剩，行业恶性竞争；其次，人口红利逐渐消失导致市场整体生源大幅下滑；最后，我国经济下行，导致潜在消费者抓紧钱袋子，消费意愿降低。尽管很多人说驾驶培训是刚性需求，但消费者2018年学车的意愿不强。最为明显的是，和驾驶培训为互补消费品的汽车整车销售数据居然在坚挺了十余年后开始下滑，而且是掉头直下，直到2018年10月也没有复苏的迹象。从9月开始，很多汽车销售行业寄予厚望的“金九银十”落空了，驾校的招生旺季整体也旺不起来。有经济学家认为：中国的经济和中国的企业正面临着40年以来最艰巨的挑战。

关键词3：服务升级

天助自助者。在驾培市场的严峻形势倒逼之下，驾校校长并没有坐以待毙，很多驾校纷纷提升发展质量，主抓服务质量，千方百计提升服务水平，以学员为中心，以学员满意为出发点，从被动服务升级到主动服务，有的从主动服务升级到感动服务。

至今，杜绝吃拿卡要和粗暴教学已经成为绝大部分驾校校长的共识，也逐渐成为教练员的自觉行动。与此同时，一些驾校给学员提供免费的餐饮、住宿、茶歇，免费接送，有些驾校带领教职人员主动给学员鞠躬敬礼、开展微笑服务，在驾校给学员过生日，还有更多的驾校开始推出管家式、保姆式的一站式服务，让学员在学车过程中有更好的服务体验。毫无疑问，驾培行业拼价格是杀敌一千自损八百的短视行为，拼服务则是有效跳出价格战的竞争利器之一，也是打造品牌驾校不可或缺的基础。

关键词4：黑驾培

黑驾培包括黑驾校、黑教练和黑教练车，通俗地讲，就是没有经过行政许可和注册备案的非法驾培。有人说，滋生黑驾培的土壤是合规的驾校，是正规驾校养虎为患的结果。也有驾校校长很委屈地说，我们当地驾校没有养黑驾培，都是外地的黑驾培侵入了我们的领地，攻陷了我们的价格。

黑驾培的竞争优势是低价，离学员近。正如一些驾校校长私底下认为的：有些黑驾培服务也不见得比我们差，它们对学员也很上心。正规驾培的劣势是合规成本高，价格上处于劣势，而一些黑驾培没有场地、车辆、人员等合规成本，甚至有些地方拿蓝牌车当作教练车，或者用报废的教练车带学员。

在这个世界上，有黑就有白。黑驾培就像地上的野草，野火烧不尽，春风吹又生。要彻底铲除，任重而道远，需要从政策、法律、机制、经营等方面共同发力。

关键词5：价值回归

本次调查问卷上用了两个关键词：回归教学、使命担当。其实，两者说的基本上是同一回事，即我们驾培行业的价值回归。驾校存在的价值是什么？就是通过驾校的教职人员，在合规的场地和车辆上，培育出具有安全文明意识和熟练驾驶技能的合格驾驶人。简言之，就是培养出一生无事故的驾驶人，让每位学员平安出行，这也是驾培人的使命和社会责任。没有良好的教学质量，再好的服务，都不可能真正体现驾校的价值。从这个方面说，教练即服务，服务即营销。

现在，有一部分驾校校长已经意识到了这点，并身体力行开始潜心研究教学，回归驾驶培训的本质，主动担当使命。例如，一些驾校开始尝试使用新课件来讲解急救、应急逃生、安全盲区、荷式开门法、换轮胎、车辆自燃灭火等常识。

关键词6：区域整合

区域整合其实包括区域合作、品牌联盟、并购重组三个关键词。由于驾培市场具有区域性的特点，品牌外溢性不强，因此区域合作、品牌联盟、并购重组在区域内更具有可行性。一般而言，在一个行业最困难的时候，兼并收购、行业整合会比较活跃，随着企业破产、重组增多，市场进一步走向集约化。目前的状况说明驾培行业最艰难的时候还没有到来。

调查问卷第 8 题：2018 年驾校全年经营是否赢利？

就当前的驾培行业看，一边是每年有近 1000 所驾校开张，一边有驾校倒闭、跑路、转让。调查结果显示，2018 年有 20.99% 的驾校发生大幅亏损，有 31.77% 的驾校发生小幅亏损（见图 5）。因此，驾校经营管理者对驾培行

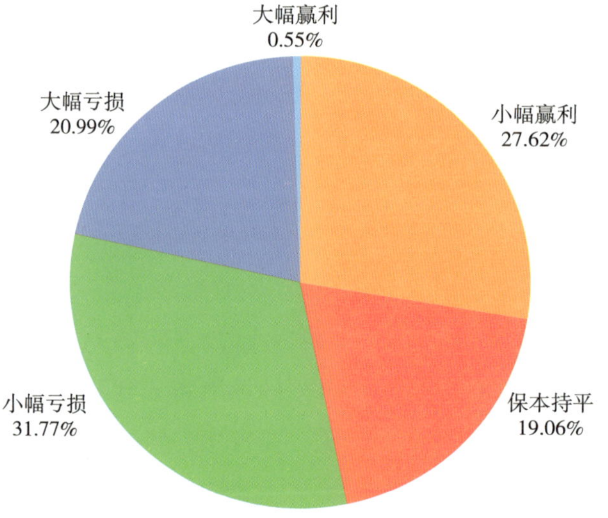

图 5　驾校盈利情况

业的信心出现了分化，一部分人不看好，一部分人看好。调查结果显示，有 53.87%（见图 6）的地区 2018 年驾校数量增加，有 18.23% 的地区驾校数量减少。因此，总体来看，全国增加的驾校远多于倒闭、关门的驾校，这也意味着行业的竞争将更加激烈。

调查问卷第 6 题：相对于 2017 年，截至 2018 年底当地的驾校总数量是否有变动?

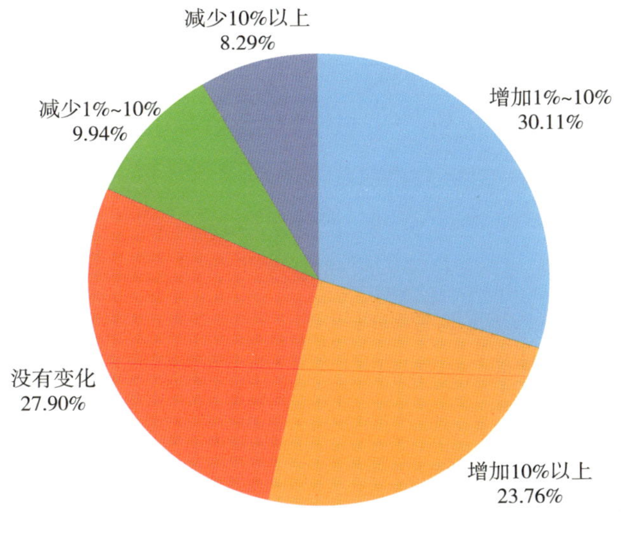

图 6　2018 年驾校数量增减情况

2018 年驾培市场的突出问题和现象，将很大程度在 2019 年继续出现，短期内很难有大的改观。

二　2019 年驾培行业政策展望

驾驶市场存在的这些问题，早就发出了一个又一个信号。驾培行业新政策法规的修订出台，是对旧的市场秩序的打破，改革从根本上符合人民群众包括驾培行业正规驾校的长远利益，但是，实现改革的目标必定有一个过程，只能逐步前进，并且有先有后；而改革又是对不合理的旧机制的打破和变革，必然引发一些深层次的矛盾和新问题，触及各方面利益关系的调整，其中，包括驾校、学员、教练员、管理部门、设备厂商等多方利益关系。

业内人士经常关注和谈论驾培驾考改革，就在于改革牵动着驾校经营管理者等各方的切身利益。机动车驾驶员培训行业肩负着为社会培养合格驾驶员的重任，驾校是安全驾驶的摇篮，既要考虑经济效益，还要兼顾社会价值。只有切实履行了社会责任，才能有更好的发展空间；而社会责任的履行，需要经济效益作为基础。改革的过程实质是一种利益关系的调整过程，尽管驾培驾考改革带来了新的红利，但具体对每个利益相关方、每个群体来说，所获得的利益总是有先有后、有大有小、有得有失。

改革是一场革命，肯定要动一些人的奶酪。改革是从政策调整开始的，对于驾培行业而言，是驾考驾培管理制度的自我完善和发展，它着眼于改变过去形成的、不符合当前形势的培训考试机制和被人民群众广为诟病的现象。目前，驾培行业还有诸多影响规范发展的矛盾存在，深化改革就是要不断地解决这些矛盾，打破利益格局的平衡，这样教学服务质量才能变好，道路交通安全秩序才能改善。在利益变动过程中，驾校、教练员、学员等相关的一方或几方就有人必须付出代价，享受改革的成果也必须承担改革的风险。

（一）驾驶培训政策法规发展趋势

1. 2019年交通运输部有关驾培法规的修订计划

2019年2月1日，交通运输部印发了2019年立法计划的通知。通知指出，2019年交通运输立法工作要紧紧围绕党的十九大做出的重大战略部署以及深化党和国家机构改革涉及的立法问题，继续推进科学立法、民主立法和依法立法。要深入推进科学立法，使立法工作主动适应交通运输行业转型升级、提质增效、安全发展需要，继续全面落实“放管服”改革要求；要进一步推进民主立法，多方位、多渠道广泛听取意见，提高立法工作的透明度和公众参与度，同时要注重深入调研，使立法真正反映行业发展规律和诉求；要大力推进依法立法，严格按照立法权限、立法程序立法，加强合法性、合理性审查，规范立法行为，保证立法质量。

在交通运输部 2019 年立法计划里，与驾培相关的法规包括道路运输条例（修订版）、机动车驾驶员培训管理规定（修订版），由运输服务司负责起草，法制司负责审核工作，形成送审稿后报送国务院。

这两项法规已于 2017 年、2018 年向行业发布了征求意见稿。它们的修订发布，将对行业产生深远的影响。

此外，有关教练员管理的指导意见也在研究制定，有望规范教练员从业资格证取消后带来的教练员管理抓手不够的问题。

2. 交通运输部对驾培机构行政许可调整的思路

在纪念改革开放 40 周年道路运输行业座谈会上，交通运输部运输服务司徐亚华司长发表重要演讲（相关内容见本文附录），从“放管服”的角度，全面介绍了近年来政府在行业管理工作中所做的实事和在实践当中取得的经验及下一步的政策措施。

2018 年 10 月 17 日，国务院印发《关于在全国推开“证照分离”改革的通知》（国发〔2018〕35 号），通知要求从 2018 年 11 月 10 日起，在全国范围内对第一批 106 项涉企行政审批事项，分别按照直接取消审批、审批改为备案、实行告知承诺、优化准入服务等四种方式，实施“证照分离”改革。其中第 27 项“机动车驾驶员培训业务许可证核发”，明确列入“优化准入服务”的改革方式。通知指出，对关系国家安全、公共安全、金融安全、生态安全和公众健康等重大公共利益的行政审批事项，保留审批，优化准入服务。要针对市场主体关心的难点痛点问题，精简审批材料，公示审批事项和程序；要压缩审批时限，明确受理条件和办理标准；要减少审批环节，科学设计流程；要下放审批权限，增强审批透明度和可预期性，提高登记审批效率。

2019 年 2 月 27 日，《国务院关于取消和下放一批行政许可事项的决定》（国发〔2019〕6 号）指出：经研究论证，国务院决定取消 25 项行政许可事项，下放 6 项行政许可事项的管理层级。另有 5 项依据有关法律设定的行政许可事项，国务院将依照法定程序提请全国人民代表大会常务委员会修订相关法律规定。取消的 25 项行政许可事项，审批部门为各级交通运输部门的有 7 项。其中，最引发行业关注的是“拟取消机动车驾驶员培训经营许可、道路货物运输站（场）经营许可、国际道路货物运输许可”中的两项“道路货物运输站（场）经营许可”“国际道路货物运输许可”被取消，而机动车驾驶员培训经营许可不在取消之列。

2004年，《道路运输条例》与《行政许可法》同步实施。《道路运输条例》为包括货运站、客运站的道路运输站（场）经营设定了许可。机动车驾驶员培训经营许可到底会不会被取消、何时取消或优化，需等待交通运输部出台新的措施。可以确定的是，2019 年驾培行业又将迎来一个改革年。

（二）2019驾驶考试政策调整趋势

据中国交通新闻网报道：2019 年两会期间，全国政协委员成平建议，加快推进生产安全事故独立技术调查。

“政府工作报告中指出，去年发生了多起重大生产安全事故，教训极其深刻。我们交通运输行业安全形势总体平稳，但不容乐观，如何从每起事故中吸取教训、举一反三，仍需高度重视！”3 月 5 日，全国政协委员成平在小组讨论结束后，在会场接受了记者专访。作为交通运输部原安全总监，安全始终是她最关心的。她建议加快推进生产安全事故独立技术调查，真正做到吃一堑长一智。

近年来，我国道路运输领域发生多起因司机疲劳驾驶造成的重大人员伤亡事故。“可是，关于疲劳驾驶原因的深层次分析仍然不足，司机为什么会疲劳？什么情况下会疲劳？驾驶多长时间后疲劳？这在现有大数据、智能化条件下，是不难研究的。”成平对事故调查仅仅止步于问责处理感到惋惜。

成平建议尽快将“生产安全事故调查处理条例”纳入立法计划，建立事故独立技术调查的机制，明确人员组成、职责、程序及相关要求等，以利于进行科学公正独立的技术调查。在现阶段，尽可能将事故技术调查与责任追究分开进行，技术调查报告应由技术调查组独立完成，不涉及责任问题及追责内容，完整的报告包括事实（含检测数据）、分析、可能的原因和结论等，且应正式对外公布，以利于举一反三，防范类似事故再次发生。

由此看来，作为道路运输行业的子行业，机动车驾驶培训行业的责任倒查力度也将加大。2017 年 6 月，公安部《道路交通事故深度调查工作规范（试行）》“史无前例”地细致明确了事故追责驾校的规定。其中第六条规定：深度调查除按照《道路交通事故信息调查》（GA/T1082-2013）标准进行之外，还应当重点开展以下调查。

一是驾驶人近三年交通违法、记分、事故记录及处理情况，驾驶培训、考试、审验、从业资格及参加日常安全教育培训情况，事故发生后的安全防护和自救互救情况，以及身体状况、家庭状况等可能影响安全驾驶的其他因素。

二是驾驶培训机构资质情况，是否按照培训大纲开展培训，是否存在缩短培训学时、减少培训项目等情况，是否参与违规办理驾驶证或者考试舞弊等。

可以看出：道路交通事故追责驾校的政策变化是倒逼驾校保证教学质量，其趋势将越来越严格。此外，由公安部牵头修订的《道路交通安全法》正在征求意见之中，《机动车驾驶人安全操作规范》修订征求意见已经结束，这些法律法规有望年内送审发布。

改革没有完成时，只有进行时。

任何大的改革，不可能一蹴而就、一步到位。何况中国幅员辽阔，各地情况不一、管理部门政出多门、利益格局错综复杂。与此同时，中国的汽车文明发端较晚，交通安全涉及面广，我们对于驾考驾培改革的认识和规律把握有待不断深入。

2019 年，新的一轮改革就要来临，新的改革动向又让人们翘首以盼，深化改革所带来的利益关系调整是大势所趋，新的政策和形势将有重大的变化。走老路，到不了新地方。驾培同仁必须正确认识和对待这种调整的长期性、挑战性。除了以市场为导向，以学员为中心自力更生、单打独斗做强品牌外，实施以联合经营为手段的品牌营销联盟、集约化集团化运作已经具备条件，时不我待，而地方行业协会在其中的作用不可或缺。是血拼至死，还是创新发展、抱团取暖，全在驾校经营者的一念之间。

三　2019 年驾培市场发展预测

随着政府部门“放管服”的推进，驾培市场这几年也处于风雨飘摇之中。自主约考的出现、考试名额的取消、学时对接的艰难，导致黑驾校和互联网学车中介平台大行其道，严重地冲击了正规驾校的生存空间；驾校行政许可门槛的降低、驾培培训价格管制的放开使得行业产能过剩，供需关系发生逆转，价格战此起彼伏，恶性竞争在所难免。

2019 年，驾培市场处于两极分化最重要的时间窗口。2019 年可能是驾培市场前十年中最差的一年，却可能是未来十年中最好的一年——人口红利的长尾效应还在，驾培市场的刚需还有，汽车社会的向前推进依然。而 2019 年是驾校做品牌的关键年份，现在一些驾校还有些老底子、员工队伍还比较稳定、市场的需求依然相对旺盛，但留给驾校做品牌的时间并不多。

（一）需求端预测

1. 市场总需求逐年递减，增量学员占主体

总体来看，我国驾培市场的考照总需求增速在 2015 年已经见顶，并且自 2016 年增量开始进入下行通道，呈逐年下降趋势。驾培市场最好的时光已经过去，对想从事驾驶培训的投资经营者来说，是一个强烈的预警讯号。

截至 2014 年底，全国机动车保有量达 2.64 亿辆，机动车驾驶人突破 3 亿，其中汽车驾驶人超过 2.46 亿，驾龄不满 1 年的驾驶人 2967 万，占总数的 9.8%；近 5 年机动车年均增量 1500 多万辆，驾驶人年均增量 2000 多万人。

截至 2015 年底，全国机动车保有量达 2.79 亿辆，其中汽车 1.72 亿辆，新注册登记汽车达到 2385 万辆；机动车驾驶人 3.27 亿，其中汽车驾驶人超过 2.8 亿；全年新增汽车驾驶人 3375 万人。与机动车保有量快速增长相适应，机动车驾驶人数量也呈现大幅增长趋势，近五年年均增量达 2299 万人。从驾

驶人驾龄看，驾龄不满1年的驾驶人3613万人，占驾驶人总数的11.0%。男性驾驶人2.4亿人，占74.3%，女性驾驶人8415万人，占25.7%，与2014年相比提高了2.23个百分点。

截至2016年底，全国机动车保有量达2.9亿辆，其中汽车1.94亿辆；机动车驾驶人3.6亿，其中汽车驾驶人超过3.1亿；新登记汽车2752万辆，新增驾驶人3314万。

截至2017年底，全国机动车保有量达3.10亿辆，其中汽车2.17亿辆；机动车驾驶人达3.85亿，其中汽车驾驶人3.42亿，新增驾驶人3054万。

截至2018年底，全国新注册登记机动车3172万辆，机动车保有量已达3.27亿辆，其中汽车2.4亿辆，小型载客汽车首次突破2亿辆；机动车驾驶人突破4亿，达4.09亿人，其中汽车驾驶人3.69亿，新增驾驶人约2750万（见图7）。

图7　近五年全国新增驾驶人趋势变化

根据国家统计局第六次人口普查结果，“80后”共有2.28亿人，“90后”1.75亿人，“00后”1.46亿人，“90后”人口比“80后”少23.25%，“00后”比“80后”少35.96%，20年时间内，出生人口减少了36%。如果按照人口政策不变来预期，作为学员主力军的年轻人将呈现逐步下降趋势。除了人口普查和抽查的数据之外，还有一些数据同样可以提供中国孩子在减少的证据。从教育部的在校生统计数据看，从1998年开始，小学在校生开始减少。从2004年开始，初中生人数逐年减少。

当前，驾培市场已经进入成熟期，需求增速见顶，蛋糕是既定的，很难再扩大；加之驾培行业的服务属性，注定了其产能的有限性。由于学车没有重复消费，驾培市场意向存量学员可谓学一个就少一个。与此同时，学员逐渐年轻化，中年人、老年人、青年人同时学车的场面越来越少见。预计2019年新增驾驶人数量将继续下滑，全年累计不超过2600万人。

2. 高考生、大学生、高职院校学生成为学车的主力军

现在驾培市场每年的招生量不到2700万人，其中18~25岁适龄青年的增量学员成为学车主体（占比41.34%，见图8），他们中的大多数人是大学生或准大学生（刚刚结束高考的学生）。这一市场需求群体，日益成为驾校的必争之地。

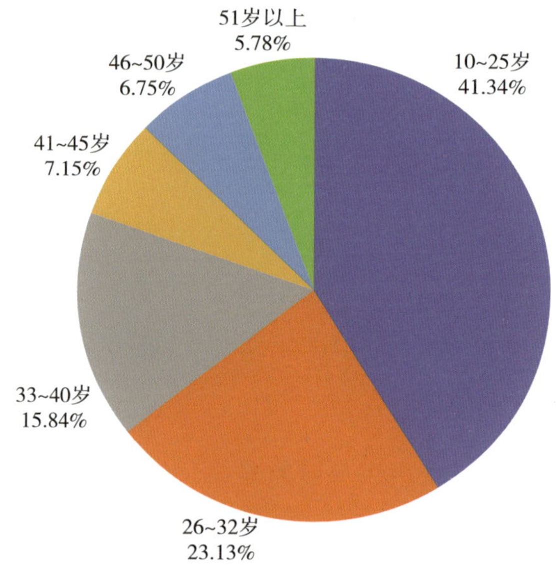

图8 2018~2019年驾校学员年龄构成

资料来源：军博软件云服务器，数据抽样为截至2019年1月的总体数据，数据样本为481939位学员。

随着学车群体的年轻化，大学生以及准大学生日益成为驾校生源的主力军，将来，围绕大学生市场的竞争将愈加激烈。夸张点说，哪个驾校离大学生（准大学生）的空间和心理距离近，谁能密切和他们的关系，谁就更有机会获得源源不断的生源。

3. 消费分层加快，驾培市场需求愈加多样化

整个 2018 年，电商与零售圈都在争论一个问题，究竟是消费升级还是消费降级了？特别是拼多多的强势崛起，似乎更多人开始追求便宜货，至少内地市场对过万元的苹果新机没以前那么热情了；但“加拿大鹅”北京开店被疯抢又怎么解释呢？我们在 2018 年蓝皮书上提到过，消费升级是大的趋势。但中国地域太大了，人民的消费水平差距太大了，就像金字塔，消费需求越高，市场需求越大。在消费金字塔上，消费升级无疑是最显眼的一块蛋糕，但这并不意味着它是最大的，更不是最容易啃的。

因此，现在我们更倾向于认为这是一个消费分层的社会，并且由电商放大了这种层级效应。在驾驶培训市场也是如此，有部分愿意多花钱来报名高价 VIP 班的学员及家长，也有只想低价报名驾校经济班、特惠班的学员。其实，拼多多诞生前，由于人们经济收入的不同和受教育程度的不同，消费分层本就存在，只是各圈层的消费者拘泥于自身熟悉的市场进行消费，而拼购式社交电商一方面把不同圈层的商品（供给）借助娱乐心理与好奇心，渗透到本触达不到的圈层中；另一方面，也让不同圈层的消费者（需求）边界融合，比如买苹果手机的人也可能在拼多多上拼购水果。这实际是在一定程度上拉平了消费圈层间的障碍。

消费能力、消费观念、审美趣味三个方面的不同导致了消费分层，消费者审美趣味的分化决定了同样的产品在不同人群中的评价差异加大，一个企业想讨好所有人是不可能的。同理，我国驾培市场的需求也是多样化的，这中间蕴含着巨大的机会，为驾校的教学创新、服务创新、营销创新、班型创新等提供了多种可能。实际上所谓好驾校、好服务没有什么唯一的定义，只有适合不适合的问题。即使不受消费能力的限制，每个学员的驾驶培训消费观念也是非常不同的，有的可能注重考试快速通过，有的可能在意快乐的服

务体验，还有的可能注重价格优惠等，不一而足。举个例子，“90后”学员对学车的需求与其他年龄层的用户是完全不一样的。“00后”学员的父母、40多岁的学员家长对教学服务的功能性要求更高，但对“90后”学员而言，品牌个性、情感、新潮、特色等一些很务虚的方面，却可能成为其是否报名的决定性因素。因此，驾校是否有特色，能否针对细分市场做出快速反应，以学员为中心，充分满足学员多样化的需求，决定了驾校经营的成败。

（二）供给端预测

1. 价格战是大批驾校倒闭的前兆和倒闭潮的开始，驾校生存门槛越来越高

首先看几个相关事件。

事件一：据2019年3月27日《无锡日报》记者报道[①]：往年三四月都是各驾校招生的旺季，今年以来，招生良好的驾校“实在不多”，甚至有驾校提出申请要退出驾培市场，这在无锡驾培行业还是首次出现。无锡交通运输管理处驾培科相关人士告诉记者，连续多年学员人数持续下降，驾培市场供大于求现象严重。

据介绍，2015年驾培市场放开后，不少民营资本进入该领域，仅2016~2017年无锡地区就增加了22所驾校。但在“上游”驾校猛增的同时，“下游”的学员数量连续多年下降，驾校“吃不饱”问题开始凸显。2015~2018年，全市驾校报名人数分别为16.47万人、16.05万人、14.98万人、12.98万人，连续3年下降。驾培学员不足，直接造成近四成教练车“趴”在场地里，导致驾校正常运营受到很大影响。春节后至今，已经有10多家驾校提出申请，要求缩减规模或转让驾校。新吴区一家成立了仅1年半的驾校因“入不敷出”，明确提出关门。此外，有驾校为控制成本，将教练车承包给教练员，这给正常监管增加了难度。有的为抢夺市场，将培训价格降低数百元。对此业内人士担心，如果价格异常，在培训学时上缩水，对学员不利，也会

① 《学车人数连续下降 无锡首次出现驾校申请关门》，http://epaper.wxrb.com/paper/wxrb/html/2019-03/27/content_741947.htm。

影响行业的健康发展。

事件二：2018 年 1 月 11 日，重庆沙坪坝区贝普驾校有一千多名学员。然而最近学员们发现，驾校突然人去楼空，负责人也已经联系不上了。据调查，2017 年重庆已经有十余家驾校倒闭，或者转行。重庆多所驾校校长纷纷表示招生遇“寒冬”，驾校入不敷出。

事件三：2018 年 8 月 19 日常报全媒体讯[①]，记者日前从常州运管部门获悉，溧阳阳光驾校因生源不济，经营每况愈下，难以支撑，已正式申请注销倒闭，这在江苏常州市驾培行业尚属首例。溧阳阳光驾校成立于 2014 年，共有 48 辆教练车、62 名教练员。倒闭后，原先的教练员和学员通过自行选择和运管部门的协调，被分流到其他驾校继续从业和学习。

驾校上车率不足三成，已经成为常州市整个驾培行业的普遍现象。不少驾校认为，在如此形势下，关门倒闭是很自然的现象，这意味着驾培行业正式进入了“优胜劣汰”拐点。业内人士认为，5 年前，驾培行业已经显露出走下坡路的迹象。溧阳阳光驾校事件则给整个行业敲响了警钟，今后更多的驾校将步其后尘。

通过上述事件可以看出，自本轮驾考驾培改革三年多以来，驾培市场的供给迅速增加，每年增加 1000 多所驾校，而需求总量日益减少，在市场两端一多一少挤压之下，价格战日趋激烈，恶性竞争时有发生。持续的价格战，其实是驾校之间的一种资源消耗战。杀敌一千，自损八百，日复一日、年复一年的互相恶性低价搏杀、量价齐跌，逐渐耗光了驾校的生存资本。三年来，驾培行业连续不断的竞相杀价竞争，极大地压缩了驾校的利润，也榨干了一部分驾校之前的流动资金。当驾校累积的资金收入不足以支付驾校运营成本时，驾校的现金流便也断了，相当于一个人没有了血液，倒闭是迟早的事情。驾校利润日渐稀薄，去产能成为主动或被动的选择。

根据“2018~2019 全国驾培市场发展情况与信心指数调查”，有 30.66%（见图 9）的调查者认为市场萧条，对驾培行业的发展信心严重不足。

---

① 《驾培行业进入优胜劣汰拐点，溧阳出现首例驾校倒闭！》，http://m.jsly001.com/wap/thread/view-thread/tid/2772027。

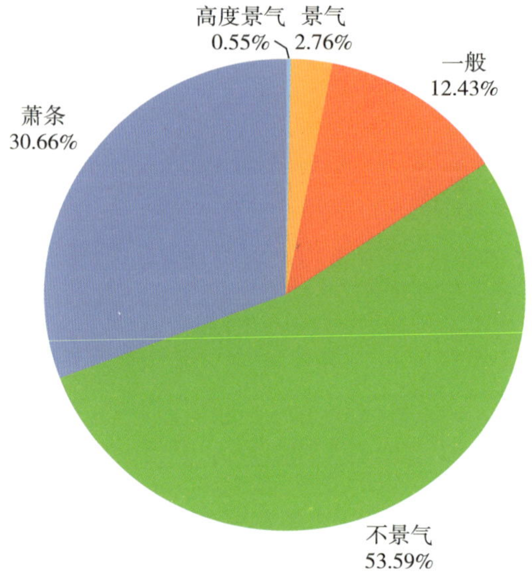

图 9 驾培市场前景调查结果

当然，也看到有驾校校长在员工大会喊出“活下去”的口号。还听到一位知名驾校校长说，其现在的战略不是“求发展”，而是“求生存”，怎么才能活下去。当前，驾校的准入门槛并不是很高，但驾校的生存门槛越来越高。换言之，在之前的驾培黄金时期，只要能被行政许可进入市场，就能活得很滋润；而今，要想继续活着都不是一件容易的事情了。市场竞争是残酷的，它从不相信眼泪，只相信现实和结果。

2. 驾培行业在去产能的同时，区域市场整合集中化进程加快

每年都有驾校退出，也有新的驾校、品牌进入，这其实是市场的一种正常状态。但驾培市场的大面积亏损和恶性竞争，不是一个健康市场应有的状态，驾培市场必须多管齐下化解产能过剩问题。过度的新增产能造成一些驾校场地、车辆资源闲置和浪费，也造成了恶性价格战。一些新驾校开业之时就是关门之日；一些老驾校前几年只顾眼前利益盲目扩张，如今生源锐减陷入被动局面，在苦苦支撑；还有的驾校被迫低价转让，驾校的壳已经不值几文。

驾培行业已经到了必须去产能的时候了，号角已经吹响。具体来说，驾培

市场化解过剩产能需要做好三项工作：优化存量、主动减量、慎重增量。

（1）优化存量

一方面，驾校要在供给侧结构性改革方面做文章，减少低端供给，在化解过剩产能的过程中把“量”减下来，把“质”提上去，促进教学服务升级：改变以量换价的恶性竞争方式，提高中高端供给，变一车多人为一车几人甚至一人一车，变宽松计时为严格计时，驾校可以从做大转向做精、做强。

（2）主动减量

关停并转是其他行业常见的去产能方式，驾培市场健全的退出机制可以通过破产、兼并、重组等方式，在产能过剩还没有成为大问题的时候就使其得到化解。此外，一些到报废时限的教练车辆也不急于更新，应该视当地市场竞争情况而定，励精图治是为上策。

（3）慎重增量

值得注意的是，在调动和发挥企业主动性的同时，管理部门和行业协会也要从管理服务的角度引导后来的投资者，如发布行业投资预警，引导新进入者理性投资，慎重对待市场风险等。目前，全国已经有 30 多个省市发布了驾培市场投资风险预警报告，对促进行业的健康发展非常有必要。

与此同时，经营得好的驾校也不能盲目乐观，不要急于新增产能，谨慎增设分训练场、增加车辆，尽可能把对硬件的投资改为对软件的投入，练好内功，打造好教练队伍。在这种发展情形之下，驾校摊大饼式的经营，压力将越来越大；而小而精的驾校可以降低生存压力。近年来，新进入的投资者多数只愿意投资三级驾校，也从侧面说明市场主体已经对这一问题做出了灵敏反应。

今后，在驾培市场残酷竞争态势和生存压力的倒逼下，区域市场的驾校除了联合经营、托管合作这种松散型的整合模式以外，也必将开启资本运营、资产重组的整合模式，三级驾校通过区域资本运作、联合联盟的方式，可能形成蚂蚁吃大象、异军突起的局面。

例如，随着单体驾校抗风险能力达到临界点，重庆驾校开始抱团求发展。由鼎吉驾校、西南驾校、城南驾校、金西亚驾校、昆仑驾校，以及易点学车、秀学车等几所重庆知名驾校及学车平台联名发起的重庆西南机动车驾驶培训集团（以下简称“西南驾培集团”），于 2019 年 2 月 19 日正式成立。该集团通过集约化运营和智慧驾培培训模式，实现了从招生、培训到考试的全程信息化监管，学员可自主选择学车时间和教练员。

近年来，驾培市场供给过剩、竞争日趋白热化的现象越来越突出。受此影响，驾培行业的恶性低价竞争屡禁不止，驾校经营利润日渐稀薄，单体驾校的抗风险能力已达到临界点。

案例 1　西南驾培集约化经营

“西南驾培集团成立的初衷，就是驾校之间抱团取暖、资源互补，以期实现集约化、规模化、品牌化的发展战略。”西南驾培集团董事长罗建忠介绍。集约化经营的最大特点是规范化、标准化，这既能让学员安全愉快地实现“驾驶梦”，也有利于驾培行业健康稳定发展。

西南驾培集团总部设在大学城，致力于立足重庆，辐射西南五省，通过整合共享资源，保障企业的稳定发展。未来，将力争成为西南地区覆盖驾驶培训、驾驶考试、汽车产业链后市场的综合型集团公司。

该集团共配备各类教学用车 400 余辆，下属员工 200 余名，军旅特色优秀教练员 130 余名。教学区域覆盖沙坪坝区、南岸区、渝北区、北碚区，场地数量 10 余个，场地规模达到 10 万平方米，年度招生预计超万人。集团培训规模和实力已经进入重庆驾培行业前列。

当前我国驾培行业已经进入资本时代，产能过剩将有利于行业的存量市场重组盘活，并购整合将是提升行业集中度的不二之选。综合分析充分市场化的行业发展经验，从无序到有序，从分散到集中，是一种不可逆转的趋势。而行业整合、市场集中度的提升无不伴随着一系列的并购重组。通过拥抱资本、产权交易、合并重组，转型升级为网格化、跨行业、集约化、品牌化的现代驾培集团，延伸产业链，形成规模效应，不失为驾培机构发展的一计良策。

3. 驾校教学服务水平继续提升，行业平均水平提高

近年来，驾校的教学服务水平明显提升。驾校纷纷以市场为导向，以学

员为中心延伸服务链，提升价值链，开展了各种让学员满意的服务，推出了适合市场需求的培训班型。江西白云驾校等行业标杆驾校，已经把服务的宗旨升级为：让每位学员都感动。以下是几个较好的案例。

案例 2　黑龙江北环驾校开展延伸服务

为了提高安全驾驶技能，培养更多文明行车、安全驾驶的合格驾驶员，黑龙江鸡西市北环驾校首先试点开展学员延伸服务。

北环驾校负责人李绍兵说，我们学校培训的驾驶员取得了驾驶证，走出了校门但都应该说是新手，经过一段时间驾驶，可能成为成手，但离能手还有一段距离，尤其缺乏北方地区冰雪路面的驾驶经验，所以提供延伸服务非常有必要。目前，已经开展了两期培训，内容涵盖安全文明驾驶、车辆使用技巧、突发情况应急处理、急救自救等内容，学员可根据实际需要，自选培训内容，同时提供私人定制式服务，满足不同个性化需求。已有 20 余人报名参加培训，都取得了非常好的效果。当然，这些服务对从北环驾校毕业的需要再学习的驾驶员只收取成本费用，对外校驾驶员也只收取部分费用。

自 2018 年 8 月开始，北环驾校延伸培训链条，对已经取得驾驶证毕业的学员进行跟踪问效，提供热线电话进行服务，专门答疑解惑。对有学习意愿的学员集中组织有针对性的培训，讲解安全行车注意事项、汽车保养基本常识、应对各种天气路面的开车技巧、特殊条件下的预防性驾驶以及高速公路行驶要点。安全驾驶常识作为重中之重进行重点培训。例如，在高速公路上驾驶时，在什么情况下可占用应急车道，车辆爆胎如何处理及更换，安全问题如何解决等。在场地针对性练习坡路起车、停靠、入库等难点动作，现场演示更换轮胎，指导学员动手操作。还针对学员关注的节能省油小技巧、日常检修等实用驾驶技能进行讲解和演示。目的就是给当前的道路交通环境输送更多知法守法、文明驾驶的合格驾驶人。延伸行业服务链条，提升驾培服务品质是驾培行业管理的新要求，也是优化道路交通环境的有效措施。北环驾校开展的一系列升级服务，是服务模式的又一次创新，为驾培市场延伸服务开了一个好头，充分体现了企业的责任意识，树立了企业品质教学、服务社会的良好形象。不仅保证了培训质量，也推动了驾培市场由数量竞争向质量竞争转变，增添了市场活力。

案例 3　郑州车小二百顺驾培学校推出增值服务

郑州车小二百顺驾培学校近年来推出了一系列教学服务举措。例如，针对冬季雾霾天气多发现象，推出了车辆和室内防霾净化服务；自建体检中心，为车小二学员提供专属体检通道；建设夜光训练场地，方便学员夜间无忧学车；开设紧急救护、心肺复苏、消防演习灭火尝试、更换轮胎等免费增值课程，深受学员欢迎。

案例 4　辽宁华航驾校建立学员督导机制

辽宁本溪华航驾校，为了更好地服务于学员，提高学员的满意度，于2018年成立了学员督导委员会，在学员中招募委员10名（限额递补），其招募原则是：（1）敢说实话，说真话，敢于投诉。（2）明里暗里监督教练员及服务人员的一言一行。（3）能给华航驾校提出合理化建议，反映驾校的不足，能够成为驾校的一面镜子。

华航驾校向学员公开承诺：您的需求就是华航所有学员的需求，您的不满就是华航所有学员的不满，华航驾校将虚心请教，有则改之，无则加勉。

本文附录

徐亚华司长演讲内容摘要

党的十八大以来，我国紧紧围绕深化行政体制改革、转变政府职能，深入推进“放管服”改革，极大激发了市场活力和社会创造力。习近平总书记在党的十九大报告中强调，“转变政府职能，深化简政放权，创新监管方式，增强政府公信力和执行力，建设人民满意的服务型政府”，为深化“放管服”改革进一步指明了方向，为推进道路运输改革发展提供了行动指南。

一、推进道路运输“放管服”改革势在必行

新形势下，传统以行政审批为主要内容的管理制度和监管方式，已不能适应道路运输行业转型发展需要，必须以刀刃向内的勇气和自我革命的决心，紧紧围绕处理好政府和市场关系，深入推进“放管服”改革，着力减轻企业经营负担，营造良好市场环境，不断激发市场活力和创造力，促进道路运输行业持续健康发展。

二、实施道路运输“放管服”改革成效显著

党的十八大以来，我部认真贯彻落实党中央、国务院决策部署，坚持以人民为中心的发展思想，以利企惠民为根本目的，紧紧围绕优化市场环境、激发市场活力，加快转变政府职能，深入推进道路运输“放管服”改革，各项工作取得了积极成效。能放就放、应放尽放，在简政放权上出了实招。聚焦群众反映强烈的突出问题，推出简政放权“11项举措”（以下仅列举与驾培行业相关的举措），破除市场壁垒，推进减税降费。

一是取消了外商投资道路运输业立项审批。

二是取消了4.5吨及以下普通货运车辆道路运输证和从业人员资格证。

三是取消了机动车维修经营许可。根据《国务院关于取消一批行政许可等事项的决定》（国发〔2018〕28号）有关要求，取消了县级道路运输管理机构负责审批的机动车维修经营许可事项，并强化了事中事后监管，通过放开市场准入，进一步激发了机动车维修市场活力。

四是取消了8项职业资格许可认定事项。按照国务院决定要求，先后取消了机动车驾驶员培训机构教学负责人、机动车驾驶员培训结业考核人员、机动车驾驶培训教练员、机动车维修技术人员等4项准入类职业资格事项，以及汽车客运行包装卸工、公路货运装卸工、道路运输经理人、汽车货运理货员等4项水平评价类职业资格事项，有效扩大了就业，切实降低了道路运输经营者的制度性交易成本。

五是取消了道路运输车辆强制二级维护。

六（原为十一）是推进了机动车驾驶人培训改革。为更好适应驾驶培训需求，国务院办公厅2015年转发公安部、交通运输部《关于推进机动车驾驶人培训考试制度改革意见的通知》，进一步开放了驾驶培训市场，对于符合法定条件的申请人，道路运输管理机构不得以任何理由拖延或者禁止准入，不

得增设任何额外条件；同时，推进各省建立了省级驾驶培训机构监管平台，对学员培训学时自动审核、自动签章，减少了以往每科目学时完成后往返道路运输管理机构审核签章的环节。

三、深化道路运输“放管服”任重道远

虽然近年来推进道路运输“放管服”改革取得了明显成效，但与广大道路运输经营者和从业人员的期待相比，与治理体系和治理能力现代化及行业高质量发展的要求相比，还存在行政审批项目过多过细、事中事后监管还不到位、政务服务不够便利等问题，需要保持一抓到底的韧劲，在“放管服”改革上做出更多、更有效的努力。新时代，我们将立足处理好政府和市场关系，紧紧围绕国务院“五个为”“六个一”的目标要求，聚焦“痛点”，瞄准“堵点”，持续深化“放管服”改革，力争在重点领域和关键环节取得更大突破。

（一）在减轻市场主体负担上下功夫、求实效。统筹简政、降费等措施，切实减轻道路运输经营者负担。一方面，进一步加大简政放权力度。加快修订《道路运输条例》，按照“精简许可、优化流程、缩短时限”的思路，深入推进道路运输领域行政审批制度改革。在精简许可事项方面，除关系重大公共利益的事项外，一律予以取消，拟取消机动车驾驶员培训经营许可、道路货物运输站（场）经营许可、国际道路货物运输经营许可。

（二）在营造公平营商环境上下功夫、求实效。坚持“明规矩于前、寓严管于中、施重惩于后”的原则，以公平、有序为方向加强和创新监管，加快建立以“双随机、一公开”监管为基本手段、以重点监管为补充、以信用监管为基础的道路运输市场监管新机制，努力营造良好市场环境。

（三）在便利群众企业办事上下功夫、求实效。充分利用信息化手段，不断提高道路运政服务便利化水平。

深化“放管服”改革利企惠民，意义重大、影响深远。我们将认真贯彻落实党中央、国务院决策部署，锐意进取、开拓创新，敢于担当、主动作为，推动“放管服”改革不断向纵深发展，为建设人民满意交通、实现运输服务高质量发展做出新的更大贡献。

社会责任篇

B.4 转型期的驾培行业价值观与社会责任

刘治国　王劲翩　邢海燕

摘　要：自 1993 年我国机动车驾驶员培训走向社会化、市场化以来，至今不过 20 多年的时间。而今，驾培行业的发展还处于半成熟期。毫无疑问，从成长到成熟需要经过转型期的历练，从经济结构、文化形态、价值观念等方面均需与时代发展并轨。处于转型期的驾培行业亟须一种统一的、感召力强的行业核心文化，以加强正能量的引导。此时此刻，总结提炼驾培行业核心价值观、探寻驾培行业社会责任，对于行业的健康发展有着积极的促进作用。

关键词：核心价值观　人本　安全　育人　诚信

行业价值观是行业文化的核心部分，是在行业萌芽和成长过程中形成的、为行业领导者和广大从业群体所持有的、对工作活动具有规范性作用的价值观念体系。文化可以教育人、感染人、激励人。可以说，文化是一个行业的灵魂，就驾培行业而言，核心价值观是行业的正能量和最大公约数，是推动驾培行业健康发展、规范发展的不竭动力，也是行业内驾培机构可持续发展的核心竞争力。

一　我国驾培行业文化溯源与存在问题

我国机动车驾驶培训行业已跨越了半个多世纪，从最初的成长期进入现在的半成熟阶段，依然带有一定的行政管制色彩，加之长期处于卖方市场，导致行业在某些方面有一定的畸形发展，参差不齐，市场竞争秩序很不完善，存在诸多的不足之处。尽管自《道路交通安全法》颁布实施以来，各级道路运输管理部门和驾驶员培训机构深入贯彻落实驾驶员培训管理工作有关规定，驾驶员培训市场秩序得到进一步规范，培训质量、监管能力和服务水平得到进一步提升，驾驶员培训工作取得阶段性成效，但随着机动车驾驶培训市场化程度的加深、道路交通安全形势的变化，驾驶员培训行业又出现诸多新情况、新问题，与一些还没有解决的老问题并存，这些都严重损害了行业的整体声誉和健康发展。具体表现如下。

（一）行业无序竞争，学员权益无法得到保障

目前，我国驾培行业管理采用的是“培考分离”的模式。交通运输管理部门行政许可驾校的设立，考试、发证则由公安交通管理部门负责。两个部门分工协作的体制有利的一面是可以相互监督，但实际上另一面则存在管理扯皮的问题。比如很多地方学员不需审核就可以自主约考，不需学完“教学大纲”的规定学时和内容就可以直接参加考试。如此，不但无法保证培训质量，又给很多黑驾校、散乱差的驾校提供了生存的土壤。在这种行业管理状况下，驾校有了更多钻空子、违规教学和经营寻租的机会。

一些驾校为了利益最大化，只顾眼前利益，巧设名目，变相收费，甚至乱承诺乱许愿，欺骗消费者，使驾培行业整体形象受到损害。“乱收费”有两种情况：一种是驾校乱收费。有的驾校先以诱人的超低价格吸引学员进来，

然后再加收培训费、补考费、科目考试“包过费”等。另一种是行政乱收费。除物价部门规定的考试费、适应性训练收费以外，搭车收取打点费、考试场地看场费等名目繁多的费用。这两种收费，都是暗箱操作，谈不上公开透明。乱收费加重了学员的负担，社会反响很坏。

在本地总生源有限的情况下，投入巨资新成立的驾校面对激烈的市场竞争，急于收回投资，不惜大幅压价以低于成本的学费扩招，加速资金周转。时间一长，同质化竞争的老驾校也只得跟风降价，大打价格战。还有一些黑招生点、二道贩子充当黄牛，以低成本、低收费抢占市场，屡屡拉动学车价格下跌。“价格战”酿成的最大恶果是培训学时“缩水”，培训质量降低，给道路交通埋下了极大的安全隐患。

（二）部分驾校没有使命感，漠视社会责任

驾校的工作事关人民生命财产的安全，事关文明交通的构建。因此，驾校肩负培养安全文明的合格驾驶人这一神圣使命，理应把社会效益放在首位。然而，目前一些驾校唯利是图，不愿意也无力再投资，有的甚至还使用报废车辆；有些驾校偷工减料，一方面缩短学员本应有的培训时间，一方面增加人车配备比例，同一时间同一个教练车上多的有数十个学员，学习操作时间缩水严重。这就直接导致学员驾驶技术不熟练，考取了驾驶执照也不敢单独开车上路，一开车上路就很有可能成为“马路杀手”。

不少驾校“利”字当头，只顾着牟利，忽略了对教学质量的管理，普遍存在着管理不规范和混乱的现象，严重影响了学员驾驶技术和安全意识的培训质量及驾考的公正性。驾校这种罔顾社会责任、单纯追求经济利益的不正当经营行为，降低了社会对驾校的认可度，使社会对驾校行业缺少整体的正面认知，导致社会地位不高，行业口碑普遍不佳。驾校行业急需更好地承担社会责任，树立良好的社会形象。

（三）从业人员职业素质总体欠佳，服务意识不强

教练员作为手把手、面对面指导学员学习驾驶技能的启蒙老师，是践行

驾驶员素质教育的一线工作者，是安全文明驾驶的引路人。但我国教练员的整体素质普遍不高，与社会要求相差甚远。

绝大部分教练员侧重驾驶技能教学，严重缺乏对学员进行安全意识教学。虽然其考试合格率不低，但不能说明他的教学质量就一定高。

不少教练员不注重学习，极少能主动进行自身文化知识结构的更新，这更加导致他们文化理论水平普遍偏低，致使教学服务水平难以达到要求，这种没有文化的教练员所教出来的学员绝不是合格驾驶员。虽然《机动车驾驶培训教学与考试大纲》对驾驶培训的教学内容和教学时间都进行了要求，但是由于教练员的文化知识和理解力不同以及教练员自身驾驶习惯的影响，有的学员在学习过程中所学到的驾驶动作不规范，学到的行车方法不符合实际安全驾驶的要求，助推应试教育思想在行业内盛行。

教练员是驾校最核心和从业者数量最多的人群。然而我国大中专学校很少有该专业培养出来的学生，之前驾校的大多数教练员大都从以前的客运、货运驾驶员转行而来，驾驶理论知识、法律意识、服务意识、安全意识比较淡薄，一些人沾染了不少社会恶习，不能以身作则、做到为人师表。而驾校大多只看重招生情况，不重视对教练员的管理，导致教练员教学能力低下，缺乏责任心和服务意识，为了考试而机械完成教学内容；同时片面追求个人的经济利益，没有把学员的利益放在首位。

（四）行业“潜规则”依旧在一定范围内存在

提起之前学车的经历，很多人想到的是“吃拿卡要”和“粗暴教学”，甚至是性骚扰等恶习。一些新入行的教练员在这种耳濡目染之下，也很快被“同化”。一段时间以来，教练员与学员的关系“本末倒置”，学员作为消费者却反过来要给教练员买烟买酒“孝敬”，或者动辄被教练员斥骂。而教练员在教学中，以师傅自居，经常粗暴对待学员；有些教练员以不同的借口对学员进行“吃拿卡要”。这也直接造成了社会对行业的不良观感。此类行为至今还被视为“潜规则”，存在于驾培行业某些地区，其主要原因在于一般驾校疏于管理、领导无方和员工价值观的混乱。随着政策形势的倒逼，驾校对此进行了变革，但迄今为止这些行业“潜规则”依旧在局部地区和部分驾校存在。

（五）应试教育思想盛行，不注重安全文明驾驶意识教育

2015年，公安部和交通运输部联合修订出台了新的《机动车驾驶培训教学与考试大纲》，教学内容和考试难度更具可行性、科学性。然而无论主管部门做出何种修改，一些驾校还是习惯沿用旧的教学模式和理念，在实际培训学员过程中，强调以“考取驾证”为唯一目的，忽略对学员进行安全文明意识的教育，把驾驶技能培训变成了单一偏重操作的“应试教学”，许多驾校理论教学缺失，不注重安全文明驾驶意识教育，忽视了学员取证后的安全驾驶以及对道路交通安全的影响。

驾培行业在几十年的高速发展过程中，由于各种各样的原因产生和积累了相当多的问题和弊端，至今这些现象还在一定程度上部分存在。

二　驾培行业核心价值观研究

文化是民族的血脉，是人民的精神家园。全面建成小康社会，实现中华民族伟大复兴，需要发挥文化引领风尚、教育人民、服务社会、推动改革发展的作用。中国特色社会主义文化发展的一个突出特点是把社会主义核心价值观的培育和践行作为其核心内容。从党的十八大对核心价值观内容的概括，到后来颁布的《关于培育和践行社会主义核心价值观的意见》，都无不体现了对文化建设中价值观构建的高度重视，反映出顶层设计中所蕴含的文化自觉达到了新的历史高度。

党中央要求，切实把社会主义核心价值观贯穿于社会生活方方面面，使社会主义核心价值观内化为人们的精神追求，外化为人们的自觉行动，要润物细无声，运用各类文化形式，生动具体地表现社会主义核心价值观。培育和践行社会主义核心价值观是一个潜移默化的过程，也是全社会的共同责任，对于促进人的全面发展、引领社会全面进步，对于集聚全面建成小康社会、实现中华

民族伟大复兴中国梦的强大正能量，具有重要现实意义和深远历史意义。

具体到驾培行业和驾培机构，更加具有实践意义。基于此前驾培行业现状，加之驾培行业已从卖方市场逆转到了买方市场，要求驾校建立一整套的先进文化解决方案来应对市场形势和政策变化。能在满足行业管理部门监管要求和社会期待的同时，满足正常经营、方便管理的需要，为学员创造更为理想的学驾环境，为企业谋取更多的经营利润。经由先进企业文化和价值观的创建，推动行业内各驾培机构致力于提供更好的驾驶培训服务，让传统的驾培行业顺利走向品牌化、高质量发展之路。

（一）行业核心价值观的演变轨迹

行业核心价值观的内容经历了多种形式的演变，其中最大利润价值观、经营管理价值观和行业社会互利价值观是比较典型的企业价值观，分别代表了三个不同时期的基本信念和价值取向。

最大利润价值观，是指行业全部管理决策和行动都围绕如何获取最大利润这一标准来评价企业经营的好坏。经营管理价值观，是指行业在规模扩大、组织复杂、投资巨额而投资者分散的条件下，管理者受投资者的委托，从事经营管理而形成的价值观。行业社会互利价值观是指确立企业利润水平的时候，把员工、企业、社会的利益统筹起来考虑，不能失之偏颇。

在诸如此类的核心价值观的指导下，传统的驾培模式饱受社会诟病，急需一种统一的、感召力强的、符合时代发展的行业核心价值观加强正能量引导。

（二）确立驾培行业核心价值观的重要性

行业核心价值观决定了行业的基本特性，行业发展的方向也是由核心价值观决定的；不仅如此，行业的核心价值还对行业和从业人员具有导向与规范的作用，使其更好地完成共同的工作。正确的核心价值观，是整个行业的精神支柱；此外，行业核心价值观能产生凝聚力，激励行业和从业人员释放潜能。就驾培行业核心价值观而言，其主要作用也是如此。

1. 核心价值观决定行业的基本特性

行业核心价值观决定了行业的基本特性。在不同的时期或不同的社会条件下，会存在一种被人们认为是最根本、最重要的价值，并以此作为价值判断的基础，其他价值可以通过一定的标准和方法“折算”成这种价值。这种价值被称为“本位价值”。例如，以驾培行业发展的轨迹来看，中华人民共和国成立前驾培的观念就只是技艺传承，其特性便是师徒传承的拜师学艺形式；中华人民共和国成立之后，开始有驾驶员职业的观念，该阶段特性是职业培训的行业化阶段；改革开放至1993年驾培行业启蒙，之后随着人们交通安全意识和法律观念的加强，教学和安全便成了那时驾培行业的核心价值观，维护交通安全文明和传授驾驶技能便成为行业的使命；之后，服务至上、消费者至上等价值观兴起，在政策的支持下驾培行业也开始市场化。

2. 核心价值观是行业的价值所在和精神支柱

行业核心价值观为行业的生存和发展确立了精神支柱。行业核心价值观是行业领导者与其从业人员据以判断事物的标准，一经确立并成为全体从业人员的共识，就会形成长期的稳定性，对行业具有持久的精神力支撑力。正确的核心价值观，能在行业困难的时候帮助行业克服困难，在行业快速发展的时候，带领行业不偏离正确的发展轨道，驾培行业也是如此。

3. 核心价值观产生凝聚力

行业核心价值观能产生凝聚力，激励行业从业人员释放潜能。行业的活力是行业整体力作用的结果。行业整体力越强，所引发的活力越强。当然，从业人员的行业核心价值观并非与生俱来的，需要行业领导者的灌输和宣传，经过不断的潜移默化后，行业从业人员才能逐渐接受并内化为行业核心价值观；再者，还需健全配套机制，把行业核心价值观渗透到行业中每个企业日常经营管理过程中的每一个环节。此外，也要塑造行业（企业）精神，包括一个行业（企业）所应有的企业传统、时代意识、基本信念、价值观、理念等。

2014年，由刘治国重新填词的“驾校三大纪律八项注意”一经推出，就在行业内很快传唱，尤其受到驾校经营管理者的欢迎，并被许多驾校采用后稍做改编，变为自己的校歌。歌词对驾校的价值观进行了统一，起到了凝心聚力的作用。以下是中北驾校员工三大纪律八项注意。

中北驾校员工三大纪律八项注意

我校员工个个要牢记，三大纪律，八项注意：
第一不抽学员一支烟，努力减轻学员的负担；
第二不拿学员一分钱，学员对我尊重又喜欢；
第三不吃学员一顿饭，学员的心要靠我温暖。
三大纪律我们要做到，八项注意切莫忘记了：
第一对待学员如朋友，尊重学员不要耍霸道；
第二说话和气好态度，教学过程不许搞粗暴；
第三安全责任刻心头，时刻预防切莫遗忘掉；
第四车辆设备勤爱护，每天维护不差半分毫；
第五仪容仪表要整洁，粗俗作风坚决克服掉；
第六满意服务看细节，待人接物处处注意到；
第七团结协作讲品德，相互帮助就会得依靠；
第八招生工作皆有责，口碑树立生源就会好。
遵守纪律人人要自觉，互相监督切莫违反了；
驾校纪律条条要记清，每个员工处处都做好；
推动中北永远向前进，广大学员拥护又欢迎。

4. 核心价值观引导和规范行业从业人员的行为

行业核心价值观对行业从业人员行为起到引导和规范作用。行业核心价值观是行业发展中占主导地位的意识，能够规范行业领导者及行业从业人员的行为，使其很容易在具体问题上达成共识，从而大大节省行业及企业的运营成本，提高经营效率。例如，《中华人民共和国道路交通安全法》第二十条规定：“驾驶培训学校、驾驶培训班应当严格按照国家有关规定，对学员进行道路交通安全法律、法规、驾驶技能的培训，确保培训质量。”20多年来，行业领导者一如既往地倡导与宣传“交通安全”“教学质量”这一核心价值观，并形成群体氛围和共同意识。因此，每一位驾培人都应将“为社会培养技术过硬、文明安全的合格驾驶人，守护交通安全文明”作为自己的使命。行业核心价值观对行业内企业和从业人员的引导和规范作用，不是通过制度、规章等硬性管理手段实现的，而是通过群体氛围和共同意识引导来实现的。只有某一核心价值观深入人心，达成共识，才能发挥其应有的效用。

2015 年，中国交通运输协会驾驶培训分会出品了《中国驾校之歌》音视频，在行业内广为传唱，受到了行业从业者和学员的欢迎，并在公开场合被多次播放，激励了一批又一批的听众。以下是歌词。

中国驾校之歌

交通安全责任如山
教车育人我辈重担
文明礼让一马当先
阔步向前初心不变
每一天流着汗笑容真诚也灿烂
每一年盼学员一路顺风文明相伴
平安行车早牢记心间
光荣使命已扛在我肩
我们是安全驾驶引路人
我们是文明驾驶的摇篮

路儿弯弯清风唱晚
一生平凡默默奉献
车笛声声前路漫漫
温暖叮咛萦绕耳畔
每一天流着汗笑容真诚也灿烂

每一年盼学员一路顺风文明相伴
平安行车早牢记心间
光荣使命已扛在我肩
我们是安全驾驶引路人
我们是文明驾驶的摇篮
这是我们不变的诺言

（三）新形势下驾培行业的核心价值观

驾培行业要立足社会、要谋求发展，不仅是行业自身的要求，也是社会对驾培行业的要求。纵观行业核心价值观的演变轨迹，不难发现很多行业的核心价值观不是一成不变的，其中有传承，更有发展，以适应时代的发展。美国学者詹姆斯·C·科林斯和杰瑞·波拉斯在其广受好评的《基业长青》一书中写道“能长久享受成功的公司一定拥有能不断地适应世界变化的核心价值观和经营实务”。对整个行业而言，也当如此。科林斯和波拉斯提出了一个能够围绕企业价值观问题种种困扰的概念化框架。他们在这个模型中，将对价值观的解释分为两部分，即核心意识形态和预想的未来。核心意识形态为“阴”，代表企业（行业）立足的根本和存在的理由。“阴”是不可改变的，但可以与“阳”——企业（行业）未来预想进行互补。

改革开放以来，随着国民经济的迅猛发展，人们的生活水平不断提高，消费理念也逐步改变，学习驾驶技术的学员作为消费者，对培训质量和服务的要求也越来越高，越来越差异化、多元化。原本只以“安全”“育人”为主要核心价值观的传统驾培行业，在其廉洁、服务等方面饱受社会诟病。“安全”“育人”是驾培行业立足的根本和存在的理由，为驾培行业核心价值观的“阴”面，是不可或缺的，也是必须要传承下来的。但是，以人为本、人性化服务的经营理念将是驾培行业今后的发展方向，驾培行业的管理必然由粗放型向精细化、规范化转变。“诚信”“人本”“服务”将是驾培行业核心价值观的“阳”面。综上，本报告将新形势下的驾培行业核心价值观归结为：“人本”“安全”“育人”“诚信”“服务”。

1. 人本——以人为本

当代的行业核心价值观一个最突出的特征就是以人为中心，以关心人、爱护人的人本思想为导向。过去，各行业（企业）也把人才培养作为重要的内容，但只限于把人才培养作为手段。这种做法实际上是把人当作工具看待，所谓的培养人才，不过是为了改进工具性能，从而提高使用效率罢了。当代行业的发展趋势已经开始把人的发展视为目的，而不是单纯的手段，这将是行业核心价值观的根本变化。

就驾培行业而言，核心价值观也应该增加“人本——以人为本”这一理念。“人本”对内体现为：把行业从业人员的发展视为目的，给从业人员提供一个适合发展的良好环境，创造一切可能的发展条件，让从业人员感受到家的温暖，从而产生归属感和主人翁责任感，勤于工作，甘于奉献；对外体现为：敬畏生命，生命至上，以学员的需求为导向，竭诚让每一位学员满意。

南京谷峰驾校的“金牌教练员”张礼芬就很好地践行了“人本”这一核心价值观。她的教学合格率高达95%，预约她学车的人要排队等待一个月。2015年，她被选为南京驾培行业首个“最美交通人”。2016年，“张礼芬工作室”正式挂牌。进入“张礼芬工作室”的教练，很多都能被评为“最美交通人”，其中自然有她的努力。“教得好，有耐心，还不摆架子……”学员喜欢她，教练佩服她。校长郭峰介绍，这个工作室共有12个人，入选的教练全凭实力说话，我们也将以成立工作室为契机，为广大学员提供更加优质的服务。据介绍，入选“工作室”的教练，每月工资提高500元，但并不意味着高枕无忧。郭峰解释，进“工作室”的能进也能出，如果被投诉，一旦核实，就会被立即“请”出工作室，同样，教学质量不达标的，也会离开。“工作室”对外承诺：通过率大路考达到90%以上，电子考达到80%以上，只要学员肯学，最快一个多月拿驾照。设立“工作室”，教练又都是拔尖的，收费会不会高一些？郭峰表示，不会涨价，他说成立这样的工作室，主要是为了提高驾校的整体服务素质和品牌影响力，为社会培养合格的交通人，同时探索驾培先进经验，便于交流，从而提升技术水平。与普通班不一样，这个“工作室”的学员“待遇”也相对提高，预约学车流程一样，但一车最多3名学员。

对于谷峰驾校推出的“张礼芬工作室”，南京市驾培管理处表示，张礼芬是南京驾培行业第一个获得“最美交通人”称号的教练，她的驾培技能、经验被全南京驾培人士看好，现在谷峰驾校搭建了这样一个平台，把她的优势扩大，带动教练整体素质培养，以点带面，促进整个行业素质的提升，有利于形成一套集知识、意识、技能、安全为一体的教学体系。目前，在南京驾驶培训行业管理处的引领下，南京各驾校已经相继成立了10来个以优秀教练员命名的工作室，激发了教练员积极向上的事业心。

德国思想家康德曾指出，在经历种种冲突、牺牲、辛勤斗争和曲折复杂的漫长路程之后，历史将指向一个充分发挥人的全部才智的美好社会。随着时代的发展，21世纪文明的真正财富，将越来越表现为人通过主体本质力量的发挥而实现对客观世界的支配和改变。驾培行业核心价值观融入“人本”理念，无论对驾培行业及其从业人员，还是对全社会而言，都有着极其重要的意义。

2. 安全——安全为基

据统计，至今驾培行业已为社会输送了4亿多名机动车驾驶员，可谓对社会经济的发展贡献不小，但其中培养出来的“产品”有多少是合格的则值得反思。生命，只有一次，不能重来。失去生命，何谈生活美好。据公开报道，仅仅2016年中国共接报道路交通事故864.3万起。其中，涉及人员伤亡的道路交通事故212846起，造成63093人死亡、226430人受伤，直接财产损失达12.1亿元。道路交通事故万车死亡率为2.14，远高于日本、美国等发达国家水平。中国每年因交通事故死亡的人数多达10万人，据统计，从2010年到2012年，三年以下驾龄驾驶员发生的事故占总事故的33%，主要是不良驾驶行为造成的。……新司机中“马路杀手”频现，是我国交通安全的重大隐患。肇事者固然要承担主要责任，社会舆论认为驾培行业的急功近利亦难辞其咎。

江苏电视台报道过一则让人哭笑不得的社会新闻：2016 年 8 月 15 日，江苏扬州一位女司机在高速公路上开车，开着开着竟然中暑了，原因是她不会打开车上的空调。在启扬高速槐泗出口到扬州北的高速公路边，民警发现了这位女司机，当时，她脸色发白、几近虚脱，中暑的症状很明显。当执勤交警打开车门后，终于发现了问题所在。这位开车的女子不会开空调，导致出风口吹的都是热风，车窗又处于密闭状态，时间一长导致了中暑。

驾驶员是道路交通安全的最关键因素，驾驶培训阶段是驾驶员安全操作技能、安全意识和文明行车意识养成的最关键时期。驾培是驾驶员安全行驶的起点。人的一生有很多次学习考试，但学车考照关乎人的生命。驾校是交通安全教育的源头，在驾校学习的日子，对一个人形成良好的安全文明驾驶习惯具有重要影响。作为驾驶人的启蒙老师，驾培行业的从业者之一教练员是驾驶员安全行驶的“引路人”。对此我们必须继承“安全”这一驾培行业的核心价值观，“以安全为基，致力于让每位学员平安出行”。很多驾校都有共同的理念：除了教授驾驶技能外，还要把安全知识、文明意识在每节课上灌输给学员，潜移默化地使他们把安全驾驶放在心中。每位教练员都要把自己的工作看作神圣的职业，多跟学员讲一些案例或切身体会，也许会让学员受益终身。教练员的工作做到位是行善积德，做不到位就是草菅人命。交通事故牵扯到千家万户的安宁，守护好交通安全文明就是为保障社会和谐出力。

同时，“安全为基”也指教练员在日常教学训练时，要把安全行车、安全教学放在首位，确保安全第一。制定科学的安全工作计划，把安全检查融入日常工作是非常必要的。

3. 育人——素质教育

“素质教育”是驾培行业核心价值观最重要的部分。驾培行业的教学主要分“实操训练”和“理论教学”两大块。实操训练的优劣直接影响学员的驾驶技能、驾考能否顺利过关，以及行业从业人员收入的多少，因此实操训练的重要性已得到业内人士的广泛认同。但是，当前，驾培行业似乎依然存在

“重实操、轻理论”的“怪”现象，即只注重驾培的实操训练环节和驾考合格率，而轻视对学员的交通文明常识及安全意识进行教育培养。这会严重影响和制约驾培行业的长远发展。

理论源于实践，是前人经验的结晶，理论教学是进行安全知识、文明意识教育的重要手段。驾培行业的责任是向社会输送安全合格的驾驶人，严格按照大纲规定的学时和内容开展驾培理论课教学工作，培养驾驶人的安全理念与训练驾驶技术一样重要。“素质教育”要“两手抓，两手都要硬”，以满足广大学员和社会对驾培行业的基本要求和殷切期望。

4. 诚信——诚信为先

诚信是一个道德范畴，是公民的第二个“身份证”。诚信意味着待人处事真诚、老实、讲信誉，言必信，行必果，一诺千金。“人无信不立、业无信不兴。”诚信是个人的立身之本，同样也是驾培行业健康持续发展的先决条件。驾培行业以及行业内的驾培企业想要赢得社会的尊重和广大学员的认可，就必须坚持诚信这一核心价值观。

研究表明，信息不对称是造成一些不规范企业失信的重要原因。诺贝尔经济学奖获得者美国经济学家约瑟夫·斯蒂格利茨、乔治·阿克尔洛夫和迈克尔·斯彭斯曾经共同提出：在市场经济活动中，各类人员对有关信息的了解是有差异的。掌握信息比较充分的人员，往往处于比较有利的地位，而信息贫乏的人员则处于比较不利的地位。掌握更多信息的一方可以通过向信息贫乏的一方传递可靠信息而在市场中获益。对驾培行业而言，驾培机构或驾培行业从业者处于掌握信息比较充分的一方，一些不良的“从业者”，如黑驾校、黑教练正是利用了这种信息不对称。

对学员而言，作为消费者学车可能一生只有一次，没有重复消费，在信息不对称的情况下，往往很难真正搞清楚哪家驾培机构哪位教练最值得信赖，很容易给行业的害群之马造成可乘之机，如招生夸大宣传、收费暗藏玄机、考试弄虚作假等，使得驾培行业地位不高、声誉不好，甚至有网民提出要取消驾校；在民间，要求全面实施自学直考的呼声也很大。这都会转而迫使政府频频推出针对驾培市场的改革政策，反而使驾培企业的经营环境更恶化。

随着移动互联时代的来临，这种信息不对称将逐渐消除，关于一个行业好的坏的信息可以迅速被消费者所熟知。在信息对称的情况下，诚信将尤为重要。《关于加强交通运输行业信用体系建设的若干意见》这一顶层设计的出台和相关措施的落地，将有力地促使主管部门和驾培企业统一思想，全面行动起来加强行业信用建设，推动驾培行业走诚信经营道路。“诚信为先”的驾培行业核心价值观将成为正能量引领驾培行业健康持续发展。例如，温州试行和即将全面推广的“先学车、后付费”新模式，正是由于公开透明地面对学员，让学员明明白白消费，取得了很大的成功，经济效益、社会效益双丰收。

5. 服务——服务制胜

按照经济形态发展规律，农业经济、工业经济发展之后是服务经济。驾培行业是为社会提供公共服务活动的经济组织。驾校开展驾培经营性活动，主要是以提供有偿服务来进行经营。驾校的服务是为学员提供专业场地、教练车辆、技术、环境、条件等实物支持，并指导和帮助学员通过正规化、专业化的培训学习与相关考试取得驾驶证。驾校的管理是服务，驾校的教学培训也是服务。然而，传统的驾培模式服务观念薄弱，服务水平较低，饱受社会诟病。

在新形势下，驾培行业必须树立这样的观念：人人都是服务员，家家都是服务业，环环都是服务链。服务是未来市场的利润，服务是树立品牌的捷径，服务是企业诚信的表现，服务是竞争优势的体现。随着物质生活水平的提高，人们不断追求更高层次的精神需求和接受优质服务的理念，相应的人们不再满足于基本的生活需求，而是更加注重具有个性化和人情味的产品和服务，对服务的体验要求越来越强烈。服务将是未来驾培市场竞争制胜的主要因素，“竭诚让每一位学员满意、感动”“服务至上”等理念不能只是口头或墙面的口号，要转变为心的承诺和践行，要通过优质服务使学员满意、社会满意，从而树立驾培企业的品牌。新形势下的驾培行业（企业）当以“服务制胜”。

业在有序，政贵有恒。发扬和传承过去那些好的、现在仍然在发挥积极作用的行业核心价值观非常有必要。驾培行业在这几十年的发展变革中所共同遵循的如“安全为基”“教车育人”等，到今天仍然是全行业共同的价值取向和主导意识。当前，则要把“以人为本”“诚信为先”“服务制胜”等符合时代发展的、新形势下的核心价值观增加进来。只有传承与超越并举，继续推动行业形成一定的向心力，凝聚行业智慧，达成新的共识，才能更好地推动驾培行业健康可持续发展。

三　驾培行业责任担当与文化建设

2018 年 6 月 11 日，河北燕赵驾校董事长邢海燕在“第四届全国驾培市场创新发展大会暨 2019 驾校联合会年会”上发出了“培育中国好司机，贡献社会正能量”的倡议，得到与会代表的强烈共鸣。

2019 年 2 月 23 日，白云驾校 80 名教练员代表在“白云驾校倡导平安出行仪式”上做出如下宣誓：机动车驾驶培训行业，是一项充满道德血液的良心行业，是用生命呵护生命的伟大事业。我们每培养出一个安全文明的合格驾驶人，都是在积德行善，就是从车轮下挽救生命。在此，我们宣誓：培育出更多中国好司机，让每位学员平安出行！我们将牢记初心，不辱使命，砥砺前行，做驾培行业的先锋队！

驾培市场需要创新，驾培行业文化更需要改良优化和创新发展，更需要行动和实践。可喜的是，不少优秀的驾校从业者思想上已经觉醒，并且行动上开始积极作为，主动承担社会责任，积极扮演好“企业公民”的角色。

（一）驾培机构践行“教车育人”使命的探索

驾校，是社会大众对机动车驾驶培训机构一种通俗的称呼，在国家标准《机动车驾驶员培训机构资格条件》（GB/T30340—2013）中，其标准术语是“驾培机构”，在工商部门注册的名称大部分叫“驾驶员培训有限公司”或者叫“机动车驾驶培训学校（中心）”。

从经营角度讲，驾校需要赚取利润用于维持驾校的运转和积累发展所需的资金，所以驾校是企业；从教学角度讲，驾校要传授学员驾驶技能，为社会培养合格的驾驶人，所以驾校也是学校。“企业”和“学校”两个角色对于驾校来说都十分重要，两者是相辅相成的关系。真正意义上的“驾校”应该既是“学校”又是“公司”，具备“公共教育属性”与“企业营利属性”的双重性质。而“公共教育属性”明确要求驾校要承担“培养能够安全文明驾驶的驾驶员”的使命。

历史规律告诉人们：对社会做的贡献越大，企业获得的回报就越大。从这个意义上讲，驾校是属于社会的，是社会造就了驾校的蓬勃发展。所以驾校在获取经济效益的同时，要竭尽所能地回报社会，为社会提供交通安全教育是驾校的责任和义务。所以驾校的服务对象不仅是“交了学费的学员”，而且是要力所能及面向社会大众传授交通安全知识。这样才能体现自身的价值、造福社会，真正承担起社会责任。毫无疑问，社会效益能带动驾校经济效益提升，能否真正肩负起社会责任将决定驾校的命运。因此，很多驾校设置了多种多样的教学课程。

案例 1

2019 年 4 月 1 日，山东临沂大众驾校每月 1 日、15 日的升旗仪式暨开学典礼仪式于早上 8：00 准时举行。伴随着国旗的冉冉升起，全体教职工和学员在接受职业道德教育和爱国主义教育的同时，上了一堂生动的安全体验课——以“关爱生命，别让孩子受到汽车盲区伤害”为主题的小型汽车盲区安全体验实践课程。

自 2019 年 4 月 1 日起，大众驾校开学典礼将陆续增加生动活泼的安全体验实践课。活动现场，在教练车四周盲区设置了 20 多个安全锥假装是儿童。陈伟队长在进行细致的讲解后，分别让学员在车上和车下进行体验。学员踊跃参加体验后纷纷表示：“真的一点都看不到，简直不敢相信自己的眼睛！”这才真正明白，教学中教练为什么始终强调“上车前必须逆时针绕车一周，确认安全再上车了”。这种体验形式加深了学员印象，对于学员树立安全意识有极大的帮助。有个带着宝宝学车的妈妈感叹道：“这堂课太重要了，选大众驾校学车是选对了。”

案例 2

2018 年 7 月 31 日上午，瑞安五联驾校义工队配合玉海交警中队“电动车安全头盔免费送”活动，为市民免费赠送安全头盔。下午，五联驾校义工队在车管所路口继续免费发放电动车安全头盔。同时向市民讲解安全出行注意事项等，进一步提高市民交通安全意识。

案例 3

2015 年 11 月 1 日，河南省郑州百顺驾培集团的一所驾校在练车场将一辆报废轿车点燃，传授学员实战灭火技能。当日上午，这辆轿车多次被点燃，由学员们轮流上阵进行灭火体验。事后该新闻成为全国热门，网络上好评如潮。有一些网友发帖说：“实战经验啊！好，这个驾校有希望啦～新闻一报道～你就出名啦～”；“支持！安全教育不容小视，驾校就该教这些东西”；“其实，你可以这么想，人家是真为了教授学员，贴合实际去教学”；“业界良心！当你用心做一件事的时候，你会发现很多意想不到的事情都随之而来，比如广告效应”……

案例 4

随着经济社会的不断发展，大学生学车的日益增多。但由于驾校教学、服务水平参差不齐，加之生活阅历较浅，容易冲动，心浮气躁，部分大学生漠视交通法规、开“英雄车”。针对这一情况，济南交校机动车驾驶员培训有限公司联合齐鲁师范学院团委、学生处，走进大学校园，开展“安全驾驶从大学做起”活动。通过分析当前交通安全形势、播放警示案例片、通报近期发生的特大道路交通事故等形式，向大学生们讲述超速、超员、疲劳驾驶、酒后驾驶等交通违法行为的危害性。并针对道路交通事故发生的规律和特点，向大学生们讲授行车安全常识及注意事项，使大学生们牢固树立文明安全驾驶的意识，养成自觉遵守交通法规的良好习惯。同时济南交校机动车驾驶员培训有限公司积极派车帮助学生开展“献爱心，走进敬老院”等活动。多年来，累计派车 8 次，开展公益讲座 10 次，培训大学生 6000 余人，切实增强大学生的安全驾驶意识，让大学生们一开始就扣好安全驾驶的扣子，取得了良好的社会效益。

又如，一些驾校开始培养学员的动手能力，教给学员一些不必考试但又很实用的技能，如换轮胎、开空调等，更手把手地教大纲中规定的交通安全驾驶危险源识别、交通事故急救知识等，使学员通过接受驾校的正规培训与安全意识教育，树立以人为本的安全行车理念，增强“珍爱生命、安全第一”的责任意识，熟练掌握驾驶技能，真正做到“安全文明素质高、操作动手能力强、开车上路适应快”，成为一名合格的驾驶人。

有的驾校在此基础上又做出了创新，利用互联网推出教学视频现场直播，取得了经济效益和社会效益的双丰收。

此外，驾校的广告语也做了不少创新：“我们不生产驾照，我们生产安全驾驶人”；“交通技校驾校，永远是你安全驾驶的摇篮”；“我们卖的不是驾照，而是安全”；“学车一阵子，平安一辈子”；等等。

（二）驾校的公益慈善行动

驾培行业其实不缺有正能量和爱心的驾校及经营管理者，只是媒体关注报道这方面消息较少。我们从不胜枚举的驾校好人好事中，仅摘选几例。

案例 1

2018 年 8 月 13 日，南京交通运输部门启动了“温暖交通　困难家庭成员免费学驾”行动，全年共为 50 名困难家庭成员提供免费学驾的机会。这 50 名困难家庭成员将由南京市文明办、市慈善总会和市残联推荐。驾培管理处将结合“爱心驾校”的地域分布，充分听取 50 名学员的意见，根据每位学员的住址，合理安排驾校就近培训。据介绍，自 2005 年市驾驶员培训管理处启动“温暖交通　免费学驾”工作以来，先后有谷峰、狮麟、天保等 30 多家驾校积极响应号召，加入“爱心驾校”行列。截至 2018 年，南京市驾培行业共计为 909 名困难家庭成员提供了免费学驾服务，让他们掌握一技之长，为家庭脱贫提供了一种途径。

案例 2

河北燕赵驾校有着丰富的文化底蕴，除了立志为交通事业做贡献外，在公益事业和扶贫工作方面更投入。燕赵驾校多次组织教职员工前往黎明职能康复中心慰问残障儿童，除了送去资助金和丰富的生活用品外，教职员工还加入孩子们中间，体验他们的生活，感受脑瘫儿童语言表达的艰辛；和孩子们一起表演一些唱歌，学着用嘴巴叠纸鹤等；体验手脚无法活动时，一件看似简单的事，做起来有多么艰难。

入冬时节，燕赵驾校心系灾区和贫困区，举办冬季送温暖活动。例如，组织教职员工前往平山县北冶乡下古道村，为当地居民送去过冬的棉被和生活用品，为贫困户捐款。下古道村很偏僻，进出村都要翻山越岭；村子很小，只有 45 户人家，170 位居民；下古道村很穷，45 户人家里就有 34 家贫困户；村里的年轻人都出去了，留在村里的几乎都是老人和孩子，其中还有无儿无女的孤寡老人和身患残疾丧失劳动力的年轻人……

案例 3

南昌市赣洪驾驶员培训有限公司社会责任担当具体情况如下。

（1）2008 年 1 月 10 日南方冰灾，进行了捐款；

（2）2008 年 5 月 12 日四川汶川地震，通过行业协会捐款人民币 1 万元；

（3）2015~2017 年，通过进贤县残联，连续三年开展了帮助残疾人、献爱心活动；

（4）2018~2019 年，通过县妇联，到三里乡、白圩乡、罗溪镇、架桥镇、长山乡等乡镇，对孤儿、残疾、智障、留守儿童、单亲和贫困家庭的儿童和学生，进行爱心捐赠和春节送红包慰问活动。捐赠物品包括书包、文具、食用油、香菇、旺旺大礼包等，共资助人民币 5 万元。

案例 4

高考成就着祖国未来，牵动着全社会的关注。山东临沂正直驾校自 2003 年创立爱心高考服务车队以来，始终站在高考服务的第一线。

十六年来，正直驾校在每年的高考期间，都为学子们免费提供班车、教练车等车辆支持；在考点附近设置爱心护考服务站，为考生与家长们提供太阳伞、桌椅、扇子、茶水供应等服务，为焦急等待考生的家长提供“乘凉大树”。此外爱心服务站准备了铅笔、橡皮等考试必需文具，以及准备了感冒药及常规防暑药品等，以备不时之需。让考生在考场更好的发挥有了后勤保障，让在外焦急等待的家长心理有所安慰。当考生或家长有需要时，爱心服务站随时为他们解决困难，为高考顺利进行保驾护航。

十六年的爱心送考，累计出动车辆 5000 余次，公益使者 8000 余名，接送高考学子 18000 余人，开设高考服务站 140 余次，得到了广大考生及家长们的高度认可，在社会上引起了很大反响。

案例 5

中央文明办 2019 年 4 月 2 日在广西柳州举办全国道德模范与身边好人现场交流活动，发布 2019 年 3 月“中国好人榜”。投身爱国拥军事业、先后安置 200 余名复转军人就业的企业家、《中国双拥》年度人物、河北省爱国拥军模范、河北省道路运输协会会长、明城恒盛集团董事长张志国荣登“中国好人榜”。

张志国，创办企业十八年来，敢字当头，干字为先，凭借一己之力，拼出了一个集驾培产业、农村电商、金融服务等为一体的多元化集团公司，带出了 2360 人的员工队伍；他勇担企业家责任，积极参与光彩公益事业，助力精准扶贫，每年为社会孵化培养市场主体上万人，累计为社会捐款捐物 1300 余万元；他胸盈绿色，心系国防，爱国拥军做实事，是当地支持国防事业的带头人，关注军人“后院后路”求实效，先后安置 238 名复转军人到企业就业，累计投入 400 余万元用于拥军事业。

（三）驾校教练员的见义勇为事迹

驾培行业的教练员也经常自发地见义勇为，弘扬着行业正能量。以下是 2018 年发生在驾校教练员身上的见义勇为的部分事迹。

案例 1

2018年4月15日，镇江新区丁卯楚桥路与四平山路口上演了感人的一幕：一辆轿车撞上马路牙子，驾驶人下车后不知所措，竟忘了妻子还在车内。这时，轿车起火。危急关头，一名路过的热心司机停下车，并赶在驾驶座被大火“吞噬”前将受伤女子拉了出来，避免了一起可能发生的重大事故。

“如果让我重新选择，我还会冲上去救人，因为人的生命只有一次。”18日上午，当镇江新区交警大队民警找到这位好心的司机时，他笑笑说：“事情过去了，我都忘了。”

据了解，这位好心的司机就是镇江万达驾校江大分校的教练员陈道勇。陈师傅回忆，当时他带4个学员到车管所训练，返回时途经楚桥路等红灯，突然听到一声猛烈的撞击声。“我扭头一看，发现是一辆轿车撞到路牙了，车损较重。”陈师傅说，当时他很担心车内有人受伤，于是赶紧将教练车停好，带着一名学员上前察看事故情况。

司机可能是吓蒙了，在事故车旁转来转去不知所措，而坐在副驾驶位置的妻子却受伤躺在车内不能动弹。由于副驾驶旁的车门严重变形打不开，加之也不知道女子伤情怎样，陈师傅不敢贸然救人。就在这时，事故车冒烟了。“不好，车子要起火了，赶紧救人。”陈师傅顾不上太多，立即动员围观群众打开车后门，大家合力将女子抬了出来。

“‘轰’的一声，车子燃烧了起来，浓烟裹挟着大火迅速往驾驶座方向蔓延。”陈教练说，“当时担心轿车爆炸，我们就把伤者抬到5米以外，然后我回到教练车上拿灭火器，与一名学员各自拿着灭火器扑火”。由于火势太大，两只灭火器根本无济于事，幸好消防人员及时赶到将火扑灭，而救人不留名的陈师傅见消防部门赶到，就带着学员悄悄离开了。

“要不是陈师傅处理得当，及时救人，后果不堪设想。”18日上午9时，镇江新区交警大队教导员于德林说，“事故调查完后，我们就积极寻找做好事不留名的陈教练，今天终于找到并核实了情况，下一步我们将为陈师傅申报见义勇为进行表彰”。

案例 2

2018 年 3 月 14 日早上 8 时，位于永登县五渠村新通力驾驶学校练车场的教练员们像往常一样，检查教练车，准备迎接学员的到来。突然间，伴随着一声巨响，相隔 30 米外的高速公路上冒起了一股热气，“发生事故了，快过去看看”，靳英峰经理这么一喊，在场的 11 名教练员不约而同地朝着事故发生地奔去。“车辆横躺在高速路中间，冒着热气”，靳经理告诉记者，由于高速路隔离栏的限制，到达现场后，无法进入事故现场，发现车内没有任何动静，立即向高速交警报警。

情急之下，教练员们分头行动，一组人在护栏外大声呼喊，试图喊醒司机，两名教练员快速跑到 50 米外，脱下黄色的工作服，不停地在空中挥动，给后面行驶的车辆一个警示，以防车速过快发生二次事故。“司机怎么样？”“车里有人吗？”“说个话！”，此起彼伏的呼叫声在空中回荡，大约 6 分钟后，车门打开了，司机从车里走出来，向呼喊他的好心人招手。

从昏迷中被叫醒后，驾驶员发现车内的一名女乘客受伤，便立即将其搀扶到了护栏边，看着迷迷糊糊的女乘客，新通力驾驶学校教练员立即将其抱到学员接送车上，开车迅速前往医院，并陪同伤者办理入院手续。随后，交警到达现场后，对事故现场展开了勘察。新通力驾驶学校爱心救援行动感动了路人，并被发布到网上，网友们纷纷点赞。

案例 3

2018 年 10 月 9 日，灌南县新安镇王老太母女俩来到勇通驾校，给校领导送上一面锦旗，对该校教练李汉军奋不顾身救人行为表示衷心的感谢。此时驾校工作人员才得知李教练英勇救人一事。

原来在国庆节期间，该县勇通驾校教练员李汉军在硕项湖大道组织学员路训时，突然看到一名老人连人带车掉进路边的水塘里，并被压在三轮车下。正好路过此处的李教练迅速停车，来不及脱下衣服，立即跳进水中，与学员全力将老人拉至岸边，随后在学员的帮助下，成功地救起这名八旬老人。路过的群众都说，如果再稍迟一会，后果将不堪设想。为表彰李教练的救人善举，勇通驾校对李教练进行了通报表彰，号召全校教职工学习他这种高尚的精神。

以上只是2018年部分驾校教练员见义勇为的动人事迹，他们用实际行动诠释了新时期我国驾培从业人员树立行业正气的精神，大幅提升了教练员的社会声誉；也鼓励广大教练员都来学习这种好人好事精神，投身到弘扬行业正能量的浪潮中。

四　结论与展望

价值观决定方法论，行业认知决定着人们的行动。行业价值观对行业从业者自身行为的定向和调整起着非常重要的作用。驾培行业价值观决定驾培人的自我认识，它直接影响和决定每个驾培从业人员的理想、信念、工作目标和工作方式、方法。驾培行业核心价值观影响链如图1所示。

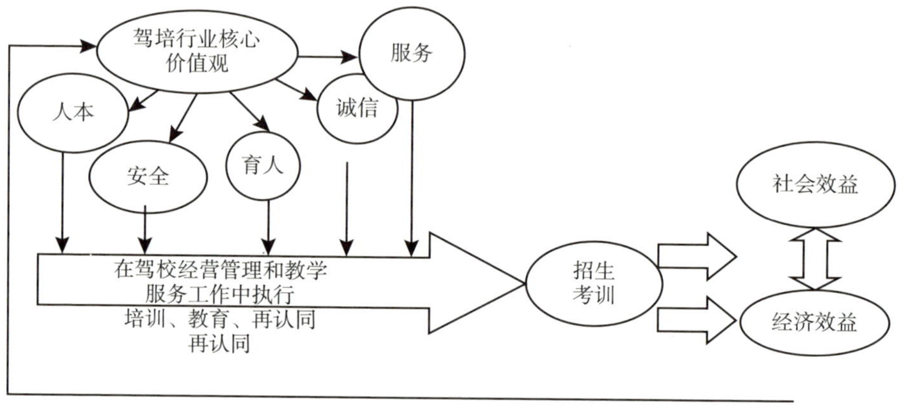

图1　驾培行业核心价值观影响链

实践证明，行业价值观对动机具有导向作用，驾培从业者的行为动机受价值观的支配和制约，价值观对动机模式有重要影响。在同样的客观条件下，具有不同价值观的人，其动机模式不同，产生的行为也不相同，只有那些经过价值判断被认为是可取的，才能转换为有益的行为动机，并引导从业者的教学服务行为。

毫无疑问，驾校是“教车育人、服务社会”的组织，是安全驾驶的摇篮，培养能够安全文明驾驶的合格驾驶员是社会赋予每个驾培人的使命，这是驾培人的价值体现。

安全文明交通离不开驾校每个教职员工的付出，汽车社会呼唤驾培行业树立起正确的行业价值观，肩负起应有的社会责任。每一名驾培人都要站在历史的高度看待驾培行业价值观与社会责任，用发展的眼光看问题，总结过去展望未来，认真思考驾培行业价值观与社会责任才能满足社会需求。真正值得尊敬的驾校，不是发展和扩张得最快的驾校，也不是规模最大的驾校，而是始终如一坚持创造商业价值和社会价值的驾校，自始至终有自己底线的驾校。这种正确的价值观一定会推动包括驾校校长、教练员在内的每个驾培人为社会、为学员做得更多、更好。

每个驾培从业者的一小步，可以汇聚成行业发展的一大步！每个驾校教职员工、每个驾校整体点点滴滴、持续深入的努力和付出，一定能让驾校成为人民群众安全驾驶的摇篮，让驾培行业最终成为最受社会尊敬的行业之一。

B.5
驾培行业安全责任与安全意识教育

熊燕舞　赵　健　魏小锋

摘　要：道路交通事故猛于虎。驾培行业作为驾驶证资格准入的第一道关口，责无旁贷，应积极分担安全出行的社会职责，建立健全机制，开展各种形式的安全意识教育活动，使安全意识渗透培训和再培训的各个环节，配之以交通安全宣传教育活动，使安全意识教育科学化、标准化、系统化，最终达到全民交通安全意识、法制观念和文明素养的持续提升，顺势改变驾培行业传统形象，打出安全品牌、服务品牌，为“交通强国”贡献力量。

关键词：安全责任　安全意识教育　素质教育　汽车文明

在我国，长期以来，驾驶员准入必须满足身体、心理和驾驶技能等的资格条件，但对于安全意识条件的专门考察历史很短。当前，我国工业化、城镇化进一步加快，人民生活水平大大提高，平均每个家庭拥有1本驾照，但驾驶员安全意识培养积弱，素质教育长期滞后于汽车文明的发展，是个不争的事实。

从驾培行业来看，“重应试轻素质、重招生轻培训、重实操轻理论”问题依然较为顽固，教学服务长期得不到应有的关注，培训内容唯考试马首是瞻，安全意识教育内容缺乏系统性、科学性、规范性，隐患巨大，不可小视。而驾校论及安全意识教育，往往纸上谈兵的多，锲而不舍的少，三分钟热度的多，真出成果的少，加大对安全意识教育的投入与关注已经成为形势之所急、社会之所需。

一 行业安全责任与担当

近年来，全国机动车驾驶人数量呈现持续大幅增长趋势，年均增量达3012万人。据公安部统计，2018年全国新注册登记机动车3172万辆，机动车保有量已达3.27亿辆，其中汽车2.4亿辆[①]，小型载客汽车首次突破2亿辆；机动车驾驶人突破4亿人，达4.09亿人，其中汽车驾驶人3.69亿人。

虽然我国的汽车驾驶人数和车辆数都有了显著的增加，但与之不匹配的是驾驶人的驾驶技能、驾驶习惯、安全意识等基础素质没有得到相应的提升，带来的是交通事故的发生率和数量大幅提升。为了改善我国的道路安全情况，各种活动一直都在举办，这也显示了主管部门对道路安全的重视。

1996年，我国制定了第一个《交通安全宣传教育三年计划（1996~1998）》，确定每年四月的第一个星期为全国统一的“交通安全宣传周”。2004年5月1日《中华人民共和国道路交通安全法》及《中华人民共和国道路交通安全法实施条例》颁布施行后，全国掀起了一轮学法普法高潮，通过交通安全宣传“五进”[②]活动，不断加大了对交通参与者宣传教育的力度。2006年，国家五部委联合部署开展以“关爱生命、平安出行”为主题的交通安全宣传教育工程。2010年，中央文明办和公安部联合推动实施“文明交通行动计划”。2017年，公安部办公厅、交通运输部办公厅印发《关于组织开展文明交通进驾校“五个一”活动的通知》（公交管〔2017〕311号），决定在全国组织开展“五个一”活动，即设立一个交通安全宣传教育阵地或基地、讲好一堂文明交通法治课、播放一部交通安全警示教育片、组织一次文明交

① 《公安部：2018全国小汽车保有量突破2亿辆 驾驶人突破4亿》，http://www.sohu.com/a/289093749_390500。

② 五进：交通安全宣传进农村、交通安全宣传进社区、交通安全宣传进单位、交通安全宣传进学校、交通安全宣传进家庭。

通志愿服务、举行一场文明守法驾驶宣誓仪式。

多年来，通过上述系列活动，驾培行业的安全意识教育取得了一定的成效。但是，这类教育活动仍然带有运动式执法、运动式宣传的色彩，一般遵循这样的发展态势：(1) 专项活动经过准备后，轰轰烈烈地展开，宣传铺天盖地，规模很大；(2) 各地纷纷响应，从中央到地方，都在活动中表现积极；(3) 经过初期的热烈，随着关注度的逐渐降低，推动和执行的力度都大幅降低，大部分的结果不尽如人意。

机动车驾驶培训机构作为资格准入的第一道关口，完全能够配合交通安全宣传教育大环境做更多贡献，提高学员对交通安全的关注度，做到培训有气氛、有活力、有效果，并可以在耳濡目染、潜移默化之中使学员受到有益的道路安全意识教育，使遵守交通安全的理念渗透未来的交通参与者心中，让关注安全、关爱生命的理念形成全民共识。

我国驾驶员培训市场潜力巨大，驾驶员培训机构逐年增加，教练车数量逐年攀升，但行业对待教学服务工作长期缺乏规范管理，十个教练有十一种教法，最后学员学会了十二种，并且绝大多数教法都会漠视安全意识教育，具体表现为：科目一与安全文明驾驶常识的培训时间大打折扣，应付式教学现象严重，下力气研究对付“题库”等，一些驾校陷入“点位教学”、价格战与功利主义的泥潭，并蜕变成冷冰冰的培训机构，没有真正成为交通安全意识的灵魂住所，没有真正成为汽车文明社会进程中的助推器。

“仓廪实而知礼节，衣食足而知荣辱。”没有丰衣足食，无法顾及礼仪，一旦衣食无忧，必然关注荣辱。如今，人民生活蒸蒸日上，百姓对生命与健康有了更多更新的认识，大家开始逐步关注生命教育和安全教育，生命教育从人的主观认识方面强化对生命的珍惜，安全教育则强调对驾驶风险的应对能力。今后，驾培行业需要投入更多的精力研究安全，用生命教育、意识教育、素质教育为交通出行系上安全带，为交通中的良性秩序献出一份爱，助推我国道路交通安全发生彻头彻尾的改变。

从培训点位与背诵题库并重到培训安全意识与技能并重，从“汽车社会”走向“汽车文明社会”，这不是某位校长、某所驾校的安全问题，而是关系社会公共安全、法治建设的时代课题，也是“交通强国”的应有之义。驾培行业承载的不是几所驾校的贫富、几个考场的沉浮，而是行业的责任、文明的再造、灵魂的自由、百姓的幸福、社会的安定、经济的大局。

安全意识教育好则惠及万民，教育不好则误及苍生。驾驶培训是生命的托付，是一份沉甸甸的责任，是为社会培养安全、文明、高素质的驾驶人的责任，是为交通行业培养合格、安全的职业驾驶人的责任。驾培行业应该推行素质教育，让安全文明意识与驾驶技能一样成为必修项目；应该让所学与所用更为贴近，让毕业学员能开车、敢开车；应该让文明交通、安全出行成为常态；应该让驾校成为传播安全、文明驾驶理念的主阵地。

二 安全意识教育中存在的问题

道路交通安全一直以来都是我国交通部门工作的重中之重，无论是安全意识还是安全技能，都以各种方式和活动来进行过宣传和推广，然而我国道路的复杂情况和汽车数量的激增依然超过预期。下面列举几项在进行安全意识教育中遇到的问题。

（一）驾培机构参与安全意识教育不够深入

交通安全意识教育的核心是提升广大交通参与者的安全意识、法治意识、自律意识，是一项理念与技能紧密协同且二者不能偏废的重要活动。

目前，交通安全意识教育工作的实践主体是公安交警部门，其长效机制、监督机制、奖励机制、协调配合机制正在逐步健全，驾培机构和社团、协会、保险机构、车厂、客运企业、物流企业、出租车企业、网约车企业等尚未深度介入，缺少协调分工，“五进”宣传与“全国交通安全日”宣传还有很多潜力有待开采。

事实上，驾培机构的经营与毕业学员的素质息息相关，驾培机构有义务承担起更多的责任，主动参与到安全教育之中。但由于培训体制缺乏重视度，驾培机构参与的积极性较低。

“五个一”工程让驾校在统筹谋划、督促指导、教育落地方面有了针对性的文件精神，效果已经显现。但是实施时间短，往往表现出来的是宣传、劝服、灌输，没有完全在“教化”“育人”、提升主动思考方面下功夫。

（二）行业教学与培训质量意识不强

长期以来，驾培行业在培训教学上关注不足，培训服务意识相对缺乏，习惯了以考试内容为“指挥棒”。我国驾培行业最早是定向培训，后来演变为市场化培训，在很长一段时期内，片面追求便捷高效、快速取证，应试教育从暗流变为主流，培训缩水，只教考试内容，造成教学与实用脱节。

同时，理论教学形式较为僵化，培训多以单向传授为主，缺互动、缺体验，教育效果欠佳。实操教学往往与真实交通环境基本隔绝（例如高速公路环境），教练员缺乏针对学员的适应交通环境的心理素质训练和处理应急情况的技能训练，忽视了全面培养的社会职责，导致考试合格的“合法”学员往往变成“口袋驾照”学员，或不敢上路，或上路成为“杀手”。

（三）理论培训或缺失或“填鸭”，“最初教育”重视不够

“最初的教育最为重要”。[①] 学员在驾校的培训阶段是驾驶人安全技能达标、安全意识养成的最初与最关键时期。技能只能外化于形，意识方可内化于心。用理论培训协助意识灌输是极为重要的，但是，目前大多数驾校无理论培训场地，无理论培训教师，无专门理论教学内容，无安全教育体验，并没有严格遵照《机动车驾驶培训教学与考试大纲》的要求落实培训。

当被问及理论培训的情况，许多学员都会回答“自学”“刷题”，甚至有的采用“口诀背诵”。例如，“遇到题目中有安全两个字的判断题正常都对”“遇到答案中有‘扣留该机动车’这六个字的选择题，都是正确答案”“判断题中，遇到紧急情况所有过激行为都错，比如急踩（用力踏）油门（制动），急转方向”，诸如此类，不一而足。

---

① 〔法〕卢梭:《爱弥儿》，李平沤译，商务印书馆，2009。

这种填鸭式的应试教育，大部分人在读书的时候就遇到过，虽是在短期内提升考试成绩最有效的办法，但无法通过这种方式获得对知识的真正掌握。读书的时候无法掌握一项知识，最差的结果就是重新学过，然而如果在驾驶证考试中投机取巧，无法掌握必需的安全意识和技能，可能导致的后果则无法估量。

多数教练员还不能够担当培养安全意识的重任，没有做到“三强”——法律意识强、责任意识强、驾驶技能强。另外，很多驾校流行挂靠、承包，导致教练员队伍参差不齐，素质各异，教练员本身的不良驾驶习惯、不文明交通行为会在不经意中传导给学员。因此，教练员一定要在日常就严格要求自己，无论是作为教练员还是驾驶员，安全的驾驶意识和习惯的养成，将带给驾培行业一个正能量的引导。

（四）培训无法满足个性化需求，素质教育乏善可陈

调查走访可以发现，驾校内的安全意识教育内容较为单一，缺乏互动性，不论何种年龄的驾驶群体，其内容同质化。例如，低龄驾驶人、高龄驾驶人、新驾驶人、营运驾驶人等各有特点，其交通行为特征、生理和心理存有差异，有的易急躁易冲动，有的视觉等身体机能退化，有的驾驶技术不够成熟，有的容易因驾驶时间长、驾驶频率高出现注意力下降问题，我们必须进行因材施教的细化教育。

其实，这种同质化在一些交通安全宣传活动中也可看出端倪。在某地的一次“驾校安全进校”活动里，千篇一律，万户一纸，每一所学校分发的资料一模一样，没有根据学校的特点进行定制，宣传活动公式化，内容填鸭，扫街式轰炸，效果难以保证。

驾校培训的学员是初驾学员和营运驾驶人，而其他的安全意识教育重点人群还包括：幼儿、小学生、中学生、非机动车驾驶人、公务员、外来务工人员、农村居民和老年人。有能力的驾校可以尝试对毕业学员和这部分高风险群体开展“再教育工程”，赢得社会美誉度，为和谐社会做出贡献，叫响自己的品牌。

三　改善安全意识教育的举措

英国哲学家艾蒙斯说过：“习惯若不是最好的仆人，就是最差的主人。”只有当安全意识成为自觉意识，安全驾驶习惯转化为自觉动作，“交通强国”的内涵才能更加丰富和充实。

笔者甚至认为，安全 =20% 技术 +30% 心态 +50% 安全意识。安全驾驶意识的缺失或不足已经成为大量交通安全事故的一个主要诱因。因此，对驾驶员进行综合素质教育，规范驾驶操作习惯的培养和采用科学的教学方法是培养学员安全意识的有效途径。

相关主管部门应该鼓励驾校培训中的技能与意识并重，使驾驶人素质与现代汽车文明的快速进程交相辉映。

（一）提升素质是基础

培养综合素质是提升安全意识的基础，培训重点应该包括：生命意识、自律意识、礼让意识、保护意识、群体意识、路权意识、规则意识、视距意识、速度意识、变道意识。

在正规系统的驾驶技能培训课程之外，应该传授法律法规和安全知识，让学员明白事故多由违章造成，用鲜活的警示案例让学员从内心生发出理应承载的巨大使命和神圣责任，刺激形成完备的道德素质和生命意识。

例如，2018 年 5 月 30 日，昆明市公安局交警支队与盘龙区人民法院在晋宁区晋城镇一乘驾校内联合开展“阳光司法”案件审理警示教育活动，一乘驾校教练员和学员共计 300 余人旁听了审判过程。盘龙区法院当庭对 4 起醉驾案件进行了宣判。

再如，邢台交警支队根据真实案例拍摄了公益广告：《放慢车速，才能看到更远的未来》。片中男主人公从小好胜心就很强，每一次比赛都以最快速度冲向终点。长大后，仍然保持着同种心态迈入最好的大学，最终成为一名受万人瞩目的成功人士。在他的人生格言里，做什么事都要力争最快，甚至在开车这件事上也超出限度。结果发生事故致残，大好前程被毁，最后得出结论：放慢车速，才能看到更远的未来。

我们可以组织开展“入耳、入脑、入心、随行、倡行”的集体培训，向学员传输健康、向上、阳光的生活理念，在潜移默化中提高学员的遵纪守法观念、安全驾驶意识。如山西运城万荣驾校推崇意识培训，把国学文化融入驾驶教育，这在国内驾培行业中并不多见。

我们可以引导学员积极参加体育锻炼活动、体操活动甚至舞蹈活动，引导他们了解只有良好的身体状况和心理状态才能保证驾驶安全，如郸城职专驾校就坚持每天开展类似活动。

我们可以尝试进行学员的心理素质训练。比如，学员紧张时，教练要协助通过自我暗示、松弛、转移等方法有效缓解，多鼓励学员，积极指导，消除心理问题；再比如，针对易路怒易暴躁的心理疾病，驾校可以开设心理咨询课，帮助学员排解负面心理，使他们能够更好地控制不良情绪，陶冶情操，培养耐性。教练员可以援引 2015 年成都男司机逼停女司机并殴打的事件，最后男司机拘留，女司机脑震荡，来说明双方均没有控制好各自情绪的巨大危害。

专题　大学生驾驶安全意识普及案例

2017 年 9 月 25 日，全国首家以交通安全为主题的驾校落户成都，占地两万多平方米，作为全国唯一把“安全驾驶”理念贯穿培训全过程的互联网驾校，趣学车将驾校打造成安全驾驶教育基地，安全教育室、安全驾驶警示雕塑、公益警示等成为驾校最大特色，其目标不仅仅是让学员拿到一本驾照，更是为我们国家教育并培训出安全驾驶人，并以此作为企业使命。

趣学车成都安全主题驾校在郫都区大学城区域内，辐射周边 5 公里范围内的四所大学，覆盖学生数量达到 10 万余人，招收的学员以大学生为主。在过去一年多的时间里，趣学车成都安全主题驾校在培训工作中发现，大学生学员群体对道路安全驾驶理念的理解不够深刻，对安全意识的重要性也没有给予足够的重视，学开车和考驾照的目的依然是拿到一个驾驶本，并不关注驾驶过程中由于自己的操作可能引起的自己和其他人的交通安全隐患，导致

“马路杀手”越来越多。

早在2016年9月，趣学车郑州赛车主题驾校成立前，趣学车就首先提出“科目0”概念，即在学习交通安全法规的“科目一”之前，需要先进行交通安全意识的培训，让学员充分认识到，道路交通安全意识是进行驾驶培训学习的第一内容，没有安全的概念在脑子里之前，无论是交通规章制度，还是驾驶汽车的所有操作方法，都是次要的。

趣学车倡导让“科目0”作为大学必修课程之一进入大学课堂，并且将它分为四个板块，包括对开车有敬畏心、对速度有感知力、对盲区有概念、对风险有预判。

除了对“科目0”的普及外，为提升大学生学员的驾驶安全意识，趣学车成都安全主题驾校主动提出与相关部门以及各类学校进行合作，免费开放驾校内的交通安全教育室，邀请学生们进行参观学习。同时，也将道路安全驾驶教育带入大学，为学生们提供免费的驾驶安全普及宣传、培训、课程以及模拟实操，使道路安全意识教育成为学生们进入驾校前就能够接触到的项目，让大学生们知道，无论你在哪个驾校学习驾驶技能，无论开的是什么车，无论在哪里开车，“安全”永远都是你打开车门之前必须深刻认知到的事情。

与此同时，趣学车提出了“成为马路杀手的杀手”的理念，即培养安全的驾驶人是驾培行业从业者的责任和义务。塑造全国良好的道路交通安全环境，坚决不让一个“马路杀手”走出驾校，生产出更多高质量的安全驾驶人，是驾培行业赋予驾校和教练们的社会责任。

（二）规范操作是重点

安全驾驶意识应该也必须融入分解动作、讲解示范教学之中。通过学员学习之后给教练员复述所学的内容、口诀记忆、正确动作和错误动作对比等技巧，保证严格按安全操作程序标准进行练习。

例如，教练员应在每一个教学环节和训练课题中，如起步、停车、会车、超车、变更车道等，将安全意识放在第一位，实施“指差确认”，并尽可能将之纳入结业考核。指差确认始创于日本，原为铁路事业用的安全动作，做法是在各程序中以眼望物件，手指指着物件，同时口诵确认、心手并用及集中精神，以达到减少人为失误导致意外的效果。后来它被广泛用于不同领域，包括建筑业、制造业及机电工程等，广州地铁司机中全面推行了指差确认。①

在日常维保方面，教练员应该让学员参与其中。指导和监督每位学员进行实操和检查，养成良好的安全检查习惯。

很多学员存在一种错误认识，说学开车就是学驾驶技能，别的都没用。针对这种情况，教练员应该向他们多举一些案例，并讲述物理学、机械学的一些至关重要的常识，让他们感觉到技能原理也很重要。这些常识包括：刹车片为什么会失灵，汽车转弯为什么要减速，下坡为什么要让上坡，百公里时速的时候一秒能够跑多远，车辆盲区究竟在哪里……这些都可以通过规范操作，让学员多一分小心、多一分敬畏、多一分安全。

（三）创新教学是关键

学员安全驾驶意识的培养是一个循序渐进的过程，创新的科学的教学方法可以加速这一过程的实现，创新教学是培养安全意识的关键，能够于无形中培养学员自我控制、自我学习的能力，树立“预防为主、文明礼让”的安全意识。

1. 真实案例研讨

根据教学的目的和训练所设定的内容，采用近期发生的典型案例，接地气的动漫、小视频等，对不良驾驶行为进行深入揭示，详尽诠释，全面解剖，组织学员认真学习、研究交通事故发生的原因。

驾校可以和当地车管部门、交通事故管理部门紧密联系，获取第一手用于教学的资料，建立相关案例数据库，教育学员有针对性地从案例库中提取材料。以案论理，以事说法，唤醒珍惜生命的安全意识，鼓励学员发表意见和建议，让学员主动参与思考探讨，在有冲击力的真实案例中培养安全意识。

---

① 毛少华等:《以指差确认和 5S 为切入点推进包含安全要素的标准作业》,《安全》2014 年第 11 期。

2. 宣教基地体验

宣教基地可以利用各种科技手段，实现模拟驾驶、再现事故、演练逃生、虚拟现实、互动控制，具有知识性、趣味性、互动性。

教练员可以根据参与者的年龄、学历进行细分，为各类重点群体设计与他们相适应和匹配的交通安全教育体验区，使他们切身体会其中的奥妙。

例如，大众体验者可以感受模拟酒驾、爆胎、烟雾、翻车、远光灯等场景，理解风险源和危险驾驶类型。儿童和青少年，可以参与交通安全游戏为主，配合道路、信号灯和标志场景进行体验，调动兴趣，了解知识；成人学员则以模拟驾驶为切入点，体验复杂交通环境。

国外很多国家开发出情景互动软件。如东京交通局，他们曾经与一些游戏公司合作开发《东京巴士》软件，融入日本严谨的交通法规，体验者需要完成各种公交驾驶操作，参与者可以体验如何驾驶公交车，在身临其境中体会安全意识。美国也开发过类似产品，例如《三维驾校》等，青少年可以借此练习如何通过驾校考试。

在国内，笔者曾经参观过趣学车成都安全主题驾校内的安全教育室，除了常见的通过文字和图片，以及视频的形式来展现道路安全的重要性之外，有三项互动的体验让人印象深刻：安全带、远光灯、醉酒和疲劳驾驶。以醉酒和疲劳驾驶为例，有两个眼镜，带上之后的感觉就是模仿在喝醉或者疲劳的情况下看到的景象，非常逼真、印象深刻。

3. 反复巩固记忆

传播学中存在“重复作用原理”——将一个概念在不同场合或用不同方式去反复呈现，其中包括两层含义：一是将一个概念在不同的场合重复呈现，二是用不同的方式重复呈现一个概念。① 可以帮助受教者理解、记忆，从而达到更好的教育传播效果。

交通参与者学习安全知识，必先遵循“依从—认同—内化”的学习过程，需要反反复复地坚持，最终形成一种不需要思考的下意识行为。要想

---

① ［美］威尔伯·施拉姆、美威廉·波特：《传播学概论》，中国人民大学出版社，2010，第2版。

形成坚不可摧的下意识，必须做到“日日讲、事事讲”，变“要我安全”为“我要安全”，反复灌输同样的思想，让无形的、抽象的逐渐变成有形的和具体的。

例如，很多新手驾驶员会错把油门当刹车，教练员可以用反复记忆法使之形成肌肉记忆，平时不踩加速踏板时右脚自然移放到制动踏板，要反复练习到像一种条件反射一般，不经过大脑就能正确操作。

4. 情境渗透教学

驾校还应该将学车环境进行再造，让学员走进驾校就走进了安全意识教育的氛围之中，努力做到处处有图片、教室有案例、不时见视频、进门有实物。既要有“贴海报、挂条幅、播视频、宣传车”老四样，又要有新媒体、视频、歌曲、微电影等新颖载体。通过以景激情，在情境中渗透安全教育，培养学生的安全意识。正如名人所言，最好的教育就是学生看不到教育的发生，却实实在在地影响着心灵。[①]

选择安全宣传标语也应该谨慎。例如，对于一些非常有效、直达人心的话语，应该尽可能将之做成标语，如“车可修复，人无来生”“醉（罪）在酒中，毁（悔）在杯中”；也要规避那些雷人标语，如“急弯不响喇叭，迟早会掉下巴”“开车不系安全带，牛头马面在等待”等。

在教学过程中，可以有目的地引入或创设具有情感色彩的具体生动的场景，利用大量的图片，运用幻灯片、多媒体、驾驶模拟仪、沙盘等，创设逼真的交通环境，让学生体会安全驾驶的乐趣与事故的危害。

5. 结业考核评价

驾校应重视结业考试，组织熟练教练员对即将结业的学员进行安全意识全面考察，在实际操作中感受学员的真实水平，关注操作不当之处，帮助学员找到深层次问题，抓住最后的考试前机会进行反复训练和不断修正。

结业时，还可以安排安全意识较强的学员与相对较弱的进行组合考核，安排老学员与新人组合考核，互相印证比对，共同教育，互促互补互帮互学。

---

① 〔法〕卢梭:《爱弥儿》，李平沤译，商务印书馆，2009。

6. 口诀固化操作

学车口诀是根据内容要点编成的便于记诵的语句，对于掌握操作要领、养成良好习惯、促进安全意识形成具有不可或缺的作用。

例如，培训左右脚，应牢记“油门刹车莫错踩，左脚不常踩，右脚不空踩”；起步七个关键步骤为“一踩（离合），二挂（挡），三开（灯），四鸣，五松（手刹），六抬（离合），七关（灯）”；等等。

7. 防御驾驶培训

防御性驾驶，可以被简单称为培养预见潜意识的操作方法，旨在能够准确预判各种危险源头，并能及时采取必要、合理、有效的措施防止事故发生，让驾校真正可以向学员输出安全、向社会输出安全。

这就要求驾驶员有联想能力，并且能够快速做出判断，要从最可能发生的不利情况的角度去设想和联想。为了培养学员的驾驶敏感性，有实力的驾校应该选择特定的路段、特定的天气，带领学员进行实战。①

在防御性驾驶培训方面，可以重点突出地进行教育。例如，学员时刻扫视“15 秒距离”以外的情况；培训高速公路 4 秒安全距离的计算方法；培训不间断地、有目的地搜索车辆周边 360 度空间的交通危险源；等等。

（四）个性定制是升华

不同交通参与群体的行为特点、认知能力和素质基础各有不同，改良安全意识培育，必须有针对性地进行个性定制。截至 2018 年底，26 ~ 50 岁的驾驶人达 3 亿人，占驾驶人总数的 73.31%；18 ~ 25 岁的驾驶人达 5136 万人，占 12.55%；51 ~ 60 岁的驾驶人达 4663 万人，占 11.40%；超过 60 岁的驾驶人达 1123 万人，占 2.74%。

可以看出，目前 26 ~ 50 岁的驾驶人居多，对于他们，重点是法律法规的普及、交通安全意识的增强、驾驶技能的提高以及职业道德教育；对于超过 60 岁的驾驶人，应该引入适驾性评价，进行体质和认知功能方面的测试，

① 《防御性驾驶走红朋友圈　交警蜀黍教您如何掌握》，http://www.aiweibang，2016。

提升他们更新交通安全知识的兴趣，及时更新老龄驾驶员的交通法规知识，使之熟悉新的驾驶环境；对于18~25岁的驾驶人，重点是良好交通习惯和文明交通行为的养成，以及抵制交通违法意识的增强；对于公路沿线村民和外来务工人员类型的驾驶人，重点是交通安全意识的增强和自我保护能力的提高；对于城市居民驾驶人，主要是提高交通文明素质，倡导交通文明风尚，抵制不文明交通行为。

据预测，我国60岁以上的人口到2050年将占到总人口的25%以上，针对老年人的培训与再培训迫在眉睫。英国曾经开展过专门针对老年驾驶人和患病一段时间后又开始驾驶的人员的活动，除为老年驾驶人提供安全驾驶技能培训外，还介绍与老年人驾驶有关的安全意识教育信息。

除了年龄外，学员的性格、心理特征也不一样，往往导致驾车风格不同。有的个性粗放，马虎大意，不注意观察危险源，发生紧急情况则危机四伏；有的谨小慎微，过于细致，走在高速公路上也扭扭捏捏、慢速行驶，同样成为一个流动的危险源；有的性格要强，情绪大起大落，容易暴躁“路怒”。针对学员的不同个性，教练员必须反复提醒、“扎针”，培养他们健康的驾驶情绪、高尚的道德情操，使之善于控制感情、克服不良心态，乐观向上，冷静理智。

（五）教育链条是延展

有人曾经讲过，三年过后，你会发现，除了最好的教育，你所买的其他东西都贬值了；十年以后，你会发现：除了最好的教育，你买的其他东西都不知道扔哪儿了。这告诉我们，只有教育能够留下最闪亮的痕迹，拿到驾驶证之后的毕业学员，多年以后，技能已经固化，往往留在心中的只剩下当年所接受的一些安全意识和生命教育常识。

在西方发达国家，交通安全意识教育已经编织成覆盖所有公民的整个人生过程的培训链条，它对公民的每一不同人生阶段（幼儿园、小学、中学、大学、社会）都能有组织、有条理地进行影响，中间不存在任何的缺失和断档。国内则很难达到这一连贯状态，大多数人都是在踏入社会这个环节才接受交通安全意识的教育和培养，加之缺乏入脑入心的教育手段，致使已经形成的陋习和固有模式，很难在根本上得到改变。

驾培行业应该在这个教育链条的诸多“盲点”上做出自己力所能及的贡献。一所大学要有“文化内涵”，要有博爱大爱，包括爱师、爱生、爱社会、爱国家、爱世界；一所驾校同样要有“文化内涵”，我们要体现出“爱学员、爱社会、爱国家、爱世界”，主动走近受教对象，进行义务教育。

针对小学生、中学生，驾校可以邀请他们走进来，围绕有关交通安全、次生灾害的安全防范、尊重生命等设定一些主题，与学生开展安全教育课、主题班会，通过谈话讨论启发学生，并采取多种形式进行安全指导；可以组织校园交通安全文化节、驾校夏令营、交通安全演习、知识竞赛等活动；可以抓住青少年心理，引入交通安全游戏体验系统，以闯关游戏形式让他们认知交通常识，辨识各类交通行为的规范程度，了解、熟悉各种道路交通规则，了解各类交通陋习、危险交通行为、不良或特定的交通环境。

全国互联网连锁驾校品牌趣学车曾经发起过让“道路安全教育和学车进入大学选修课”的活动，收到了很好的反响，微博上有超过20万人参与讨论，浏览量高达5000万条。由此可见，道路安全教育进入课堂已经引起社会的广泛思考，通过校园这样一个媒介来普及安全理念，也是一个相对更加高效的方法。

（六）优秀教练是保障

驾校应创造优惠的条件吸引优秀教练员加盟。优秀的教练员是提高教学质量的保障力量，在教学中起主导作用，必须慎重选择，尽心培养，让他们具备教学能力、表达能力、演示能力。他们必须是一群有爱心、有正能量、热爱驾培行业的人，只有热爱才能产生正能量，才能点燃驾培行业的圣火，才能塑造安全出行参与者。

教学过程应把法、理、情融为一体，对一个人的行为习惯进行重塑，从学习驾驶开始就要进行法制教育学习，并且经常利用安全教育的形式在驾驶学员中间宣传交通相关法规，促使学员形成安全驾驶的思想，使学员自觉遵守交通规则。并将安全意识贯穿于教学始终，应当让学员认识到，驾驶中的任何举动都与自己与他人的生命财产安全密切相关，只有懂安全的驾驶员才是合格合规合法的驾驶员。

教学过程中应尊重学员的尊严，关心理解他们，喻之以理，晓之以害，做到以情施治，带着责任教学，带着情感培训，导之以行，动之以情，体现温馨，把安全意识点点滴滴渗透学员心中，进而提升他们的安全驾驶意识。

四　安全意识教育的实践者

作为培训驾驶员的教育机构，驾校是现阶段推动道路交通安全意识教育的最重要组成部分，我国大部分驾校有这方面的意识。但受限于现实情况，只有少量驾校对安全教育进行了普及，把安全教育真实地执行到位的驾校就更少了，下面列举几个成功实践了安全意识教育的驾校。

案例 1　青年驾校：播撒安全意识的种子

三亚青年驾校建立于 2013 年，是三亚市符合“新国标”规模最大的 AAA 质量信誉国家一级驾校。2015 年建成了一座 200 亩的绿树成荫、设施完备、科目齐全的驾培基地。有员工 300 余人，累计投入资金超过 8000 万元，现有教练车 150 辆，是海南省最早引进模拟机教学的驾校，建设了全省最大的电子式驾驶模拟机教室。

近年来，青年驾校负责人认为，驾校应该是交通安全文明教育的源头，应该全力以赴地传道授业解惑，用语言与实物传递“关爱学员、奉献社会”的正能量。

鉴于此，他们针对实际驾驶中大量存在的盲区交通事故问题，在科目三的一些项目（起步、变更车道、靠边停车、超车）中增加“回头观察”动作，培养良好的驾驶习惯。在平时训练中，从安全意识教育入手，培训消防器材使用等实战技巧，力图将安全意识教育融入教学之中。

青年驾校希望所有驾培机构都回归教学本源，更希望全国驾培机构能把交通安全文明教育和预防驾驶技术与实操融为一体教学，减少交通事故的发生。

针对有些人提出的“增大成本”等看法，青年驾校的负责人认为：“驾校赚钱与否与安全意识教育与否，二者是两码事，不赚钱是管理与品牌出了问题，现金流不是在教育上偷工减料就可以解决的，只有把交通安全意识教育放在第一位，才能让驾校更有存在的意义，才能实现更多的盈利。加大培训安全意识，成本肯定加大了一些，但是口碑做起来了，交通事故减少了，付出的成本和良好的结果相比是微不足道的。减少交通事故、创造和谐交通是用钱买不来的，这才是我们实践中得到的最大财富。”

下一步，青年驾校计划坚持把安全意识教育做得更深入、更多样、更真实，创新教学，改善学员急于求成的心理，真正把交通安全文明传递出去，让驾校存在得越来越有意义。

案例 2　燕赵驾校：走正道 树正气 有担当

石家庄燕赵驾校成立于2010年，占地百余亩，集报名、培训、考试于一体，校内建有科目一理论与科目三安全文明驾驶考试场及科目二场地驾驶考试场。拥有训练车辆130余辆、教职员工120余人，组建有经验丰富的教研组团队，定期针对教学进行培训，在统一教学的基础上因材施教，真正做到拿本就能上路。

燕赵驾校负责人认为，驾校应该成为碰撞、交流、创新的殿堂，而不是管教、训导和灌输的牢房。“一家驾校不能仅仅为盈利而生，而是要让大家以适宜的价格真正学到东西。”他们以“培育中国好司机，贡献社会正能量”为企业使命，以教授学员实际驾驶技术为特色，注重教学品质，注重安全文明教育。具体做法如下。

（1）开展“燕赵大讲堂”传播安全意识。从2018年开始，燕赵驾校开始了“燕赵大讲堂”安全意识教育、文明交通法治课程的尝试，落实理论课程培训学时，得到学员认可。目前，基本上可以做到每周一课，讲授实战知识，提高文明程度，提升人生修养，让学员受益匪浅。

（2）交通安全意识教育从娃娃抓起。长期以来，我国大力倡导“交通安全从娃娃抓起”，1996 年相关部门出台了《交通安全宣传教育三年计划》，但是目前落实起来不尽如人意。燕赵驾校认为，交通安全是一个老生常谈的话题，然而最有效的还是从幼儿开始教育。燕赵驾校尝试深入幼儿园，为小朋友们带去生动的安全教育小课堂，讲解基本的交通标识和车辆类型，并通过做游戏的方式，在模拟马路上教会小朋友们如何正确参与交通，让他们亲身体会车辆与行人的关系，让小朋友们扮演小交警、小医生，处理交通中遇到的各种状况。

（3）为学员放映 YiYa 工作室作品，得到学员认可。YiYa 工作室是公安部道路交通安全研究中心组建的“交通安全宣传品创作与传播的融合平台”，经常制作推出兼具知识性、专业性和权威性的原创交通安全宣传产品，包括一些“拿到手就能用”的系列短视频、海报、挂图、课件等，还会译制引进国外经典交通安全宣传品，推介汇集各地优秀交通安全宣传成果。燕赵驾校对此如获至宝，经常组织员工和学员进行学习。

（4）通过“我为学员做的一件事”小册子，激发教练员的服务意识和宣传安全文明的决心。燕赵驾校专门制作了“我为学员做的一件事”小册子，每天记录每位教练员为学员提供热情、周到、主动服务的真实场景，驾校负责人每日阅批。他们希望通过小册子宣告“吃拿卡要”的破产，希望让培养安全驾驶、文明行车的驾驶员成为全体教练员的共同目标。例如，一位教练员写着，“我今天告诉我的学员一句话，‘一个不规范的行为会毁掉个人和家庭的幸福，并祸及无辜’，让他非常震动，感觉他今天训练的状态超越了以前。”

（5）考前进行安全意识教育与心理辅导。驾校负责人经常为参加考试的学员做“考前压力疏导”，驾校高层亲自授课，让大家缓解压力，牢记安全文明，并亲手包装“加油糖”送给学员。

案例 3　北城驾校：快乐学车中固化安全意识

济宁市北城驾校成立于 2005 年 12 月，占地面积 300 余亩，主要培训大型客车（A1）、大型牵引货车（A2）、大型货车（B2）、城市公交车（A3）及手动挡（C1）、自动挡（C2）小型客车，各种车型共计300余辆。

北城驾校建设有快乐学车体验中心，主要针对驾驶安全操作基础、安全驾驶交通文明和安全驾驶实际操作等知识进行培训，意图让学员在快乐中体验学车乐趣，激发学员学车的真实需求，进而完成安全意识的全面内化。

其安全意识教育模式具体可以分为以下三方面。

驾驶安全操作基础培训：学员在第一阶段培训中，通过模拟机、多媒体教学设备等辅助设施，完成理论知识学习与实际操作训练，让学员了解车辆驾驶基础知识，培养驾驶操作规程，掌握五大部件的操作规范。

安全驾驶交通文明培训：学员在体验中学习法律法规，了解安全驾驶的重要性和违法驾驶的危害性，有效激发学员提高文明出行意识，养成防御性驾驶的思维模式。

安全驾驶文明实操培训：第四阶段培训中，通过解剖汽车、驾驶模拟机、利用多媒体教学设备等实现实物确认、仿真驾驶对比体验，让学员了解车辆重要部件的工作原理和在今后实际驾驶中的驾驶知识，掌握在实际驾驶中遇到的涉水路面、爆胎、变更车道、高速路驾驶等复杂情况的处置方法，来训练实际道路上一些无法完成的项目。

案例4　正友驾校：用延伸服务开展安全意识教育

青岛正友驾校成立于2005年，是一家以驾培行业为主体，兼营上岗证培训、保险代理等业务的综合性企业。拥有培训场地130余亩、各种训练车172余辆、教练员180多名，年培训学员12000人。自2012年青岛市车管所实行全市驾校培训质量排名以来，该校合格率一直名列前茅，他们按照“一切以学员为中心，做西海岸有车人的保姆”的宗旨，致力于打造最值得本土百姓信赖的驾校。

2018年，正友驾校推出公益性增值延伸服务——YOYO易驾千人平安出行呵护计划，针对已拿到驾照但长时间没有上路的学员，开设开车技巧、汽车保养维修知识及常见事故的预防和处理再培训业务，受到当地学员的一致好评，既满足市场需求，又拓宽了目标消费群，成为驾培行业创新服务的新举措。

目前，参加YOYO易驾实战训练营的学员以35~40岁为主，计划在两年内举办24期，将对上千名老学员进行免费再培训，迄今为止活动已开展9期，输送安全驾驶人400余人。本校学生可免费参加，外校学生收取费用。据称，参加二次培训的学员心态更加平和，不像考试时容易紧张，反而更专注地学习行车中的应急技巧和经验，起到了巩固驾驶知识、养成良好驾驶习惯、提高安全意识的目的。

训练营活动每期时间为一天，训练内容覆盖汽车保养基本常识、应对各种天气路面的开车技巧、特殊条件下的防御性驾驶以及适应城市及高速公路驾驶等。

案例5　金海岸驾校：创办“中国好司机孵化营”

沧州金海岸驾校成立于2010年，专业从事大型客、货机动车驾驶培训服务，每年向社会输送大批职业驾驶员，服务于各地公交公司、客运公司、物流公司。每天在校培训人数600～700人，其中住校学员500人以上。该校采取半封闭式管理模式、集中强化式培训体系，拥有全车型考试场与新国标训练场，在2017年9月建成1000平方米交通安全文明体验馆。

该驾校在对大型物流集团、城市公交集团、客运集团等订单培训单位的走访中发现，平时在大多数驾校里通用的应试教育无法满足它们对职业驾驶人的要求。用工单位所要求的，不单单是具备驾驶技能，而且是同时要求具备较强的行业法律法规知识、运输专业知识、职业素养、服务素质和服务意识等。

驾校是交通安全的第一道防线，驾驶技术合格只是“标”，驾驶员综合素质的提升才是“本”。为了更好地适应用人单位与社会对大型车辆驾驶人的综合职业素养需求，金海岸驾校启动了“中国好司机孵化营”的建设，并于2018年3月完成商标注册。

该驾校认为，工匠级职业驾驶员是具有“工匠精神”的拥有职业道德、职业能力、职业品质的驾驶员，他们不仅仅把驾驶技术当作养家糊口的工具，更是必须拥有对职业的敬畏心、对安全的敬畏心、对生命的敬畏心，要求极度注重安全细节。①

在培养工匠级职业驾驶员的过程中，该驾校高度重视基础驾驶技能培训之外的德智体全面发展。

除基础驾驶技能培训外，学员在“中国好司机孵化营”中会进行不少于450个课时的封闭式学习，还可以基于客货运司机的区别与委培单位需求，根据自身情况选修“驾驶技能培训”“相关道路交通法律法规”“相关行业法律法规”“安全文明行车警示教育”“职业素养提升”“道路危险应急处置”“急救知识”“消防知识”“组织逃生”“体能训练”爱岗教育等十几门课程。

案例6　波兰考驾照要上轮椅课②

波兰考驾照和国内相似，分为理论和路考两部分。考生需要学习波兰的日常交通法规和进行至少30个小时的开车练习，才有资格参加理论考试和路考，考试时间一般为40～60分钟。如果考生在路考中犯了错误，考试会立马终止，车辆由教练开回，考生需重新交钱预约至少两周后的考试。

波兰日益严格的驾考规则与频繁发生的车祸事故密不可分。波兰政府的数据显示，2016年波兰共发生约5800例车祸，相比2015年增长4.3%。车祸造成542人死亡，近8000人受伤。事故发生的主要原因是很多新手司机缺乏安全意识，高估自己的驾驶技术，忽视了事故造成的危害。

为减少“马路杀手”，波兰国家道路交通安全委员会前不久发起一项倡议，呼吁机动车驾驶学校增设“轮椅课程”。这项倡议迅速得到不少波兰驾校的响应。新增的“轮椅课程”只有1小时，学员们要从最开始的简单直线移动学起，然后慢慢学会如何匀速拐弯，如何驾驶轮椅掉头等。

根据这个倡议，新学员完成法律规定的理论考试之后，在上车学习30个

① 李佳芯、季春晖：《沧州：“五个一”进驾校 文明交通共创建》，《道路交通管理》2018年第12期。

② 摘自2017年12月8日《生命时报》。

小时的驾驶课程之前，另外增加1个小时的“轮椅课程”，以培养新学员的责任和安全意识。倡议要求所有波兰驾校专门聘请在车祸事故中受伤的残疾人担任“轮椅课程”老师，让他们现身说法，通过“轮椅课程”教育学员成为一个负责任的司机。

波兰国家道路安全委员会负责人保罗·托玛舍克表示，通过考试拿到驾照只是说明掌握了驾驶技术，但并不意味着是一名好司机。“轮椅课程”是让新司机学习驾驶之前，充分认识安全驾驶的重要性和车祸后果的严重性，让他们学会对自己和家人，同时也对社会负责。

B.6
驾培行业环保责任与新能源汽车应用

熊燕舞　刘文海　陆 凯

摘　要：机动车驾驶员培训行业长期存在的“三高两低”（高投入、高消耗、高排放，低效率、低质量），影响了行业形象。政府应采取多项措施鼓励引导驾培行业走节能降耗、绿色低碳的道路，驾校应采取各种举措走绿色经济之路，双方全力打造“绿色驾培”，使“低碳经济、节能驾驶”的理念不断深入人心。这不仅有助于减少培训过程的燃料消耗、节省运营成本，而且能带来社会效益、经济效益，有利于交通运输行业节能减排目标的完成；同时，培养驾驶员的节能驾驶意识和知识技能，能够使学员受益终生，并造福社会。

关键词：环保责任　节能驾驶　油改电　新能源汽车

在一个贫油少气多煤的国度，在新能源汽车普及活动如此轰轰烈烈之际，在这一如此强调节能减排的时代关口，耗油耗气量巨大的驾培行业的节能驾驶教育培训、油改电设备与新能源教练车的上马，面临巨大的产业发展机遇。

一　驾培行业的环保责任与担当

随着汽车产销量的激增，我国国内汽车保有规模迅速扩大。根据公安部统计，截至2018年底，全国汽车保有量达2.4亿辆。由此带来的能源消耗、尾气排放和噪声污染等给城市环境和人民生活带来了危害，不仅影响了人们的生活，而且严重危及人们的身心健康。

面对环境日益严峻的现实，国家开始大力推进节能减排产业的发展，并做出节能减排的承诺：到 2020 年我国单位国内生产总值二氧化碳排放比 2005 年下降 40%~45%，将其作为约束性指标纳入国民经济和社会发展中长期规划，并制定相应的国内统计、监测、考核办法。[①]

2018 年 5 月 18 日，习近平总书记在全国生态环境保护大会上明确指出：确保到 2035 年节约资源和保护环境的空间格局、产业结构、生产方式、生活方式总体形成，生态环境质量实现根本好转，生态环境领域国家治理体系和治理能力现代化基本实现，美丽中国目标基本实现。

在经济发展的新阶段，低碳经济已经成为我国未来发展的主要方向，而新能源汽车具有节能减排、环境友好、技术简便等多方面的优点，普及应用新能源汽车已成为中国的国家战略。

现阶段，我国机动车驾驶员培训行业属劳动密集型服务业，虽属于服务业，但主要靠消耗汽油获得驾驶技能，行业发展的 90%是靠消耗能源获得的，高投入、高消耗，新技术、新能源替代运用缺乏，能源效率偏低。

截至 2017 年底，全国机动车驾驶员培训教学车辆共计 76.06 万辆，户均拥有 42.7 辆[②]，按照每辆教练车每天运行 8 小时最少消耗 8 升汽油，而每升汽油二氧化碳排放量为 2.33kg 计算，每辆教练车每天将产生 18.6kg 二氧化碳，76 万台教练车每天排放 14166 吨二氧化碳，这给环境造成了巨大的污染，因此驾培行业的环保责任不可推卸。

行业可以选择推广倒桩仪、空驾等油改电设备，推广驾驶员培训模拟器和新能源教练车，最大限度地节能减排、节约成本、扩大效益。其中，新能源汽车包含纯电动、混合动力、燃料电池、氢动力等种类，电动汽车不燃烧化石燃料，本身也不产生气体排放，可以实现“绿色驾培”的发展目标，在确保培训质量的前提下减少油耗和排放。

---

① 国家发展改革委：《国家应对气候变化规划（2014~2020 年）》，2014 年 9 月 19 日。

② 交通运输部办公厅：《2017 年道路运输统计分析报告》，2018。

另外，驾培行业的环保责任中，还包含向社会输送具有安全节能素养的驾驶员这一重要内容，发达国家对此极为重视，效果显著。举例来说，欧盟大力实施了“经济驾驶”（Eco-driving）计划，各成员国根据本国特点逐步将驾驶节能引入驾驶员的培训和考试中，在理论科目考试和实际道路驾驶考试中均设置了相应的驾驶节能考试内容，并占有相当的权重。日本政府号召人们提高日常驾驶技巧以减少汽车燃油消耗和尾气排放，提出了“生态驾驶”，并将每年的11月定为“生态驾驶月”。

综上所述，驾培行业应该形成“意识提高促节能、技能强化促节能、产品应用促节能”的“绿色驾培”体系。在理论培训和实际操作环节，将节能减排知识教学列入计划，树立绿色驾驶新理念、养成良好驾驶习惯、做好车辆检查维护，使学员可轻松汲取驾驶节能知识、树立绿色环保意识。通过举办节油大赛来促进教练员的节能意识提升，培养教练员的节能意识，并提升他们的驾驶技能；驾驶综合技术的高低关系百姓的生命财产和安全，也关系环保的社会效益。

二　增加节能驾驶培训内容的意义

在交通行业流传着这样一句话：“不良驾驶习惯所浪费的油耗将抵消掉所有因为汽车技术改良而节约的。”可见，节能驾驶习惯的改良多么重要。

汽车社会呼唤节能驾驶，以尽可能少的燃油消耗和尾气排放实现最经济出行。研究表明，汽车驾驶节能的空间和潜力巨大，驾驶习惯对汽车燃油经济性的影响可达30%。

节能驾驶是一个与人、车、路相关的系统工程，它将在确保行车安全的基础上，通过驾驶人科学合理的操作，用最少的能耗创造最大的生产力，用最少的污染物排放营造友好的环境。

美、欧、日等发达国家和地区开展的汽车驾驶节能方面的工作主要是使驾驶员做到：定期维护车辆、经常检查轮胎气压、减轻汽车自重、避免短途行驶、提前规划行程、避免急起步和急加速、保持发动机经济转速、发动机不做高速空转、尽可能使用高速挡、快速换挡、预判道路条件、保持稳定车速与经济车速、保持安全车距、合理使用空调、减少空气阻力、长时间停车应熄火、预见性停车等重要内容。

当前，在驾校里学习开车的学员，很少能够得到类似的节能教育，这是驾校履行环保责任不到位的具体表现。在美国，实施了燃油经济性标准，限制高耗能汽车投入使用，还立法强化车辆检查与维修以确保汽车具有良好的技术性能等，并开展了以货运驾驶员培训计划为重要内容的“清洁货运战略”，帮助驾驶员认识和改变导致高耗油的不良驾驶习惯，这是较为典型的先行经验。

应该特别强调并加强教练员关于节能驾驶的学习，让他们掌握原理知识，这样才有可能对学员进行“传道授业解惑”，包括经济车速原理、轻量化原理、低滚动阻力原理、低空气阻力原理、缓加速原理、高挡位行驶原理、滑行减速原理、高传动效率原理等。

例如，缓加速原理告诉我们，加速踏板过早踏下会造成发动机空转，浪费燃油，猛踏一次加速踏板，至少耗油 5 毫升，教练员可以配合口诀实施教学，“一脚制动一毛钱。少用制动多省钱。”并告诉学员，急加速会造成轮胎与地面的摩擦变强，发出的噪声是匀速驾驶的 7~10 倍，轮胎磨损增加 70 倍，追尾风险增加 4.3 倍。

再比如，离合器踏板操作口诀是“猛踩慢松”。需要断开动力传递时，要迅速、完全地踩下踏板，使主、从动盘上的摩擦片彻底分离；需要重新恢复动力传递时，应缓缓地松抬，使主动盘摩擦片和从动盘摩擦片缓缓地结合在一起，逐步达到同步速度。如果汽车起步时离合器松抬过猛，则可能导致车身发抖汽车猛地前蹿，甚至出现发动机熄火。

另外，驾驶节能操作的要点是柔和操作、平稳驾驶等；对此，驾驶员没有良好的情绪状态是难以实现的。驾驶员在出发之前，应该用正向心理暗示法积极调节自己的心态，用积极的自我暗示、自我鼓励进行自助，良好的心理素质、健康的心态是确保行车安全、实现驾驶节能的重要保障，将有助于在行驶过程中更友好地避让其他车辆行人，使汽车运行平稳，降低事故发生的可能性，减少汽车的燃料消耗。

如果在驾驶过程中遇到其他汽车野蛮超车、强行变更车道、故意加塞等情况，驾驶员没有必要与之斗气，应心平气和、不急不躁保持心态平衡。要善于理解别人，可以想象加塞的驾驶员未必是恶意的，他可能确实有急事需要处理，这样就很容易理解对方，将心态放平和，小心谨慎，礼让三先，不与他人争抢。

三　场地训练油改电设备的应用实践

目前，市场上出现了很多科目二空驾实车学习设备和电动倒桩仪设备。

倒车入库是科目二考试五项中耗油最多、时间最长的训练项目。在倒桩训练时，以一台桑塔纳（已用 4 年）为例，按照每小时耗油 1.5 升计算，价值 10.5 元（按照 7 元 / 升）。而用电动倒桩仪每小时耗电不到 1 度。按 1 台车 1 年运行 2720 小时（340 天 ×8 小时）计算，采用电动倒桩仪每车 1 年就可节油超 4000 升，节约油耗成本 2.58 万元（见表 1）。

表 1　电动倒桩仪与桑塔纳消耗对比

指标	桑塔纳	电动倒桩仪
每小时耗油	1.5 升	0
每小时等效能耗	10.5Kwh（10.5 度电）	1Kwh（1 度电）
每小时排放	3.495kg CO_2	0
每天（8 小时）油耗	12 升	0
全年（340 天）油耗	4080 升	0
全年等效能耗	——	2720Kwh（度）
全年电费 / 油费	2.86 万元 （4080 升 ×7 元 / 升 =2.86 万元）	2720 元 （按照 1 度 1 元计算）

目前市场上的倒桩仪可以做到与常规教练车的车感基本类似；具有挂错挡熄火、离合器使用不当熄火、超出驾驶范围断电、漏电保护、电子教练功

能；比燃油动力车方向轻、起步稳，学员学习上手快；比用燃油动力车成本低而致使训练用时充分，学员考试通过率高，倒车入库车辆维修次数大大减少，使用低压直流电保障应用安全；可以增加学员训练时间，保证低成本，车辆零排放、噪声低。

空驾训练，在军队里被称为“静机训练”，即非道路运动实车操作训练。可以让汽车驾驶初学者运用非道路运行实车，学习车辆机件名称，训练开门关门、点火、加减挡、离合器、加速器和刹车的正确使用方法以及夜间行车时灯光正确运用等。

这种设备较为适用于采用分段式教学的驾校，作为一款辅助教学设备，它采用油改电驱动模式，适用于新学员理论学习结束后、实车路训前的这个节点。一般具备自动指导学员认知机件、点火、起步、加减挡等功能训练功能；自动指导学员如何准确训练起步时离合器和制动踏板以及手刹等相关动作的配合关系；具备科目三夜间灯光使用考试训练功能；学习自动考核功能；新学员学习过后、科目三路训熄火率的减少不少于 80% 以上的可能性。具体课程案例如表 2 所示。

表 2　空驾训练设备的基础课程案例

时分（分）科目	基础认识	实操训练			灯光训练
		起步停车	方向盘	加减挡	
第一课时	10 分钟	20 分钟			
第二课时	5 分钟	5 分钟	10 分钟	10 分钟	
第三课时			5 分钟	25 分钟	
第四课时					30 分钟

案例　安力联油改电设备的先行探索

安力联长期从事公安交通管理部门和驾驶员培训学校所使用的培训设备与考试设备的研发与制造，及其业务管理软件的开发和技术支持等专项服务工作。该公司自主创新，将原有教练车的发动机改为一体式低压直流变频电机，安装简单，维护方便，采用电压直流供电，保证学员人身安全，并且获得了公安部颁发的检测报告证书。

在实际驾校检测倒车入库项目中，8个小时的用电量约为11度，按照1度电二氧化碳排放量0.997kg计算，每辆车可以减少10.97kg，80万台减少8776吨二氧化碳排放，极大地减少了二氧化碳的排放量。从驾校角度考虑，按照汽油价格6.8元每升计算，消耗汽油每天花费102元，工业用电按照1元每度计算，每天电量花费约11元，一台教练车每月能够节约2730元，极大地节约了培训成本。

他们还在教练车上增加挡位、离合器检测功能，能够做到挂错挡位识别及离合器使用不当识别并控制车辆熄火，并且增加了培训区域限制和漏电保护功能，提高了培训安全性。

该公司设备在南京天保驾校、云南一乘驾校、云南交通驾校等国内多家驾驶培训学校投入运营多年，获得了好评。

图1　天保驾校油改电设备应用现场

四 新能源汽车的应用实践

2019年3月，海南政府印发《海南省清洁能源汽车发展规划》，这是落实习总书记提出的“海南要建设国家生态文明试验区”和中央12号文件《中共中央国务院关于支持海南全面深化改革开放的指导意见》提出的“加快推广新能源汽车和节能环保汽车，逐步禁止销售燃油汽车”的重大战略决策。

“逐步禁止销售燃油汽车”，无疑是一个非常响亮的趋势性的重大决策。多年来，燃油车让驾培成为“黑色”产业。目前，教练车有60%以上的时间在场地内进行科目训练，训练中车辆发动机处于高排放、高油耗、高污染状态，发动机基本处于怠速工况，不仅要消耗大量成品油，增加培训成本，而且造成工作区域及周边尾气排放严重，如果对当下的驾校进行环评，绝对无一合格。

但是，按照目前的行业政策，应用于交通运输行业的新能源车辆主要分布于道路客运、道路货运、城市公交、出租汽车四大领域，在驾培行业基本上是空白。

驾培行业没有新能源车辆，无法培育学员从源头对新能源汽车的接受程度和使用习惯。驾校培养出来的驾驶员本来应该是新能源汽车的潜在购买群体，“准驾驶人”往往对新能源车辆的体验是安静、舒适、节能、环保，但目前缺乏适当的正向引导。

根据目前市场的实际情况，相关主管部门可以组织研究机构和相关企业，与汽车厂商、质检等部门详细论证，深入调研评估分析，形成成熟的研究结论，做好基础研究、政策储备和技术准备。

可以开展试点示范，及时发现问题并评估效果，选取代表性的驾培驾考场地，试点使用新能源智能考试专用车；并选取典型的驾培企业，试点使用新能源训练车。

可以加强法规制度和标准规范建设，并出台支持措施和政策。积极推动驾培领域新能源汽车的相关法规制度建设，加强新能源汽车应用技术支撑，研究制定培考两类车辆的技术准入和退出标准、车辆和特有部件（电机、电池等）维修服务规范等。按照政府有关要求，主动作为，加强协调配合，推动细化驾培领域新能源汽车推广应用的支持政策和配套措施，形成多方合力，确保落地。

可以为电动汽车进入驾校制定相应的国家标准和准入机制，严格要求驾驶培训学校新上牌的教练车必须是节能、环保的电动汽车。

可以加大对使用电动汽车驾校的补贴力度，使驾校愿意主动将燃油车更新为电动汽车，自觉自愿为大气污染治理做出贡献。

运输管理部门可以把节约资源、保护环境和建设低碳行业等内容渗透各驾驶员培训机构的从业人员和初学驾驶员的教学、培训过程中，培养从业人员与初学驾驶员的节约、环保和低碳意识。同时要经常性地举办一些节能环保的专题活动，广泛宣传低碳行为，树立低碳典型企业，建设低碳教育基地，形成大规模的发展共识。

案例　趣狗智能教练车的创新实践

2017 年 11 月，趣狗推出 1.0 低速版车型，通过智能终端实现了车辆远程操控、车辆使用状态监测、车速控制等功能。2019 年，趣狗将推出 2.0 升级版车型，通过驾驶行为分析算法、动力仿真系统和 5G 应用等核心技术，实现全新的驾驶培训体验。

图 2　趣狗智能教练车

创新来自趣狗的多项核心技术支撑。举例来说，每年驾校里有不少交通安全事故，大家很容易想到的解决方案是把行驶速度降下来，可以在培训前拔油门，也有部分智能教练车直接把在指定环境内限制速度当成关键卖点。趣狗认为，限速解决了驾校交通安全隐患，但同时减少了学员处理紧急情况的机会，对学员观察、反应、行动的驾驶能力形成阻隔，给将来学员在真实环境的驾驶增加了巨大的安全隐患，很多交通安全事故与此息息相关。

趣狗通过5G边缘计算技术实时计算电子地图中每个教练车的行驶位置。当学员行驶在安全环境时，允许学员自己处理误踩油门的突然加速情况；当系统判断环境不安全时进行刹车干预动作。其中的关键问题是预判的时间要合理。我们知道一般OBD设备采集数据频率是5次/秒，定位系统采集数据频率同样是5赫兹。如果教练车行驶速度为60公里/小时即16.7米/秒，每赫兹之间漂移3米多，这将使系统判定缺乏实用性。趣狗研发的驾驶行为分析专用传感器的数据采集频率可在试验中达到200次/秒，实际应用中达到100次/秒，能够切实保障安全。

根据趣狗相关负责人预测，趣狗驾驶行为分析技术将提高教练员教学效率和学员反馈体验，给驾校带来巨大的营销和服务变革。

案例　东方时尚与三国科技在纯电动培训考试车上的战略合作

2018年12月1日，“绿水青山，就是金山银山！2022碧水蓝天迎奥运！——纯电动教练车考试车应用展示会”在东方时尚驾驶学校股份有限公司举行。活动中，东方时尚与三国科技等五大车企分别签署了战略合作协议，倡议成立“中国绿色驾培”联盟，全力打造中国绿色交通复合生态系统。

东方时尚驾驶学校股份有限公司负责人说，目前全国教练车、考试车总量惊人，如果能够逐步实现新能源车的替换，无疑会产生重要的环保价值和经济价值。东方时尚驾校已引进一批新能源车作为驾培用车，以后还将逐步加大替换力度。

会议建议，考试管理部门可以将电动汽车作为考试车型，这将进一步加快电动教练车的使用和推广。目前全国各地考试应用的考试车大多数是燃油

图 3　出席纯电动教练车考试车应用展示会的专家、企业家

图 4　东方时尚驾校两位五星级教练正在摸索使用电动考试车的方法

用车，如果车管所考试科能够考虑将电动汽车作为考试车型，那么各驾驶员培训机构也会考虑将电动汽车作为教练车使用，这将加快电动车的推广，对驾驶员培训行业的节能减排工作起到积极的作用。

出席会议的三国科技负责人认为，他们通过三年的研发，使用高科技数字化控制技术，满足了手动挡教练车、考试车的需求。电动教练车的能源消耗仅为燃油车的1/10，能够极大地降低运营成本，改善驾培机构的盈利能力。新型电动车集成了人工智能技术，具备自主教学训练、安全防护、人机互动等功能，可以大幅降低教练员的重复工作和劳动强度，从一人一车实现一人多车，并且有助于教学标准化，从而提高教学效率和质量。

同时，三国科技提供充电桩、光伏发电、储能再生能源综合利用绿色动力源的解决方案并投资建设。可实现新能源绿色电力与交通终端用能的有效衔接，形成绿色能源的生态闭环。智能化与信息化的发展与应用，势必为驾培行业转型发展提供有力的支撑。

B.7
驾培行业创新责任与发展实践

安道利　邢海燕

摘　要：中国驾培行业的创新与实践仍然停留在培训及增值服务的创新状态。2018 年，部分在变革中转型的驾校开始尝试在经营理念、数据分析、学员黏度、团队建设、驾校营销、驾校学习等方面进行创新实践。创新是驾校的责任，驾校的创新在于实践。

关键词：驾培行业　创新责任　创新实践

创新对于任何行业而言都是无时无刻不在提及的话题，然而真正的创新并不是一件容易达成的事情。驾培行业的创新从培训模式的创新和一些增值服务的创新起步，到“互联网＋驾校”的全新商业模式，都是过去这几年从业者们努力的尝试。从某种程度来说，驾培行业的创新实践略趋保守，但仍在积极探索并进行了改善、改进。虽然驾培行业中没有出现大规模实质性创新，但一些创新实践可以为驾培行业做出引领。

所有创新都是要付出成本的，驾培行业创新的突破点主要在于驾校所有者在经营理念方面对驾培本质认知的冲突，这种对驾校定义的分歧直接导致了以下 3 种冲突：

（1）践行行业使命与驾校盈利有冲突；

（2）长期品牌战略与眼前招生有冲突；

（3）创新经营实践与驾校稳定有冲突。

这些冲突并没有阻碍一些已经形成品牌雏形的驾校对创新的实践，

这种实践既是一种责任，也是一种行业发展的探索。一些驾校正在探索从驾校理念创新、管理模式创新、团队建设创新、服务创新、营销创新等方面进行实践，这些实践在行业的转型升级阶段对行业的驱动将具有标杆性意义。

一　创新是驾校的责任

中国经济的发展离不开中国交通事业的发展，中国驾培行业是中国交通事业发展不可或缺的重要组成部分。作为一个全国不足两万家驾校的行业，驾培行业肩负着全国机动车驾驶员培训的重任，是一个关乎全国交通安全的行业，关系着全国千千万万家庭的生命财产安全。

中国驾培行业已经涌现出越来越多的企业家，创新与责任都是企业家精神的一部分，驾培行业急需创新型企业家。培养具有安全驾驶意识的驾驶员是驾校的责任所在，但以往的驾校经营管理模式已经远远不能满足自身及社会对驾驶培训的需求，这就要求驾校进行创新。

创新不但关系驾校的经营状况与生存，而且是一种责任。驾校经营管理的创新是对企业发展负责任，是对学员的需求负责任，更是对行业负责任。

（一）驾校发展需要创新

驾校由原来的“类垄断行为”状态进入“市场行为”状态，本身就需要变革。未及时变革的驾校已经开始没落，而变革最需要的就是创新。创新是驾校适应市场的唯一路径。

2018~2019 年倒闭、转让的驾校几乎都是未能及时创新的驾校，2019 年存活下来的驾校仍要持续创新，如不创新依然会有一大批驾校出现倒闭、转让的情况。

（二）学员体验需要创新

进入 2018 年以来，第一批“00 后”已经满足学车要求，未来“00 后”

将成为学车主力军，这标志着中国驾培行业学车群体趋于年轻化。“00 后”的学车需求和“70 后”“80 后”的学车需求有着较大差别。驾校需要随着目标人群喜好的变化，调整服务内容和模式，学员体验需要创新。

二 驾校创新的重点是实践

（一）驾校内部创新需要在实践中发展

《关于推进机动车驾驶人培训考试制度改革的意见》拉开了驾考改革的序幕，虽然有一些驾校开始进行变革，但大多是对外的，主要集中于做服务升级、提升硬件水平方面，驾校内部变革与创新还没有看到实质性进展。外部的变革都是“皮”的变革，驾校内部的变革才是实质的创新。驾校内部创新需在经营理念、管理、团队、服务、营销等方面展开和实施。只有打破原有的思想囚笼才能蜕变。

（二）学员体验创新需要在实践中优化

驾校创新的根本目的是让学员体验更好。这需要驾培行业从业者上上下下、点点滴滴的努力和尝试，对于接触学员最多的一线工作人员，要让他们敢于去创造，不轻易用规定限制他们的创造力。学员体验创新要来源于一线、执行于一线、实践于一线。

（三）公众体验创新需要在实践中提升

公众体验是指包括媒体、社区人群、网民、主管部门、路人等驾校及学员以外的所有人群的体验。公众体验不仅影响潜在客户的消费决策，而且可以通过朋友圈影响驾校的声誉。公众体验不像学员体验一样需要个体真正地去体验，大部分是“听别人说”或“偶遇某件事”的口碑传播。它产生的宣传效力足以影响一个驾校的兴衰。

目前驾培行业公众体验的实践局限在一些广告和一些品牌活动上，例如河北省燕赵机动车驾驶员培训有限公司（以下简称“燕赵驾校”）正在实践燕赵成长大学研发的一些小学生交通安全课程、中学生交通安全课程、大学生成长课程，开创了驾培行业公众体验创新的新思路。

三　驾校创新责任的实践形式

（一）经营理念的创新与实践

驾校经营理念的创新在 2018 年以前是缺失的，大部分驾校在经营理念上仅仅限于在提高合格率和学员满意度方面进行改善，而提高合格率和学员满意度的创新与实践，是一种技术层面的改进，并非经营理念的创新。

河北燕赵驾校在经营理念的创新与实践方面进行了大量实践，并取得了显著成效。

1. 以“使命”指导经营

燕赵驾校在探寻驾校责任的过程中，找到了自己的使命：“培育中国好司机，贡献社会正能量。”在驾校经营管理过程中，这一使命作为一个指导性纲领指引着燕赵驾校的前进方向。

2018 年 12 月 22 日，燕赵驾校在石家庄协办了“全国驾校共同使命启动仪式”，来自全国 500 多所驾校的代表见证了驾培使命的星火燎原之势。目前已有上千所驾校学习并践行“培育中国好司机，贡献社会正能量”这一使命。

例如，燕赵驾校在激发全员践行“培育中国好司机，贡献社会正能量”使命时，会有一些做事的评判，评判何为正确。当评判一件事是否正确时，评判标准是：如果这样做，有利于培育中国好司机就是正确；如果这样做，能够贡献社会正能量就是正确。

2. 以“贡献”评判行为

“贡献”，不仅仅是个人对驾校的贡献，在驾校使命的指引下，所有员工也都在践行贡献社会正能量，这种贡献主要表现为“利他”。

例如，燕赵驾校设有一个“快乐学车中心”，提供几十种驾驶技能培训，对学员基础教学特别有用。让学员拥有扎实的基本功才是安全驾驶的基础。这个“快乐学车中心”面对全市所有驾校开放，任何驾校的学员都可以来免费学习。

再如，学员考试前都会得到一粒阿尔卑斯牌“逢考比过”糖。燕赵驾校工作人员会引导学员将这份“甜蜜”与其他驾校学员一起分享，激发学员的奉献精神，学员体验到的不仅仅是一份“甜蜜”，更是驾校独具特色的“贡献”文化。

3. 以“成就”论英雄

“成就”不是指个人“成就”的大小，更不是业绩的好坏，在“培育中国好司机，贡献社会正能量”这一使命的指导下，“成就”理念是指“成就别人”。燕赵驾校专门成立了一所内部大学：燕赵成长大学。这所大学的主要任务有3个。

（1）成就员工。专职培训队伍对员工成长进行培训，培训内容涵盖企业文化、经营理念、驾校业务、自我成长、贡献社会等内容。

（2）成就同业。每当有驾校来参观考察，燕赵成长大学会由校长亲自为交流学习的兄弟驾校的成员进行赋能、激发，有时候会挤出专门时间进行个性辅导。

（3）成就社会。燕赵成长大学开发了“小学生交通安全课程”“中学生交通安全课程”及大学生的“成长课程”“创业指导课程”“演讲课程”“职业规划课程”“人际关系课”等助力学生发展的免费课程。以上课程全部由燕赵成长大学带领专职老师免费讲授，谁成就别人得多，谁就是英雄。

（二）数据分析的创新与实践

驾培行业最薄弱的一个环节就是数据分析，很多驾校都不知道自己的盈亏平衡点，甚至一年下来都不知道自己是赚了还是赔了。导致这种现象的原因，一是驾校经营者对数据不敏感，二是驾校经营者习惯了粗放式的管理，三是驾校经营者对数据与驾校经营的利害关系不清晰。

沈阳市八棵树汽车驾驶员培训有限公司（以下简称“八棵树驾校”）在数据分析方面独有建树，开始把数据分析运用到营销、成本核算、绩效考核等方面，正在探索精细化、数据化、科技化的数据经营创新与实践。

1. 数据分析助力精准营销

八棵树驾校线上线下的招生都是以数据为支持进行精准营销的。通过各种方式搜集潜在学员资源，然后把潜在学员资源转变成准学员以达成成交。

潜在学员的渠道来源包括：

（1）通过百度、搜狗、360 搜索、UC 浏览器等搜索引擎；

（2）直电（学员直接来电咨询）；

（3）驾考宝典、驾校一点通、车轮等理论题库 App；

（4）学员转介绍。

通过数据分析，让广告投放更精准，广告费使用效率大大提升。广告投放安排细化到各个媒介不同时间段的广告投入比例，以及各个媒介 PC 端与移动端的投放效果。

2. 数据分析助力成本控制

八棵树驾校将成本分为固定成本、可变成本两个模块。

（1）固定成本。场地租金、车辆折旧、保险费、固定工资等项目都属于固定成本，通过数据分析，找出盈亏平衡点后，通过调节招生量分解固定成本。

固定成本核算到每台车、每个学时、每位学员。

（2）可变成本。招生绩效、培训绩效、油气消耗、广告投入等项目都属于可变成本，考能有时候也会成为可变成本的重要因素。

可变成本实时监控、月底汇总。每月将可以压缩的成本进行一定比例的压缩。

3. 数据分析助力绩效考核

（1）以产能考核绩效。在绩效考核方面，八棵树驾校通过数据分析对每辆车的产能、每位教练的产能、每位招生人员的产能、每个学时的产能都进行了绩效考评，把核算单位最小化，使投入产出比明晰化。

（2）做自己的“小 CEO”。让每一位员工都做自己的“小 CEO”，让每一位员工都清晰知道每一天自己产生了多少绩效、支出了多少成本。让员工自己学会规划收入与支出。

（3）优质资源向优势方面倾斜。通过数据分析找出每位员工的优势，驾校会把优质资源向该员工的优势方面进行倾斜。例如，甲员工电话销售能力强就把电话线索向他倾斜，乙员工微信销售能力强，就把微信线索交给他。这种数据分析打破了以往的资源平均分配导致资源浪费的局限，既发挥了个人特长又提高了成交效率。

4. 数据分析助力员工成长

通过对员工产能数据的分析，可以发现员工在某方面的短板。八棵树驾校在发挥员工优势的前提下，通过数据分析引导员工发现自己的不足，然后员工就会主动学习，以弥补和同事之间的差距。如，数据分析出员工阶段性考试丢分后，会让在这方面成绩最好员工对相对较差的员工进行集中培训，以助力员工成长。

数据分析帮助员工把目标分解到月、周、天，把费用分解到每一个环节的每一个动作上，实现了让员工自己算绩效、让员工自己算成本、让员工人人有目标、让员工人人会控制费用。

5. 数据分析助力服务提升

在服务方面，八棵树驾校通过数据跟踪探索首问负责制的服务价值，为了避免首问负责制成为摆设，将推荐人、教练、客服、销售各个岗位都与学员服务建立数据链接。数据链接服务的目的是让学员感到满意并产生转介绍。

（三）学员黏度的创新与实践

驾校品牌的持续传播与学员转介绍的核心是学员黏度，学员黏度的大小决定了驾校与学员互动的质量，也间接体现了驾校的品牌质量。

学员黏度的核心是互动。能够建立学员黏性的互动包括四类：

（1）驾校与学员的互动；

（2）员工与学员的互动；

（3）学员与学员的互动；

（4）驾校带领学员与社会的互动。

山东兴旺机动车驾驶培训有限公司（以下简称“兴旺驾校”）在建立学员

黏性方面进行了各种形式的互动，其大胆创新与实践赢得了学员的信赖，与学员建立了深厚的情感。

例Ⅰ　按照批次为学员建立班别，同时建立xx班微信群

驾校校长带客服人员进群，教练不进群。群的主要功能如下。

（1）驾校校长、客服人员在群内与学员不定时互动。

（2）学员可以在群内反映问题或投诉。客服负责第一时间解决问题，校长会跟进处理结果，必要时校长一起参与解决问题。

（3）在解决实名学员问题的同时，可以收集到学员匿名反映的一些问题，有利于驾校工作的改进。

很多驾校对建立学员群有顾虑：会不会有不满意的学员在群里起哄，然后引起连锁反应。

这和驾校服务是否“高标准”无关，和驾校是否下决心变革成为“高标准”驾校有关。这种群一定会暴露出驾校的很多问题，看驾校是想隐藏、躲避问题，还是想让问题尽快、尽多地暴露出来。前者注定了该驾校不是创新者，也不是负责任的驾校；选择后者的驾校一定是创新且快速变革的驾校。

例Ⅱ　一切以“是否为学员好”为衡量标尺

在兴旺驾校，但凡与学员有关的事，一律用“是否为学员好”的标尺先量一下，然后再说怎么做。

学员张××的电动车被另一学员撞坏了，两人争执不休，张××认为自己的电动车停在那里被撞坏，对方理应赔偿，对方学员认为张××的电动车停放在了不该停放的地方，电动车被撞坏的责任不在自己。驾校了解此事后，安排工作人员把撞坏的电动车拉到维修处去维修，并为张××支付了300多元的维修费。后来该学员给驾校转介绍了多名亲朋好友，一次偶遇校长时还表示感谢：“您看上次电动车的事，驾校没有任何责任，您还破费给我修好，真太不好意思了！还有两个姐妹要学车，我后天领她们过去。”

例Ⅲ　日常生活最容易培养情感黏性

兴旺驾校1名学习科目二的学员，每天只有中午1小时练车时间。当教练了解到该学员没来得及吃饭就急着来学车时，赶紧领着学员去餐厅吃工作餐。因为教练的工作餐是免费的，所以学员也不需要付费。

考核合格后，出乎意料的是该学员又来到了驾校，手里还提着一大块精瘦肉：我很留恋在兴旺学车的点点滴滴及和教练们一起吃午饭的日子，今天我还想再在这里吃一次午饭。后来这位学员在一次同学聚会时，一下子将聚会的10人中的7个拉到驾校报名。截至撰写这个例子时，该学员已为兴旺驾校转介绍了40多个学员。

所有的黏性创新都源自“心的互动”。

（四）驾校教学的创新与实践

驾培行业多年来的应试教育倾向，导致教学创新始终集中于对合格率的提升。但随着驾培行业的从业者对驾培责任的认知与使命感的形成。越来越多的驾校开始注重教学方面的创新。从实战教学的创新到结构性引导型创新，都体现了驾校对教学方面创新的不停探索。

1. 结构性引导式教学

“结构性引导式科三实际道路驾驶知识课程”是本溪市华航汽车驾驶员培训学校（以下简称“华航驾校”）对科目三教学的探索。此课程是把所有科目三学习的学员召集到理论教室，并结合模拟器与多媒体线上视频进行教学指导。课程内容如下。

（1）帮助学员梳理科目三考试内容与评判标准，将考试项目与实际道路驾驶相结合，对每个项目逐项讲解分析，引导学员模拟实际场景做出正确的操作动作。

（2）对于学员手机端上该驾校自主拍摄科目三的教学视频，包括考试所有路线的正确行驶方法、考试流程的具体细节与全场考试项目分配平面图，学员不用到驾校随时都可以学习。目前不仅华航驾校学员在用，全市其他驾校的学员也在用，使驾考改革带来的低合格率问题得到快速有效的缓解。

（3）结合模拟器，华航驾校与模拟器厂家联合，共同研发出适合本地区科目三考试评判标准的实景科目三考场线路，学员可以在模拟器上连续多次进行考前模拟。

（4）实际道路驾驶，在应试项目的基础上开发实战教学项目。

对于结构性引导式科目三的创新教学，学员反响强烈，它在消除学员实操的紧张状态方面起到良好效果。梳理后的科目三分类清晰，内容简单明了，通过率得到很大的提高，引导式教学对实际驾驶帮助很大，其他驾校的学员也一同免费听课学习，对该驾校品牌宣传及招生也起了很大的促进作用。

2. 城市道路安全驾驶实战营

随着社会的不断发展，私家车越来越普及，道路驾驶安全成为一个越来越受关注的热门话题。为了让驾校拿证学员更安全地在道路行驶，解决驾驶人拿证不会开、不敢进拥挤市区、不能上高速、教学中无法体验雨雪天等问题，临沂市正直驾驶员培训有限公司（以下简称“正直驾校”）携手临沂交通广播联合推出了“城市道路安全驾驶实战营”爱心公益项目。

为了丰富驾校拿证学员的陪驾服务，正直驾校还特地安排了很多丰富有趣的互动活动。如参观洗车店、名车广场赏名车、汽车主题公园侧方停车和穿桩趣味挑战赛、观看汽车特技队炫酷车技表演等。

例如，正直驾校除采取免费陪驾公益活动这一创新举措外，又新近开设了高速公路安全驾驶实战营活动，开全国高速陪驾实战营先河，真正成为学员安全驾驶的引路人。实战营活动每周周末例会式举行，已有上万名学员享受到正直驾校的这项免费陪驾服务。

（五）人文服务创新与实践

人文服务创新在驾培行业已遍地开花，中国驾培行业对各种公益活动的参与热情一直十分高涨，对于捐资助学、看望孤寡老人、资助贫困家庭、义务交通协理、义务安全宣传、为清洁工提供便利、为学员提供种种增值服务，几乎每个驾校都做过类似善举。

1. 公益性人文创新

高考成就祖国未来，牵动全社会。正直驾校专门创立爱心高考服务车队，其服务细节展示如下：

（1）为学子们免费提供公共大巴班车、教练车等车辆支持；

（2）设立爱心护考服务站，为考生与家长们提供太阳伞、桌椅、扇子、茶水供应等服务，为焦急等待考生的家长们提供“乘凉大树”；

（3）添置符合高考要求的铅笔、橡皮等考试必需文具。

（4）准备感冒药及常规防暑药品等，以备不时之需；

（5）为在外焦急等待的家长提供其他所需服务。

2018年，正直驾校在高考期间，动用了400余台送考车、500名本校教练员免费接送考生和家长，并设立爱心服务站为广大家长和考生提供帮助和服务。

2. 链接性人文创新

除了对外的人文关怀外，驾培行业对内的人文关怀探索也越来越有新意。巨野县蓝翔汽车驾驶培训学校有限公司（以下简称“蓝翔驾校”）对员工及学员的人文创新进行了多方面探索。

（1）校长与员工每日进行“传纸条式沟通”。印制《我为学员做的一件事》小册子，每天员工记录后交给校长，校长亲自回复。

（2）定制了各种学员证书，教练随时申请校长给自己的学员颁发荣誉证书。如，一位学得快的“00后”小女孩获得了“车神小魔女”荣誉称号；一位67岁的老大爷获得了“宝刀未老”奖状；一位小伙子主动申请驾校授予“蓝翔最牛叉学员”奖状。

（3）成立了全国首家“驾校纪委”，纪委除了被赋予“先斩后奏”的纪律监察权外，还身兼“谈心委”。谈心对象包括先进的、后进的、雷打不进的；特别是被处罚对象，一般要谈心三次以上。谈心主要是和员工进行链接，及时发现驾校问题，定期搜集员工意见、建议。

（六）团队建设的创新与实践

驾校团队建设一直是驾培行业管理中的痛点，团队建设的目的是打造一支积极向上的团结合作的队伍。

2018 年，郸城县职业中等专业学校机动车驾驶员培训学校（以下简称“郸城职专驾校”）在团队建设的创新与实践方面积极探索以招生为主线的团队建设之路。

1. 形成制度性团建模式

多数驾校在团建方面都有尝试和践行，但没有形成规律和制度。郸城职专驾校实行的“早定向、晚总结”团建制度，形成了类似例会性质的可持续团建模式。例如，郸城职专驾校员工魏伟第 865 天的“早定向”内容如下。

我是郸城职专驾校教练魏伟，我是一个诚实守信、敢于担当、负责人的人。今日定向：

（1）每天早晨坚持做 20 个俯卧撑；

（2）每天坚持步行 10000 步以上；

（3）天天早起，按时睡；

（4）调整好心态，面带微笑上岗，真诚对待同事、学员；

（5）找 3 个意向学员；

（6）今日下乡，做安全文明宣传；

（7）做好自我宣传，添加微信好友 20 个；

（8）安全第一，永远记心。

每天晚上总结早晨的定向是否完成，复盘收获和不足。

2. 形成成长性团建模式

所有团建的目的都是让团队成员成长，成长需要阶段性、持续性培训。

（1）郸城职专驾校在 2018 年邀请了国内著名培训老师对团队进行涉及凝聚力、执行力、领导力、教学法、营销招生、互联网运营的全面培训。

（2）组织中高层集体参加思维创新培训课程，让整个管理团队保持统一的思维模式和经营管理思路。

（3）组织教练训练营，培训导师型管理团队。郸城职专驾校于 2018 年免费组织了 4 次由 30 余家驾校 200 多名教练参加的教练成长营，让本校教练及管理层与外校教练同台切磋、共同成长。

3. 形成多样性团建模式

团建在不同时期、不同阶段，要有不同的形式。郸城职专驾校 2018 年的团建展示了其多样性。

（1）给团队成员做职业规划；

（2）每年两次带薪全员旅游；

（3）每年两次封闭拓展训练；

（4）每年一次驾校运动大会；

（5）每年一次教练技能大赛；

（6）每年一次诗歌朗诵大赛。

4. 形成竞争性团建模式

团队建设在形成团结合作的氛围下，还要有竞争。郸城职专驾校制定了各种 PK 机制，让团队在 PK 中成长。

（1）驾校与员工 PK：未完成任务的徒步 50 公里，董事长全程陪同。

（2）大队与大队 PK：未完成任务的大队给完成任务的大队发奖金。

（3）小组与小组 PK：组成三人小组，末位淘汰。

（4）个人与个人 PK：将员工分档分级别，将招生与基本工资、提成、级别、福利、奖品进行挂钩。

5. 形成下移性团建模式

团队建设有两个要点：有人盯、有人下基层。郸城职专驾校在管理层下移方面进行了大胆改造。

（1）董事长每天早晨在大门口迎接员工，鞠躬问好。

（2）除业务校长外其他管理层全部兼职一线工作职能，以便于深入一线，更好地了解实际情况，避免与基层脱节。

（3）制定学员服务节点，将服务下移到最基层，下移到每个学车环节。例如，学员体检后有哪些话术和动作，都具体化到每个学员、每个教练、每个客服。

（七）驾校营销的创新与实践

驾培行业因具有地域性特点，不太可能出现影响全国的大手笔营销。所以如何在区域内利用好现有资源进行营销创新则成为驾校的挑战。现有的驾校营销有以下类型。

1. 品牌互动型营销

品牌互动型营销是指以品牌互动为主的营销，对招生有极大的推动作用。驾校品牌互动型营销有纯品牌互动营销、“品牌互动 + 招生”营销，但主体是品牌营销。

2018 年，南昌市白云机动车驾驶员培训中心有限公司开展的“孝行天下”“梦回夜上海”“十八岁成人礼”“王者荣耀争霸赛”等活动属于纯品牌营销，而“金猪纳福”活动则属于“品牌互动 + 招生”营销。

2. 促销互动型营销

促销互动型营销在驾培行业中是最常见的一种营销。几乎每个驾校都做过此类营销，这类营销最简单粗暴的就是降价搞活动。“高大上”的会有互动、品牌宣传、体验、社群活动等融合在一起。

2018 年，粤益机动车驾驶员培训学校（广州）有限公司（以下简称“粤益驾培”）在促销互动型营销方面进行了一些创新与实践。

（1）组建“90 后营销团队”。随着学车人群的换代，“95 后”成为主要学车群体，“00 后”成为新生学车群体。粤益驾培于 2018 年组建了全部是“90 后”的专职营销团队、全部是“90 后”的教练团队。“90 后”对“90 后”，能更快更准确地摸清新兴学车群体的脉搏和学车需求。

（2）建立营销培训体系。每周一次的营销培训制度，分析营销招生中遇到的实际问题，有针对性进行营销技能及营销话术培训，快速提升营销技巧的实用性和适应性。

（3）占领制高点策略。周围 3 公里范围内选好广场、工厂、小区、商圈、地铁口和公交站定点设立招生宣传点，定期组织教练车队统一时间段、统一车辆、统一着装、统一宣传口号造势，将招生宣传点打造成占据优势的制高点，有宣传点的地方要求覆盖密度、覆盖频率、曝光度、知名度都必须占据同行业制高点。

（4）建立全员营销矩阵。利用新媒体，全员学习开发新媒体招生，建立新媒体招生矩阵。以抖音为例，全体100名员工每人注册一个抖音号，集体或个人拍摄一些教学、报名、互动、公益的视频，通过视频搜集粉丝，然后从粉丝里筛选出意向学员并转化为学员。

3. 其他促销型营销

促销互动型营销和品牌互动型营销有时候区分不是很清晰。例如，通过赞助校园或社区的各种比赛（如乒乓球比赛），在宣传品牌的同时可以获取招生线索；与其他商家联合，可以进行资源互用形式的联合推广或促销，互利共赢；通过与工厂共建，建立工厂代理招生体系。

（八）驾校学习的创新与实践

2018年，越来越多的驾校走出去学习新的经营管理与营销知识和理念。驾校已经认识到了学习的必要性，但将学习结果落地生根的能力还有待提高。所有学习都需要与自己驾校的实际情况融合成自己的，如此才叫学习的创新，如果生搬硬套必定成为东施效颦。

济宁市北城机动车驾驶员培训有限公司（以下简称“北城驾校”）将2018年定为学习年，全年边学习边改变，经过一年的实践，驾校的品牌、招生、团队都有了较大改变。北城驾校学习的创新与实践形式如下。

1. 驾校学习平台化

北城驾校将学习平台化体现在三个方面。

（1）将驾校打造成一个内部员工成长的平台。根据不同的部门、不同的层级，请不同的老师来进行授课，为员工量身打造内部成长平台。

（2）将驾校打造成一个兄弟驾校交流的平台。每次有讲师到驾校讲课，北城驾校都会邀请部分其他驾校人员一起来听课并进行课前、课后交流。打造了与兄弟驾校一起学习、一起成长的学习交流平台。

（3）将驾校打造成一个行业讲师论道的平台。2018年一年内，北城驾校几乎请国内驾培行业所有讲师进行了培训，在驾校内部快速提升的同时，也成为国内培训界老师的论道平台。所有行业内讲师都在一个平台同台竞技，对行业的培训也是一个促进。

2. 学习形式多样化

北城驾校的学习形式不拘一格，非常多样化。开设有：班前培训会、班后培训会、招生为零专项培训会、个人营销培训会、团队形象培训会。

3. 学习创新环境化

一年之内大密度的培训让北城驾校养成了一个学习上进的培训创新环境，学习创新环境化让员工从培训中得到成长，所有人在这种环境中又都受到影响，形成了“培训促进员工成长—形成学习创新环境—环境带动大家的学习动力—员工继续成长—形成新的学习创新环境”的闭环。

4. 创新落地现在化

在北城驾校学习教室里有 9 个大字：“马上办、立即办、现在办”。这就是北城驾校将学习落地的法宝。

让学习快落地而且不能瞎落地。每次学习都制订“换血计划”，换血包括换人、换思路、换方法、换岗位、换领导……

将学习创新的结果落地现在化。现在能办的不能拖延到回到岗位上再办，现场就办、现在就办。然后专人跟踪落地计划的进度，直到落地计划按期完结。

四　驾培行业创新与实践的展望

《国家创新驱动发展战略纲要》明确提出了创新型国家建设“三步走”，但中国驾培行业的创新刚刚起步，我们必须清醒客观地认识到：

（1）驾培行业与其他行业的创新还有很大差距，创新的挑战仍然很严峻；

（2）驾培行业的创新是驾培行业发展和转型的核心；

（3）教学与科技的创新将成为中国驾培的发展驱动力。

因此，对中国驾培行业创新与实践的未来展望如下。

（一）智慧驾培概念的诞生

中国驾培的创新一定是与科技紧密相连的，物联网、AI、数据分析等技术在驾培行业将开始得到应用。

（二）互联网驾培的重新塑造

在上一波“80后”主导的互联网驾校热潮过后，除趣学车等互联网驾校正常运营之外，其他互联网驾校大多不见了踪影或缩小阵地在区域市场摸索。

互联网驾校与线下不能相融，是所有互联网驾校倒闭的根源。但这并不能证明互联网驾校不会再次兴起。相信新一波互联网驾校将以“大营销大数据”的新型驱动力卷土重来。

新的一批互联网驾校将以“90后”为主导，互联网驾校也将以移动互联网为主战场。

（三）驾驶人数据的横向对接应用

教学过程中的数据最能记录驾驶人的驾驶习惯。如果驾驶人学车期间各种学车数据和测试记录能够得到深入挖掘，可以测算出驾驶人的违章倾向。可以横向开发这种数据：

（1）教学可以更有针对性；

（2）可以和保险数据对接，对车辆保险、人员保险进行辅助分析；

（3）和车联网云端对接，在汽车内植入个人驾驶习惯和预防性驾驶提示。

结　语

中国驾培行业所有的创新都离不开教学服务，一切负责任的创新都必须建立在教学的基础之上，都必须在教学服务中进行实践。驾培行业的创新与实践将进一步推动行业的发展。

行业发展篇

B.8 驾培行业自律与协会作用作为

张燕晨　陈金平　王常香　徐小灵

摘　要：行业自律，驾培行业协会不应该缺位。《公安部、交通运输部关于做好机动车驾驶人培训考试制度改革工作的通知》（公交管〔2016〕50号）提出：要发挥行业协会作用，加强行业自律，进一步加大驾驶培训机构失信成本。从本质上看，改革的目的是加强行业的规范化管理，强化行业自省自律，行业协会作为联系政府管理部门与驾培机构的桥梁纽带，功能的发挥在促进行业健康有序发展中，起到了重要的作用。本文将对驾培行业协会在促进行业自律中发挥的作用及其作为进行梳理，为驾培行业政府管理部门和行业从业者提供有益参考。

关键词：协会作为　行业自律　驾培行业

《公安部、交通运输部关于做好机动车驾驶人培训考试制度改革工作的通知》（公交管〔2016〕50号）提出：要发挥行业协会作用，加强行业自律，进一步加大驾驶培训机构失信成本。行业自律，驾培行业协会在其中的作用不可或缺。中共中央办公厅、国务院办公厅印发的《行业协会商会与行政机关脱钩总体方案》指出，行业协会商会是我国经济建设和社会发展的重要力量。改革开放以来，随着社会主义市场经济体制的建立和完善，行业协会商会发展迅速，在为政府管理部门提供咨询、服务企业发展、优化资源配置、加强行业自律、创新社会治理、履行社会责任等方面发挥了积极作用。

一　行业协会的概念、职能与定位

（一）对行业协会的认知

在不同的文化背景下、不同的社会领域中，对行业协会的认知存在不同程度的差异。

在我国，不同的人群对行业协会的认识不尽相同。有的人认为，行业协会是以同行业企业为主体，在自愿基础上，为增进共同利益而组织起来的社会经济团体。也有人认为，行业协会是同行业企业自愿依法组成的，为促进国民经济的发展提供各种服务的非营利性团体。

我们认为，行业协会是一种主要由会员自发成立的会员制的、在市场中开展活动的、以行业为标识的、非营利性的、非政府的、互利性的社团机构和自律组织，旨在促进行业健康发展、规范行业市场秩序，是社会组织中的一支重要力量。

（二）协会在驾培行业发展中的定位与作用

行业协会是会员企业与政府管理部门之间的桥梁，能够有效保障政府管理、企业经营与消费者诉求的良性循环，它的作用毋庸置疑。而对于新时期驾驶培训行业协会该如何定位，并且在行业发展中切实发挥作用，结合一些地方的实践来看，以下几个方面是值得借鉴的。

（1）协会是会员的家，是会员驾校间交流学习的平台。每个驾校能够在市场上生存，都有它独到的经营理念与优势，而我们同一地区的同行往往老死不相往来，各自为战。经济学有一个概念叫“囚徒困境”，说两个人一起偷了东西被抓起来分别审问，本来按罪行各判五年，审判官告诉甲如果他坦白并且举报乙就可以戴罪立功无罪释放，然后又告诉乙如果他坦白并且举报甲就可以戴罪立功无罪释放，结果甲乙双方为了开脱自己都把对方供了个底朝天，最终各被判了十年。这又何尝不像我们现在的行业乱象，驾校彼此之间不交流不学习，不是用先进的经营理念来武装自己，而是为了抢夺市场祭起低价大旗相互杀得个头破血流。低价是最简单最粗暴的竞争武器，人人都会，你用我也用，把整个行业拖入没有利润的泥沼，某些驾校为了获取利润对招收进来的学员进行二次巧立名目的收费，这就必然带来行业投诉的急剧增加。最后是害了学员，害了自己，也害了行业。

（2）协会是行业管理部门的参谋部，但绝对不是“二政府”，更不是对立面。当今社会是一个共赢的社会，任何靠侵犯对方利益而获得的单方收益都是不长久的。无论是行业管理部门，还是驾校和消费者，目标都希望行业好，只是因为大家站在不同的角度，所以常常会产生一些非方向性的纷争。如果大家都换位思考，很多问题也就迎刃而解了。政府管理部门人员编制有限，不可能对行业的方方面面管理到位，如果行业协会能够充分扮演好谏言献策的角色，及时将行业问题及解决办法提出来供政府管理部门参考决策，将大大降低政策制定和落地的成本。如果协会能够通过会员中长期与市场打交道的实战人才组成一个课题组，就行业的问题形成一个完整的调研报告及解决方案，弥补政府管理部门政策制定过程中的短板，那这个参谋部就是称职。行业协会不能因为政府管理部门的某些决策没有适应当地情况或者市场情况而与政府产生矛盾，政府管理部门出台的所有政策和改革条款，目的都是让行业变得更加规范，让从业者创造更多的社会价值。如果有疑问，或者有更好的建议，可以通过积极的沟通方式来解决，共同为了一个目标而努力。

（3）协会是展示本地区驾培行业水平的亮丽窗口。除了本地区驾校间的交流外，跨地区驾校间相互的学习也非常重要。如果驾校单个联系跨地区的对口驾校参观学习，不仅会增加接待单位的工作量，而且走马观花也很难取到真经。如果由协会统一组织、统一安排、统一命题，那肯定是事半功倍。而且本地区的驾校管理者通过共同参观、共同学习，利于找到共同语言，发现商机，进而开展深层次的合作。那么大家经常呼吁的“团结起来”也就不会沦为一句空洞的口号，如果大家从朋友做起，通过长时期的观察磨合找到对路的伙伴，就有可能组织起来团结一致，对业务的深度和广度进行挖掘。

（4）协会是为会员服务的机构，不是一个权力机构。协会是一个非营利性的民间组织，是依托会员单位自愿参与、自愿付出而得以存在的，而又通过服务会员、服务行业发展壮大。所以协会的理事机构一定是由一拨在行业内有一定影响力、格局大、具有正能量、有奉献精神的人才构成的。会员们通过协会平台互相支持、互相帮助、共同成长，自然也就加强了协会的凝聚力与影响力。

二　我国驾培行业协会的发展现状

据统计，截至2018年，全国有省级驾培协会或分会、专业委员会29个，市县级协会1000余家，新近相继成立省、市、区县级驾培行业协会200多家。多数驾培行业协会能够充分发挥桥梁纽带和行业自律的作用，积极落实《关于推进机动车驾驶人培训考试制度改革的意见》，组织开展各项活动，为驾培行业健康有序发展起到积极作用。

案例　关于聊城市机动车驾驶员培训行业协会成立登记的批复

聊城市机动车驾驶员培训行业协会筹备组：

你们关于成立聊城市机动车驾驶员培训行业协会的申请及有关材料收悉。经审查，符合法律法规规定的条件。根据《社会团体登记管理条例》，决定准予聊城市机动车驾驶员培训行业协会成立登记。

同意协会秘书长以上领导成员建议名单，请按民主程序选举通过后报我局备案；同意协会下设秘书处，并作为其工作机构。请按照法定程序履行审批手续，及时注册，取得《社会团体法人登记证书》。

聊城市机动车驾驶员培训行业协会成立登记后，应当严格遵守国家宪法、法律、法规和有关政策，依照我局核准的章程开展活动，自觉接受登记管理机关聊城市民政局以及相关单位的业务指导和监督管理，为全市经济社会发展做出积极贡献。

协会应于每年3月31日至5月31日向我局报送上一年度工作情况，接受年度检查。重大活动应及时报告。

此复。

聊城市民政局

2018年12月3日

案例　陕西省机动车驾驶员培训协会

陕西省共有驾驶员培训机构443家，每年培训各类机动车驾驶人80万人左右。国家统计数据显示，近几年来全国交通事故虽呈逐年下降趋势，但因驾驶员综合素质造成的致命性交通事故时有发生。

为达到“交通安全从驾驶培训开始”这一主体目标，西安、汉中、宝鸡、咸阳、渭南、商洛、榆林等地12家驾培机构共同协商发起，申请成立“陕西省机动车驾驶员培训协会”。2018年12月8日，经陕西省民政厅、省交通运输厅等相关部门许可批准和支持，陕西省机动车驾驶员培训协会在西安成立，第一批申请加入单位已达152家，其中行业关联单位6家。入会的会员单位占全省总数的33.80%。第一届理事会产生由43名理事会理事、5名监事会监事，及12名副会长和会长、监事长组成的领导机构。作为西北省份驾培领域首家驾培协会，将肩负起行业服务、行业协调、行业自律的职责，架起联系政府、行业、社会群众的桥梁，进一步促进驾培行业由应试教育向素质教育转变。

案例　焦作市机动车驾驶人培训行业协会

2017年12月7日上午，河南省焦作市从事驾驶人培训的近80所驾校负责人齐聚一堂，在庄严的国歌声中，共同见证了焦作市机动车驾驶人培训行业协会的成立。焦作市乃至全国的驾培市场都存在驾驶培训系统与考试管理系统衔接不到位、从业人员素质低以及企业管理水平亟待提高等诸多问题。为有效遏制行业乱象、净化行业环境、规范行业标准，焦作市各驾校的有识之士积极筹备，经民政部门审批成立了焦作市机动车驾驶人培训行业协会。“焦作市机动车驾驶人培训行业协会的成立，将进一步凝聚行业力量，激发行业自治、自律的潜能，提振行业信心，标志着焦作驾培行业迎来了新的发展机遇期，进入一个优势互补、团结协作、抱团取暖的时代。”协会监事会成员单位沁阳驾校校长杨红旗说。

焦作市机动车驾驶人培训行业协会会长李世轩表示，协会是由焦作市机动车驾驶人培训机构及其延伸配套服务的其他单位自愿结成的非营利性、行业性社会组织。宗旨是：遵守宪法、法律、法规和国家政策，遵守社会公德，不损害国家利益、社会公共利益以及其他组织和公民的合法权益，以行业服务、行业自律、行业协调为基本职能，发挥政府和行业间的桥梁和纽带作用，进一步推动焦作市驾培行业向“规范市场、加强自律、诚信经营、文明服务”的方向健康发展。

目前来看，随着近年来驾校数量的暴增，很多地方具备了成立行业协会的会员数量基础。2015~2018 年，一些地区的省、市、区县，相继从以前的行业协会中单立出来，或者从零开始新成立了驾驶培训行业协会（驾校联合会）等专业协会，适应了时代的需要。

三　驾培行业协会的主动作为

政府管理部门与行业协会都是行业治理的逻辑主体，二者在规范行业健康、可持续发展方面协同作用，缺一不可，政府管理部门重在决策、主导和扶持，行业协会重在落实、协调和补充。[①] 同时，行业协会也是行业企业与政府管理部门之间、行业企业与消费者之间的桥梁和纽带。

① 王张娜：《政府与行业协会在行业治理中的关系》，硕士学位论文，山西财经大学，2013。

1. 推动计时培训落实

《关于推进机动车驾驶人培训考试制度改革的意见》明确指出，创新培训模式，实行计时培训计时收费。这一举措不仅能够实现驾校管理信息化，提高工作效率，保障学员培训时间，提高培训质量，还能杜绝“黑驾培”的存在，杜绝“吃拿卡要”现象，为规范办学的驾校竖起一道保护墙。各地政府积极贯彻落实上述意见精神，指导行业协会开展各项贯彻落实工作。

案例　上饶市驾驶培训监管服务平台与公安考试系统对接

为全面推行计时培训，江西省运管部门和公安交管部门选择了将上饶作为试点。在江西省运管局和省公安厅交通管理局的共同推动和大力支持下，经过多方沟通和协调，2017 年 8 月 16 日，上饶市运管局与上饶市公安局交警支队联合印发了《上饶市驾驶培训监管服务平台与公安考试系统对接工作方案》，在全省率先开展驾驶培训监管服务平台与公安考试系统联网对接试点工作。

据了解，上饶市计时培训系统运营商的选择工作由各驾校全权委托给上饶市驾培协会负责。2016 年 9 月 12 日，经该市 66 所驾校（不含鄱阳）公开投票，南京某公司中选。2016 年 10 月 8 日，全市 66 所驾校出具委托书，全权委托市驾培协会与南京某公司签订机动车驾驶人计时培训系统建设合同。2017 年 2 月 24 日，公安部交通管理局正式批复上饶市开通计时培训学时对接考试系统接口，上饶市成为全国第一个获得开通考试接口的城市。

从 2017 年 8 月 25 日起，上饶市驾培市场正式开始使用计时系统。上饶市运管局每日对各驾校学时使用情况进行通报，明确规定：对因不使用学时培训而排名最后三名的驾校，抄告市公安局交警支队，停止该驾校一个月的学员考试业务受理，限期整改；整改后仍不合格的，通报有关县（市、区）运管所吊销其经营许可。

从 2017 年 10 月 1 日起，正式启用电子围栏。各驾培机构教练车必须在注册地校本部电子围栏内作业，不得在围栏外训练。对经县（市、区）运管所同意已在边远乡（镇）设立训练场的，县（市、区）运管所应督促其升级改造，取得三级以上驾校经营资质后，再上报上饶市运管局划定电子围栏；

对“一校多址”的，必须按许可核定的校本部地址划设电子围栏。

在上饶市驾培协会的协调下，经过长达一年多时间的技术论证与安装试用，上饶市驾驶培训监管服务平台与机动车驾驶人计时培训系统的建设标准和管理措施，均已符合交通运输部和公安部的管理和技术要求，具备实施学时对接的条件。经上饶市运管局与上饶市公安局交警支队商定，从 2017 年 12 月 1 日起，上饶市驾驶培训监管服务平台正式对接公安考试系统。

2. 质量信誉体系建设

质量信誉体系建设，是规范机动车驾驶员培训机构教学质量、办学条件的行为，能够加强机动车驾驶员培训行业管理，建立和完善优胜劣汰的竞争机制和退出机制，能够引导和促进驾驶员培训机构落实“依法培训、诚实守信、公平竞争、优质服务”。

案例　广州市机动车维修与驾驶员培训行业协会的诚信评价

广州市机动车维修与驾驶员培训行业协会率先开展诚信评价工作，并对评价工作的时间节点进行了明确，摘要如下。

一、2019 年 3 月 31 日前，完成机动车驾驶员培训机构诚信评价指标体系加分项的信息录入工作，并提供加分有关证明材料（2018 年新开业的驾培机构，本年度只记录评价信息，不参与评价）。

二、2019 年 4 月 30 日前，开展以下工作：

（一）完成诚信信息网中辖区驾培机构的基础资料、教练员、教练车辆等信息的核对工作；

（二）结合日常监督检查工作，对辖区驾培机构开展不少于一次的现场检查；

（三）按照评价指标体系的要求，完成诚信信息网中现场检查数据、日常记录数据的录入工作；

（四）各驾培机构诚信评价初评；

（五）结合诚信评价工作，加强对驾培机构教练车辆的安全监管，检查教练车辆是否安装完好有效的车载终端，以及教练车车质车况、车容车貌等情况，发现问题及时督促驾培机构整改。

三、2019 年 5 月 15 日前，对全市驾培机构诚信评价初评结果进行审核，对初评结果进行为期 15 天的公示。

四、初评结果经报广东省交通运输厅审定同意后向社会公布。

案例　北京市机动车驾驶员培训机构质量信誉考核

原北京市交通委员会运输管理局于 2018 年 1 月 22 日印发了《北京市机动车驾驶员培训机构质量信誉考核办法（试行）》（京交运发〔2018〕25 号），制定了对北京驾培机构监督管理的量化考核标准。

2018 年底，北京市交通委依据有关规定，在充分征求行业协会及各相关单位意见建议的基础上，组织对驾培机构质量信誉考核办法进行了修订和完善，于 2019 年 2 月 19 日印发至下辖的驾培行业管理机构以落实执行，同步开展考核验收工作。

3. 统一培训服务合同

在强化行业自律工作中，使用统一的、规范的驾驶培训服务合同是大势所趋，全国各地驾培行业管理机构都在大力推进，广泛征求和听取驾培行业协会、驾培机构的意见，有的省市已经开始使用统一规范的培训服务合同，以维护消费者（学员）和驾培机构（驾校）的合法权益。

2016 年，北京市机动车驾驶人培训行业协会对北京市交通委牵头起草的《机动车驾驶培训服务标准化合同文本（样本）》（征求意见稿）在北京市驾培机构中广泛征求调整意见，对驾培机构提出的意见进行汇总和提报。

2018 年 8 月，由北京市交通委组织召开了北京的机动车驾驶培训服务合同论证会，会议上，政府相关部门、北京市机动车驾驶人培训行业协会、驾培行业专家及海淀驾校、京都府驾校、老山驾校等驾培机构代表相继发言，针对合同文本的部分条款提出了相关建议，为北京市机动车驾驶培训服务合同的正式颁布奠定了基础。

2018年12月，广州市交管部门指导驾培协会组织修订了《广州市机动车驾驶员培训协议（规范文本）》，重点修订：规范调整驾培机构的收费项目和服务内容；明确约定参加驾驶培训全过程各阶段的服务时效和相关标准；细化明晰驾培机构和学员双方的权利义务；规范退学退费的相关约定内容等。并将协议文本通过广州市机动车驾驶培训行业协会信息网站公开向社会公众征求意见。

4. 培训资金托管服务

学员培训资金的第三方托管对于维护驾培机构和学员的合法权益有着重要的意义，对于提升驾培机构的培训质量和服务品质具有促进作用。

案例　广州市驾驶培训资金托管

2018年8月，广州市交委通报了第二季度广州驾培行业投诉情况，同时公布驾培投诉“红黑榜”。数据显示，全市投诉量和去年相比有所降低，市交委表示，未来驾培或将实行学费托管。

数据显示，第二季度全市驾培行业共发生投诉421宗，全市整体投诉量同比下降14.1%，环比增加29.9%；每百辆车投诉量同比下降15.9%，环比增加29.4%。其中越秀区的投诉率最高，每100辆车就有超过8辆车被投诉。恒通、鹰式、正通等10家驾校因为投诉率高，进入了投诉量排名前10的“黑榜”。从数据来看，目前学员主要是退费诉求比较多。

广州驾培协会副秘书长黄嘉辉说：“主要是因为目前传统模式下，驾校还是以一次性付费为主。因为学车过程和周期比较长。举个例子，有学员因为工作调动、居住地迁移等原因，后续培训没办法进行，就涉及原来交的费用，需要退费。”

为了减少学费纠纷，广州市交委表示，为进一步保障学员学费的资金安全，根据国家推进驾考制度改革有关文件精神，将与驾培协会探索引入银行第三方机构对学员驾培学费进行托管，实现学员学费托管和按考试合格情况分期划拨，并已向社会发布公告，争取早日实现驾培学费第三方托管功能，更好地服务学车市民。

行业协会提醒，学员要保障自己的权益，就要选择正规驾校，并保存好驾培协议。广州驾培协会副秘书长黄嘉辉表示，“平台按照学员的学时收费，学多少付多少，一般不会产生关于培训服务的退费纠纷。按照统计，从2016年6月上线以来还没收到平台学员关于服务质量的投诉。”

案例　梧州市众益机动车驾驶员培训服务中心[①]

驾校携款跑路、教练吃拿卡要……以往部分市民在一些驾校参加驾驶员培训时，曾遇到这样的事情。为了促进行业良性发展，3月29日，梧州市众益机动车驾驶员培训服务中心成立，分布在梧州市三城区及苍梧县的16家驾校进入平台，以行业自律、规范管理、互相监督、第三方管理资金的方法，联手改善行业无序竞争加剧的现状，保障驾驶员培训的服务质量。

据了解，该中心是梧州市驾培行业协会向梧州市交通运输局申请，经梧州市行政审批批准的民办非营利性企业。3月29日上午，记者在众益机动车驾驶员培训服务中心服务大厅见到，16家驾校都在服务大厅设置了服务窗口，将驾校情况简介、各类驾驶证培训的收费标准进行公示并明码标价，现场有不少市民正在咨询考证事项。市民李女士表示，多家驾校一起在服务大厅开设服务窗口，对于市民来说，能现场对比各家驾校的服务质量、教学环境，在学费安全方面也多了一层保障。

梧州市驾培行业协会副会长徐锦文介绍，目前全市共有38家驾校，在驾培行业发展的同时，价格恶性竞争、服务培训质量参差不齐等问题日益突出，影响了行业良性发展。此外，部分驾校教练教学态度差、驾校携款跑路关门的现象，也令学员自身权益得不到保障，成立驾驶员培训服务中心则有利于解决这些问题。

据了解，众益机动车驾驶员培训服务中心成立后，已制定服务中心章程和管理办法、行业自律公约、教练员管理制度等规范性文件。此外，服务中心还采取集中报名、各自定价、统一管理、资金交由银行托管的模式，令学

① 参见陈雨燕、张钰婵《提高培训质量 遏制恶性竞争》，《西江都市报讯》2019年3月31日，第1版。

员的资金安全、培训质量和服务得到进一步保障。

5. 营商环境专项整顿

改善营商环境，是促进驾培机构高质量发展的重要基础，对当地经济发展起着重要推动作用。然而不规范不诚信经营、黑恶势力的出现，给驾培机构的健康有序发展带来了严重的后果，是制约行业发展的“毒瘤”，唯有重拳打击彻底摘除，才能为驾培机构营造良好的营商环境。

案例　衢州市机动车驾驶培训行业协会
关于近期各驾培机构收费的情况告知书

协会注意到2019年3月18日，有驾校发出《根据2019年3月12日〈倡议书〉上各驾校协商，一致同意在2019年3月20日起停止“驾驶培训、优惠学员”，全市统一恢复6000原价的提示》。该《倡议书》是协会成员还是未参加协会的驾培机构所发出有待明确，但发布所谓的《倡议书》，不利于衢州市驾培行业发展，背离了衢州市驾培行业协会的初衷。到目前为止交通驾校没有参与恶意降价，恶性竞争。

（1）培训定价是每个驾校的各自行为，只要不损害同行驾校的利益就可以。协会提倡在不损害同行驾校利益的前提下公平竞争，没有所谓的统一6000元的价格。协会不支持一刀切的价格同盟，更不支持所谓的6000元价格。提醒起草《倡议书》的驾培机构，这有可能违反《中华人民共和国反垄断法》及《中华人民共和国反不正当竞争法》。

（2）协会希望各个驾培机构能根据各自的地理位置、公车公营、挂靠、承包经营、管理成本的不同做出自己的经营行为。对于驾校的让利，本身就是驾校自主行为，无可厚非。协会不仅仅要保护驾校经营者的利益，更要保护教练员的合法权益及收入不受到侵害，保证教练员在各自的驾培机构得到合法、合理的正当收入，稳定教练员队伍。协会反对驾校的管理者只重视利益，收取所谓的管理费，而轻于管理、放任管理的行为。协会肯定不会做违反《反垄断法》及《反不正当竞争法》的行为。

（3）协会会耐心、细致地做好各驾培机构的工作，求同存异，共同发展。协会只会在国家有关法律、法规的允许下引导驾培机构健康、有序的发展。协会的领导层更应该加强自身修养，学习国家有关驾培行业的法律、法规，提高自身素质，更好地服务于衢州市驾培行业。协会坚决反对有些驾培机构负责人出于私利，对同行的驾校、校长进行无端的指责、诋毁、诽谤及损害同行驾校名誉的言行。

（4）衢州驾协的各会员单位应一如既往地支持运管部门的各项工作，支持树立运管部门的威信，在国家法律法规政策下合法经营。

（5）衢州驾协的各会员单位更应一如既往地坚决配合交警支队、车管所、考试中心的各项工作。各会员单位应教导教练员及学员维护车管所、考试中心考场秩序，遵守车管所、考试中心有关规定。弘扬正气，抵制歪风邪气。

（6）衢州驾协希望所有的市本级驾培机构，心平气和地坐下来商谈，不计前嫌，不掺杂个人成见，真诚地共同维护衢州市驾培行业利益。提出建设性的意见与方案，把目前遇到的问题及困难想方设法地解决。在不违反《反垄断法》及《反不正当竞争法》的前提下，稳定衢州市驾培行业市场。使衢州市驾培行业收费在合理的范围内，合法经营。

（7）我们深知协会工作的艰巨性和复杂性，协会的工作是义务的、无偿的。希望会员单位及行业的各个驾培机构对协会工作的方式、方法，提出现实可行的建议与意见，让协会的工作做得更好、更完善、更健康。我们也知道协会的工作不可能做得尽善尽美。众口难调，协会会按照国家法律、法规及有关政策，在运管部门及交警支队、车管所的领导下，一如既往地做好工作，服务好整个衢州市驾培行业。我们为协会的工作鞠躬尽瘁。路遥知马力、日久见人心。驾培机构各自的经营管理任重而道远，让我们携起手来，百尺竿头，更进一步，一起翻开驾培机构新的管理篇章。

衢州市机动车驾驶培训行业协会
2019 年 3 月 19 日

案例　济南市驾培行业自律工作会议[①]

为规范济南市驾培市场秩序，提升驾驶培训质量，保护学员合法权益，加强行业自律，促进济南市机动车驾培行业稳序健康发展，近日，济南市驾培行业协会联合济南市驾校服务中心、济南市车辆管理所在市城乡交通运输委会议室召开行业自律工作会议。济南市驾培行业协会会长任学岭，秘书长夏清科，副会长谷祖波、刘兴民、刘爱国以及全市60余家驾校负责人参加了会议。济南市驾校服务中心副主任杨振鹏，驾管科科长张国栋；济南市车辆管理所副所长孙安吉，考试科科长王俊刚应邀出席会议。

济南市驾培行业协会秘书长夏清科主持了会议。会议首先邀请莱芜区驾培行业协会会长于耕农就如何促进驾培机构抱团发展，如何应对新形势下驾培机构集团化发展所带来的问题为大家进行了经验介绍，并采取台上台下互动交流的方式为大家答疑解惑，此次经验交流会受到了与会代表的高度好评与肯定。大会由驾培行业协会会长任学岭宣读了《行业自律公约》，各驾校负责人一致通过自律公约并集体发出倡议：严格遵守自律公约内容，本着为广大学员负责的态度，严格按照教学大纲规定的学时和内容进行培训，不随意缩减学时，保证教学质量；诚实守信，廉洁自律，加强教练队伍建设以及管理，不欺骗学员；驾校之间不搞恶意竞争、不进行违规培训，公开透明收费，为维护济南驾培市场做出应有贡献。

会议最后由济南市驾校服务中心副主任杨振鹏就下一步联合行业协会以及车管所打击违规黑陪练、净化驾培市场征求大家意见并做了工作部署。下一步，三方将联合加大查处力度，对驾培市场中存在的违规培训尤其是黑陪练，一旦查到，将严惩不贷。济南市车辆管理所副所长孙安吉就目前驾考中遇到的难题为与会驾校负责人做了详细沟通，并表示会全力配合驾校服务中心以及行业协会的工作，与大家一起为创造驾培行业优良的营商环境做出努力。

---

① 《济南市机动车驾驶培训行业协会组织召开行业自律工作会议》（记者 王丛；通讯员 赵雪），大众网，2019年3月19日。

6. 搭建政企对话桥梁

行业协会是政府管理部门和驾培机构之间的桥梁和纽带，在政府管理部门出台政策、拟定决策中倾听行业反馈，对驾培机构集中反映的问题进行收集汇总，协调政府和企业之间开展对话和磋商。

案例　机动车驾驶教练员国家职业标准修订

在交通运输部职业资格中心的主持下，2017 年 3 月 28 日正式组建修订小组并启动机动车驾驶教练员国家职业技能标准修订；经过修订小组的努力，于 2017 年 7 月 12 日在北京海淀驾校进行了统稿，来自北京、山东、广州等十余个省、市的行业专家，就机动车驾驶教练员国家职业技能标准提出修订意见，交通运输部职业资格中心考务处王福恒处长主持召开统稿会，由当时的中国道路运输协会驾驶员工作委员会主任范立老师主持统稿，福建省汽车运输技工学校钟志斌、山东交通学院机动车驾驶培训中心刘俊利，对分组负责的部分提出了修订意见。2017 年 8 月 18 日，在北京进行了机动车驾驶教练员国家职业技能标准修订的初审工作。2017 年 9 月 22 日，在北京进行了机动车驾驶教练员国家职业技能标准修订的终审。

案例　中国交通运输协会向两部委提交建议

在 2018 年 5 月 23 日召开的第四届全国驾培市场创新发展大会暨 2018 驾校联合会（即中国交通运输协会驾驶培训分会）年会上，中国交通动输协会总结指出，在广泛听取全国各地驾校呼声、充分调研论证的基础上，向两部委递交了两份有价值的建议:《关于推广新能源考试车、教练车，促进节能减排的建议》《关于十三五期间解决驾培机构用地问题的建议》。

7. 开展驾培技术革新

驾培机构具有劳动密集型、重资产高投入、用工普遍学历不高等鲜明特点。随着我国经济社会发展和人民群众的驾驶培训和考试需求不断提升，“千禧后”正在成为驾培市场的主力需求方，他们生在互联网飞速发展的时代，具有超前的消费意识和较高的服务要求，而当下驾培机构的培训和服务水平则相对滞后。所以，驾培行业作为传统行业，对技术的革新尤为迫切。

8. 引领行业自律

多年来，驾培行业饱受争议，曾经“吃拿卡要”“黑驾校”“乱收费”和压低价格恶性竞争等行业乱象更是让规规矩矩办校、老老实实办学的驾培机构苦恼不已，驾培行业需要整肃、改革，也需要自律和传递正能量。

案例　中国驾培行业自律公约

2015 年 10 月，中国交通运输协会驾驶培训分会（原驾校联合会）在北京海淀驾校，举办了我国驾培行业首个自律公约的发布会，现场有全国的近 300 家驾校、1000 余名观众及包括中国交通报社在内的 36 家媒体，影响广泛，收到了很好的社会效益，在一定程度上改善了行业的社会形象。并在 2015 年、2016 年、2017 年连续授予 600 余家驾校承诺遵守驾培行业自律公约单位的牌匾，且开展了后续的监督调研工作，有力引导和督促了从事驾驶培训行业的会员单位依法规范经营，切实遵守法律法规和行业自律公约，共同履行

图 1　原中国交通运输协会驾校联合会（即驾驶培训分会）
驾培行业自律公约发布启动仪式

社会责任，以促进行业健康稳定发展。

其会员单位北京海淀驾校2017~2019年连续三年持续贯彻落实公安部、交通运输部关于文明交通进驾校“五个一”精神，是全国首家将此活动由汽车培训领域向摩托车培训拓展的驾培机构，大力倡导安全文明的交通理念，为构建北京社会良好的交通秩序提供助力，得到了北京市交通委、市车管所、中国交通运输协会驾驶培训分会、北京市机动车驾驶人培训行业协会等机构和领导的认可，受到了新京报、北京电视台等多家媒体的关注和报道，在北京市及全国驾培机构中起到了很好的示范作用。

图2 北京海淀驾校教练员代表遵守行业自律公约宣誓仪式

案例 江苏驾培行业推出教练服务证

随着国家一系列简政放权措施的落实，机动车驾驶培训教练员从业资格证已取消。机动车驾驶员培训协会加强行业自律，对教练员换发教练服务证，教练服务证由行业协会统一编号，印有驾校、教练员相关信息及投诉举报电话，放置于教练车前挡风玻璃右下方显眼处，便于学员进行教练员身份确认等。教练服务证的推出，将更好地化解随车教练员身份确认、教练车交通事故理赔等管理难题。[①]

为了规范证书发放，江苏省驾驶人培训行业协会制定了《江苏省机动车驾驶培训教练员服务证发放办法》。

9. 搭建交流平台

开展行业内的信息互通与共享，是行业协会的重要职能，通过搭建沟通交流的平台，帮助驾培企业剖析发展中遇到的瓶颈和困难，寻找解决之法和合作契机，助力驾培企业取长补短，促进行业健康发展。

案例　安徽省首届驾校校长培训班

2018年4月13日，安徽省首届驾校校长培训班在紫蓬山成功举办。安徽省驾培协会会长、合肥新亚驾校校长汪修军致大会开幕词。安徽省驾培协会秘书长束龙友在主题演讲中强调，驾校要有新思维、新举措，要拥抱人工智能。会上，他以嘻哈学车机器人电子教练为例，深入讲述人工智能新形势下，驾校的经营发展。安徽省道路运输管理局车辆管理处处长范守敏在会上鼓励大家，一是要坚定行业发展信心，二是要把握当前行业的主要矛盾，三是要着眼长远，以创新求突破。中国驾培知名专家、北京新华德御管理咨询有限责任公司董事长兼总经理南新华老师，围绕驾校管理、合作经营、驾校转型创新这三个方面展开讨论，演讲内容丰富，令人受益匪浅。

据悉，安徽省首届驾校校长培训班结合当前安徽省驾培市场的实际情况，围绕合作共赢、转型创新两大主题进行深入探讨，以推动安徽省驾培市场良性可持续发展。

案例　安徽省驾培协会组织赴皖南优秀驾培单位考察

2018年11月5日，安徽省驾培协会副会长张强携安达仕驾校高管一行，

① 韩仁菊、周龙、宋婧：《驾培教练从业资格证取消 本月换发教练员服务证》，中国江苏网，2016年9月2日。

亲赴皖南地区优秀驾培单位考察学习。在各驾校董事长及主要领导的陪同下，先后到达宣城市梅溪驾校、黄山市歙县祥平驾校、黄山市祁门升晖驾校考察调研学习。

10. 组织职业技能竞赛

开展机动车驾驶教练员职业技能大赛，是提升教练员理论水平、实操技能、教学能力、沟通技巧等综合素质的有效途径，是传播“学为人师、行为世范”教车育人理念的大好契机，是打破地域界限开展业务技能交流的重要举措。同时，相关比赛是大力开展教学研究、展示驾培机构综合实力、展现教练员个人风采的绝佳舞台。因此，举办职业技能大赛能够充分发挥榜样的力量，传递正能量，对于促进驾培行业良性发展具有显著的推动作用。

案例　江西省第五届机动车驾驶教练员职业技能大赛

2018年11月20~21日，由江西省公路运输管理局主办、江西省机动车驾驶员培训行业协会承办、江西蓝天驾校协办的江西省第五届机动车驾驶教练员职业技能竞赛顺利完赛，共有来自江西省11个设区市、5个省直管县组成的16支代表队、75名优秀教练员同台竞技。参赛选手通过理论知识团体竞答赛、驾驶操作技能竞赛、安全文明驾驶教学示范讲解和教学项目授课讲解竞赛等项目角逐各个奖项。为增强竞赛的观赏性与竞争性，此次竞赛在以往实操竞赛项目侧方停车、倒车入库、曲线行驶的基础上，将曲线行驶更改为曲线绕桩，并缩短了各个项目的满分时间限制，增加了项目的难度，使竞赛更加紧张激烈。同时，理论知识竞答赛紧扣《机动车驾驶培训教学与考试大纲》、交通法律法规、教练员安全驾驶理念等基础性内容，更加注重考核教练员对教学内容、职业道德修养、教学行为、现代教学技术应用等内容的掌握能力。

竞答场上选手们踊跃抢答，教练场上展示娴熟车技，教学课堂生动形象。75位选手在各项比拼中展现实力、发现不足、互相学习、共同进步。经过激烈角逐，萍乡代表队、赣州代表队、景德镇代表队分获理论知识竞答赛第一、第二、第三名；南昌代表队黄猛拔得头筹，荣获教学实操竞赛个人一等奖，新余代表队贺勇等5名教练员获得二等奖，丰城代表队黄松等8名教练员获得三等奖；新余代表队胡洋摘得理论授课竞赛桂冠，景德镇代表队程雨、宜春代表队邹建华分获第二、第三名。最终，新余代表队以827.1分的团体总分力压群雄，荣获竞赛团体第一名。南昌代表队、宜春代表队分获团体第二、第三名。

11. 开展争先创优活动

一次评比就是一次提升。通过争创活动，树立行业标杆，能够督促驾培机构不断创新管理、优化服务，始终探索驾培行业发展的新方向和新动能，为学员提供更美的环境、更优质的学驾服务，促进驾培行业健康有序发展。

案例　安徽省“最美驾校”“最美教练员”评选

2018年11月2日下午，安徽省驾培协会首届“奇瑞杯”最美驾校评审组一行走进安徽合肥八一驾校，对创建“最美驾校”相关工作进行考核验收。

安徽省驾培协会组织的首届“最美驾校”和“最美教练员”评选活动，旨在贯彻落实党的十九大精神，进一步促进驾培行业精神文明建设，全面提升安徽省驾培行业以及全省教练员优质服务水平，积极打造规范化经营、质量第一、学员满意的驾培行业新形象，树立行业正能量，推进行业品质建设，引领行业科学、健康发展。

本次“最美”评选，由安徽省驾培协会组织成立专家组，建立统一的评选标准，依据评选标准和申报材料，实地走访，现场考察，对申报的单位和个人进行严格审核和评分，按照分数排名确定评选结果，评选出“最美驾校”“最美教练员”。通过评选活动，向社会公众展示安徽省驾培机构品质形象和优秀教练员风采，发挥示范效应，引领质量提升。

案例　贵阳市“品牌驾校”评选

2017年6月5日上午，2017年贵阳市“品牌驾校”评选活动在贵阳市道路运输管理局正式启动。本次活动历时一个月，全市共有66家驾校参与。市民可以通过贵阳广播电视台《执行力》栏目的微信公众号，为自己心目中的

图 3　2017 年贵阳市“品牌驾校”评选活动启动

品牌驾校投上宝贵的一票。

据了解，此次活动由贵阳市道路运输管理局、贵阳广播电视台联合主办，由贵阳市机动车驾驶培训行业协会和贵阳广播电视台《执行力》栏目共同承办。这是贵阳首次举办此类本土“品牌驾校”评选活动，旨在树立贵阳驾培行业的典范，打造贵阳本土品牌驾校，为市民提供更为优质的驾驶培训服务，推动全市驾校的规模化、集约化、品牌化建设，进一步提升驾校安全生产和规范管理水平，促进行业培训与服务质量的提高，推动整个驾培行业的发展。

7 月 11 日，贵阳市“品牌驾校”评选活动结束，10 家驾校获得“品牌驾校”称号。据悉，贵阳市首次举行的 2017 年“品牌驾校”评选活动共有 66 家驾校参加，经过初赛、复赛、教练员技能竞赛以及大众网络投票等环节，最终中铁二局驾校、贵州吉源驾校、贵大驾校、贵阳长运驾校、贵阳拾壹驾校、贵州新华驾校、贵州金阳诚信驾校、贵阳智杰驾校、贵州顺风驾校、贵州顺一驾校胜出。

12. 举办文化关爱活动

从企业文化建设的角度讲，员工才是企业真正的主人，他们为企业创造价值和效益，驾培企业管理者应当关爱他们的健康，关心他们的生活，小举动凝聚大力量。

案例　凯里市驾培协会第七届教师节

2018年9月10日，凯里市驾培协会第七届教师节活动在位于凯里赵家村的黔东南鑫宇驾校举行，来自驾培协会、凯里市消防大队、车管所及凯里市18家驾校的350余人相聚一堂共度不一样的教师节，其中有50余名选手开展技能大比拼。

13. 督导行业安全生产

安全生产工作事关社会稳定，事关社会发展。如果安全生产工作做不好，经常发生工伤事故，会对人民群众的生命与健康、对企业的社会信誉、对行业的健康发展、对社会的安定和谐都造成极大的威胁。所以，安全工作无小事，每个细节都不容忽视。驾培机构是驾驶员的摇篮，肩负着倡导安全文明驾驶理念的重担，在日常工作中更应做好表率，为社会培养安全文明和合格驾驶人，为交通安全贡献自己的力量。

案例　贵阳市驾培行业主要负责人、安全管理员安全培训

2016年7月28日，贵阳市驾培行业协会联合市安全生产协会在花溪青少年宫举行了2016年度驾培行业主要负责人、安全管理员安全培训。贵阳市道路运输管理局、市驾培行业协会、市安全生产协会等单位的相关部门负责人出席了开班仪式。

在开班仪式上，相关单位的部门负责同志明确了对向学员传授安全意识的驾培机构开展主要负责人、安全管理员安全培训的重要作用，要求参训的各驾培机构人员不论职位高低都要认真听讲和学习，不断提高自身的安全生产素养，巩固、掌握安全生产各项规定、要求，并将所学内容贯穿到日常培训教学管理的各个环节中，不断完善安全管理制度，保证教学过程的安全顺畅，切实将驾培机构安全生产主体责任落实好。使学员在接受驾驶技能培训的同时，也树立起良好的安全意识。

开班仪式结束后，由贵阳市安全生产协会培训中心组织参训驾培机构开展安全培训。

四　结论与展望

2015 年 6 月，中共中央办公厅、国务院办公厅印发的《行业协会商会与行政机关脱钩总体方案》指出，“一些行业协会商会还存在政会不分、管办一体、治理结构不健全、监督管理不到位、创新发展不足、作用发挥不够等问题”，要加快转变政府职能，实现行业协会商会与行政机关脱钩，促进行业协会商会规范发展。

2019 年 3 月 1 日，国务院办公厅颁发了《关于在制定行政法规规章行政规范性文件过程中充分听取企业和行业协会商会意见的通知》，明确指出，要“推进政府职能转变和‘放管服’改革，保障企业和行业协会商会在制度建设中的知情权、参与权、表达权和监督权，营造法治化、国际化、便利化的营商环境”。这表明行业协会在逐步脱离行政机构，成为行业自己的民间组织，承担政府的一部分职能，这是“市场的事”，应当交由“市场去做”。

驾培行业协会要围绕市场重新划定自己的职能定位，把握驾培行业在发展中存在的问题和制约，从维护驾培行业合法、合理的利益诉求出发，建立起驾校与政府管理部门之间对话的桥梁，传递驾校诉求，传达政府管理部门的声音，在政府管理部门制定行业政策时建言献策。要发挥好“服务”本能，服务驾校、服务行业、服务政府、服务社会，监督政策的执行和落实，推动驾培行业的规范化管理，提高驾培行业自律化程度，助推驾培行业文化交流与传播，从而帮助驾培行业健康、可持续发展。

B.9
驾校经营模式演变与发展趋势

冯晓乐

摘　要：如果从“机动车驾驶培训实行社会化”被《道路交通安全法》以法律形式予以确认的2004年开始算起，驾培市场的发展历史算不上久远。在这短暂的十多年里，驾培行业政策和形势变化频繁，各地行业管理力度不一，市场环境各不相同，因而造就了多种经营业态的驾校。其中最具代表性的当属“直营模式”和“挂靠模式”。此外，复合经营模式、多元化经营模式、股份制模式等，都伴随行业的发展而逐一产生。时逢驾培行业进入转型升级的关键时期，认真研究这些驾校经营模式，对于提升驾校经营管理、探讨驾培市场变革、展望驾培行业的发展具有重要意义。

关键词：驾培市场　经营模式　直营模式　挂靠模式　公司化

2004年《中华人民共和国道路交通安全法》的颁布，拉开了驾培行业大发展的序幕，各种经营模式也陆续出现，时至今天呈现多样化势态。认真研究驾校经营模式，对于提升驾校经营管理、探讨驾培市场变革、展望驾培行业的发展具有重要意义。

一　驾校经营模式的概述

一个企业为实现经营目标，就要采取较为固定的经营方式。以销售企业为例，批发、零售、专卖等方式十分常见，我们把这些方式称为“经营模式”。驾校经营模式是驾校为实现经营目标而采取的经营方法、方式的总称。常见的驾校经营模式有直营模式、挂靠模式等。

（一）我国驾校经营模式的演变过程

1. 驾培市场萌芽阶段，单一直营经营模式时期

从新中国成立到改革开放初期，在计划经济体制下，社会需求的机动车驾驶员基本为职业驾驶员。机动车的驾驶培训主要是由政府部门组织提供，当时的驾校和驾驶培训班（队）都是国有或集体所有制的，经营模式都是单一的直营模式。

2. 驾培市场发展阶段，直营挂靠并行时期

随着改革开放的深入，汽车数量迅猛增加，原有的以公有制为主体的培训体制，无法满足人们学习机动车驾驶的需求。社会力量参与驾驶培训服务的呼声日益高涨。为满足社会需求，2004 年 10 月 28 日《中华人民共和国道路交通安全法》颁布实施，明确规定：机动车的驾驶培训实行社会化。自此，我国驾校数量大幅增加。民营驾校的出现打破了原有的单一直营模式格局，为了争夺市场份额、充分调动教练员的积极性，除了原有的直营模式外，挂靠经营和承包经营开始出现。

3. 市场化环境下，经营模式多样化时期

汽车社会的到来使得驾培行业进入大发展时期。一大批驾校自身实力不断增强，开始注重规范化管理，形成了区域品牌。同时，一大批新驾校也随着政策的放开应运而生。由此，卖方市场变为买方市场，伴随着机动车驾驶人培训和考试制度改革的不断深化，年新增驾驶人数量持续下降，而驾校数量和培训能力不断增加，供求严重失衡，产能严重过剩，由此导致恶性竞争越发激烈。与此同时，互联网经济的影响、大资本的进入也在驾培市场掀起了不小的波澜。市场经营环境的变化，让驾校的经营模式变得多样化。新的市场发展格局开始形成，并购、重组、联合、上市等方式纷纷出现，股份制、多元化等经营模式开始被应用。

（二）现有驾校经营模式的常见形态

驾校经营模式多样化，是驾培市场发展的必然结果。既有外在因素，如政策形势和市场环境变化让很多驾校有了危机意识，为摆脱困境驾校进行经营模式的调整；也有驾校内部因素，如驾校为提升发展动力和拓宽发展空间而进行公司化经营及多元化发展。

现有的驾校经营模式，按方式分可分为直营模式、承包模式、挂靠模式、混合模式、股份制模式、联合经营模式；按业务范围分，可分为单一经营模式、复合经营模式、多元化经营模式等。

二　驾校主要经营模式分析

当前，驾培行业正处于转型升级阶段。为应对市场考验，赢得市场认可，在竞争中占据主动，驾校必须选对经营模式。为推动供给侧改革，去除过剩产能，促进行业转型升级、向好的方向发展，也一定要将各种经营模式进行深入分析。

（一）直营模式

驾校直营模式是指驾校对人、财、物等拥有完全支配权，并承担经营风险，同时享有主要经营成果。直营模式的主要特点是教练车、训练场、教学设施等生产资料的所有权属于驾校，教练员属于驾校聘用的劳动人员，驾校视教练员的劳动情况付给劳动报酬。直营模式便于驾校进行科学化、规范化管理，管理效率高；教练员队伍可塑性强，有利于驾校教学和服务水平的提升，有利于驾校打造口碑和品牌。国家大力提倡的“先学后付、计时培训”模式就必须在直营模式下进行。从现有情况看，社会认可度高、口碑好的品牌驾校，大多采用直营模式。

直营模式的科学性和优越性毋庸置疑，但与挂靠经营模式相比，它也有不足之处。一是投入比较大，资金回收周期长，驾培属于重资产行业，车辆、场地、教学设施设备等都需要资金支持；二是运营成本高，员工工资、场地租金、燃油维修费、营销推广支出等各个方面都要考虑，且难以控制；三是管理难度大，招生数量、考试合格率、学员满意度等均需要严格控制，员工的工作自觉性、积极性和责任意识都需要督促。

（二）挂靠经营模式

挂靠经营模式是指教练车产权归挂靠经营者（下称“挂靠教练员”）个人所有，车辆户口挂在驾校名下。教练员缴纳一定费用挂靠在驾校名下进行经营。驾校除允许教练员使用他们自己的名义进行招生和培训以外，还为他们提供报考、训练场等服务。虽然挂靠模式广受诟病，管理部门也不断地进行遏制，但它依然广泛存在。在很多地方，挂靠经营模式占据了主导地位。

常见挂靠经营形式有三种。一是车辆挂靠，是指将自有车辆挂靠在驾校名下，注册为挂靠驾校的教练车。挂靠车型以小型教练车为主，也有少部分大型车辆。二是训练场和教练车挂靠，是指自建训练场并采购车辆，将所建训练场和自有车辆挂靠在正规驾校名下。三是学员报考手续挂靠，是指将所招学员的报考手续挂靠在某驾校名下，并非使用其教练车，培训教学时甚至使用社会车辆进行。

1. 挂靠经营模式产生的原因

挂靠经营并不是驾培行业首创，在交通运输、建筑业等需要经营资质的行业广泛存在，这种经营模式同样被驾培行业广泛采用。驾培行业的挂靠经营模式形成有其必然性。

（1）市场需求，让挂靠有了生存空间。挂靠经营存在的根本原因是存在市场需求。一是挂靠经营对培训供给能力起到了补充作用。在机动车驾驶培训实行社会化伊始，市场需求增长过快，“学车难”成了普遍情形，挂靠经营对此起到了一定的缓解作用。二是挂靠经营的灵活性满足了市场需求，价格和方便是学员也是市场的聚焦点，挂靠经营采取的低价招生、就近训练等措施，争取到了市场空间。

由于挂靠经营模式投资少、经营成本低，利润空间也较为可观，因此吸引了很多人。挂靠经营诞生于驾培行业“卖方市场”时期，那时驾校还多处在“等客上门”阶段，挂靠经营者和驾校基本上不存在竞争，对驾校经营并没有产生较大影响，况且还会让驾校增加收入，所以各驾校对该模式没有设置门槛。因此挂靠经营模式迅速发展。

（2）驾校逐利，让挂靠有了生存根基。驾校逐利，是挂靠经营存在的另外一个重要原因。从利益角度讲，驾校收取挂靠经营者上缴的利润属于“无本买卖”，驾校不用投资也会有利润进账。从财务角度讲，挂靠经营模式也可算作一种资金筹集方式。驾校属于重资产行业，投入资金多、投资风险较大。挂靠教练员将教练车户口挂在驾校名下，节省驾校的投资金额，减少了驾校承担的投资风险。也有些驾校将教练车卖给挂靠教练员，实现了资金的快速回收。从这个角度讲，挂靠经营者也可算作驾校“投资人”，但自担风险，且不需分红。从经营角度讲，驾校吸引的挂靠经营者越多，获得的利益就越高，投资就越少。所以有很多驾校积极采取挂靠经营模式。这就让挂靠经营的根基越扎越深。

2. 挂靠经营模式对驾培行业的影响

由于挂靠教练车所有权不归驾校，驾校与挂靠教练员之间没有劳动关系。因此，驾校对他们无实际管理权。这样一来，挂靠教练员无法得到有效监管。在利益驱使下，他们的经营行为比较随意，对驾培市场影响较大。

（1）扰乱了市场秩序。驾培市场竞争的落脚点，就是对学员数量的争取。挂靠教练员凭借“培训成本”低，往往会把价格一降再降，这正是价格战的“源头”。为了利益最大化，不少挂靠经营者一人“承包、挂靠”多家驾校、多辆教练车，每天练车的场地也不固定。驾校对此实属无奈。一方面，驾校自主招生价格深受影响。另一方面，驾校为了吸引挂靠经营者，将他们所交的管理费一降再降。有些地方的挂靠经营者甚至组成“联盟”，将他们所招的学员凑成较多数量，然后公开与各个驾校讲价。这样的恶意低价招生，扰乱了市场秩序，直接损害了整个驾培市场的利益。

（2）损害了学员利益。学员向挂靠经营者缴纳学费后，拿不到发票和《学车协议书》，一旦发生纠纷维权难度相当大。《驾校规章制度》对于挂靠经营者来说不具有约束力，他们不用担心会被除名，学员利益难以得到保障。挂靠经营者收取学员学费后“玩消失”的情况也屡有发生，学员找到驾校，却收到挂靠学员与驾校无关的回答。此外，驾校和挂靠经营者一旦闹矛盾，往往也会殃及无辜学员。

（3）带来了教学安全隐患。机动车驾驶培训是一个高风险的行业，由于学员不具备驾驶能力，他们驾驶教练车对教练员的要求非常高。由于驾校对挂靠经营者无实际管理权，挂靠教练员的教学行为较为随意，给社会带来了较大的安全隐患。

一是随地训练带来的安全隐患。根据《道路交通安全法实施条例》《机动车驾驶员培训管理规定》等法律法规要求，驾驶培训教学要在机动车驾驶员培训教练场和指定的线路上进行。而挂靠经营的教学活动特点为：新学员就近训练，基本功练完后带领学员到驾校训练场或科目三考试路段训练。由于挂靠经营者就近训练场所属开放的公共场所，任何人都可以靠近，且没有任何安全防护措施，训练的学员又都为新手，安全隐患显而易见。

二是挂靠教练车被当私家车使用。挂靠教练车虽然挂在驾校名下，但都由挂靠教练员出资购买，驾校并没有产权。因此，驾校也无法管控教练车。教练车是教学工具或生产资料，应该用于教学。挂靠教练员往往将教练车当成私家车使用，行驶范围和时间受挂靠教练员支配，这就造成了极大的安全风险。

（4）影响了驾校的口碑品牌。挂靠经营者对外开展招生和培训工作时，都是以驾校的名义进行。但驾校对他们无有效监控措施，无法对他们进行管理。一旦发生侵害学员利益的情况或发生教练车安全事故，驾校的口碑和品牌就会受到影响。事实上，驾校想要树立好的口碑和品牌，所做的很多努力会让挂靠经营者的一些行为受限。而挂靠经营者数量庞大，随时随地都可能做出很多让驾校名誉受损的事情，长此以往，驾校口碑和品牌就无从谈起。

3. 管控挂靠经营任重道远

至今，尚无任何方法对挂靠经营者的数量进行统计，但可以说，从一线城市到农村偏远地区广泛存在；有驾校的地方就存在挂靠现象，没有驾校的地方也有挂靠经营。多年来主管部门、直营驾校都进行了很多努力，采取了很多措施解决挂靠经营问题，但都收效甚微，管控驾校挂靠经营任重而道远。

（三）承包经营模式

驾校承包模式是指驾校将经营权或生产资料交由承包人管理，承包人员自主经营，自负盈亏，独立承担经营风险，并向驾校缴纳承包费用的一种经营模式。目前驾培行业出现的承包经营模式，可分为“驾校整体承包”和“教练车承包”。

1. 驾校整体承包模式

驾校将自己拥有的场地、车辆、人员、办公场所及教室、配套服务设施等所有生产资料整体承包给他人，承包人向驾校缴纳承包费用。这种模式也可称为驾校托管式经营。

2. 教练车承包模式

与驾校不存在劳动关系的人，使用驾校的教练车、训练场等各种资源，独立经营、自负盈亏，并向驾校缴纳承包费。这种承包模式与挂靠模式相似度很高，可以将它视为一种“挂靠经营”模式。

（四）混合经营模式

混合经营模式是指在同一驾校里，多种经营形式并存的经营模式，主要有“直营+挂靠”模式和“直营+内部承包”模式。

1. “直营+挂靠”模式

“直营+挂靠模式”是一种常见的混合经营模式。按照两种模式的占比来分，又可以分为“直营模式为主，挂靠模式为辅”和“挂靠为主，直营为辅”两种形式。

（1）直营模式为主，挂靠模式为辅。采用这种经营模式的驾校，比较注重自身的口碑和品牌，不轻易发展挂靠模式。对于挂靠经营教练员的选择要求较高，收取的费用也高于其他驾校，学费需要交到驾校，按照学员考试情况按比例返还（这可以对挂靠者产生约束）；且不允许挂靠教练员在本校直营模式的经营范围内开展业务。由于驾校的品牌和口碑有助于挂靠教练员的招生，所以挂靠教练员也乐于接受驾校的管理。这种模式可控性强，挂靠教练员的经营行为对驾校的招生价格、品牌和口碑不会产生较大影响。

（2）挂靠模式为主，直营模式为辅。有两种可能会让驾校采用这种模式。一是驾校原本是直营模式，由于经营情况不容乐观，所以慢慢变成这种模式；二是驾校一直是挂靠模式，为了突破挂靠模式给驾校带来的束缚，进行了向直营模式的探索。

（3）“双品牌驾校”。有些驾校经营者为了兼顾两种模式带来的利润，采取了双品牌办校模式。即：一所驾校专做直营模式，另一所专做挂靠模式。两所驾校由同一投资人出资建设，但驾校名称不同、经营地点不同，分别独立经营互不干涉。

2. “直营+内部承包”模式

有些直营驾校，为应对激烈的市场竞争、解决教练员积极性低的问题，将一部车辆采取承包经营的方式承租给驾校的员工。承包教练员独立招生和培训、自负盈亏，并向驾校上缴管理费用。同挂靠经营模式相比，内部承包模式下，教练车的产权仍为驾校，承租教练员的员工身份没有变，也必须接受驾校管理。这种模式能够激发承包教练员的工作积极性，增加个人收入，会给驾校其他员工产生示范作用。

（五）复合经营模式

从目前已知的情况看，驾校的业务范围主要有：普通机动车驾驶员培训、道路运输驾驶员从业资格培训、经营性教练车、考试场模拟训练等。单纯从事小型汽车驾驶员培训业务的驾校最多，我们称它们的经营模式为“单一经营模式”。如果一个驾校开展的培训业务超过两种以上，我们就称它们的经营模式为“复合经营模式”。

1. 大型汽车和从业资格培训

2013 年，《机动车驾驶证申领和使用规定》（公安部 123 号令）提高了大型汽车的考试难度；2014 年，《机动车驾驶培训机构资格条件》（GB/

T30340—2014）和《机动车教练场技术要求》（GB/T30341—2014）两项国标颁布实施，对大型汽车培训的用地面积和车辆数量都提高了标准。这就让很多驾校放弃了大车培训，转而只做小型汽车培训，由于道路运输驾驶员从业资格证是颁发给职业驾驶员的从业资格证明，放弃了大型汽车培训的驾校没有资格培训大型汽车驾驶员，也就失去了培训道路运输从业资格的资质。

2．考试场模拟训练

自从社会化考试场出现，“考试场模拟训练”就出现了。为了提高考试合格率，几乎所有的学员都要接受这种训练，有考试场的驾校自然也要开展这项业务，收取一定的费用。有些地方明确规定不允许驾校在进行“考试场模拟训练”时收费，也有很多驾校没有考试场，所以这些驾校就按照考试场的原状，进行“一比一”的复制以建设“模拟考试场”进行考前模拟训练。

从利润空间上看，小型汽车培训竞争最激烈，价格低、利润少。相对而言，大型汽车培训、道路运输驾驶员从业资格培训和考试场模拟训练“收费高、利润大”。因此，采用“复合经营”模式的驾校竞争力要优于采用“单一经营”模式的驾校。

（六）多元化经营模式

驾校多元化经营模式是指除了机动车驾驶培训业务以外，驾校拓展经营范围，在多个产业领域经营多项不同业务。

1．驾校多元化经营常见业务

从目前来看，驾校开展多元化经营的范围主要与汽车后市场相关业务有关，如机动车检测、汽车销售、汽车租赁、机动车修理、汽车美容等。开展这些业务是为了充分利用自身积累的学员人脉资源，为自身发展提供新的动力。也有些驾校开展了与汽车后市场关联不大的业务，如房地产等。

2．驾校开展多元化经营的益处

开展多元化经营可以使驾校充分利用资源，更好地为社会服务，能够实现经济效益和社会效益双丰收。

（1）增加了驾校盈利空间，为驾校发展提供了新动力。从企业发展角度讲，开展多元化经营是驾校发展战略的重要环节。很多驾校通过多年经营积累了资金、人力等资源，更重要的是学员资源，将这些资源充分利用不但可以让驾校获得更大的盈利空间，还可大大提高驾校的竞争优势。

从驾培市场发展角度讲，目前驾培市场形势严峻，驾校数量不断增加，学员人数不断减少，产能过剩、供大于求让驾校的利润空间越来越小。很多驾校都不得不面对潜在的经营危机，开展多元化经营，拓展驾校生存空间，是突破困局的方法之一。

（2）不同业务之间相互支持、共享资源能产生“1 + 1>2”的效果。

案　例

河北省某驾校开展多元化经营多年，除了机动车驾驶培训以外，还相继开展了汽车销售、机动车检测、汽车修理、汽车保险等业务。驾校的学员，可在驾校旗下的公司进行车辆检测、洗车、修理，享受优惠甚至免费服务；在驾校旗下公司接受服务的人员向驾校推荐学员可以获得奖励，被推荐学车学员可享受学车优惠。多年来，该驾校旗下各种业务都取得了较好的经营业绩，被当地政府授予“纳税二十强企业”称号。随着企业知名度越来越高，其品牌含金量也在不断提升。这又有力地促进了旗下各种业务的开展。

3. 驾校开展多元化经营的风险

驾校进行多元化经营的转型，有较大的风险性，企业多元化转型失败的案例非常多。驾校进行多元化经营，关键要看自身实力，如资金积累、人才储备、管理经验、品牌价值和学员人脉资源，这是驾校进行多元化经营的基础条件，也叫内部条件。而外部条件就是驾校选择的经营项目符合市场需求。这两个条件同时具备，多元化经营就能成功，否则，就会失败。

（七）股份制经营模式

驾校股份制经营模式，是指通过合作、兼并、收购等手段把多家驾校重组为股份有限公司。公司具有独立法人资格，对自己名下的人、财、物等资源具有支配权，同时拥有经营权。组成公司的原驾校和其他投资人成为公司股东，按股份比例取得相应的分红和决策权。

驾校股份制经营模式通过股份制公司这种财产组合形式，把分散的、不同层次的、处于不同水平的驾校联合成集中的、高层次的、集约化的驾培集团，提升竞争力和抗风险能力；还可为建立产权归属清晰、权责明确的现代企业管理制度打下基础，使驾校成为传统行业中的现代企业。

三 驾校经营模式发展趋势预判

驾校经营模式受制于驾培市场环境。当前形势、国家政策、经营理念都会对它产生影响，驾校经营模式多样化将长期存在。驾培市场环境的变化决定了未来驾校经营模式的发展趋势。在当前供需严重失衡、竞争白热化的严峻形势下，驾校无论应用哪种经营模式，如果不在现有的基础上改革创新，都势必面临被动的境地。

（一）直营模式改革与创新将成必然

1. 政策形势有利于直营模式发展

驾培驾考改革离不开“安全第一”的原则。将来驾培驾考政策将进一步完善，从安全第一的角度看，总体上定会向“提高培训质量”和“提高考试难度”的方向发展，这将越来越有利于规范化经营的驾校。另外，学时对接工作已经在全国各地展开，这也将有利于直营驾校，势必影响直营模式。政策法规的变化，必将推动驾校直营模式的发展。新的形势下对直营模式进行优化与创新，改进其缺陷，才能保证直营模式能够让驾校有新的动能，适应市场的要求。采用挂靠模式的驾校试点直营模式的将越来越多。一些挂靠经营者也可能被“收编”成为“正规军”，这也将使选择直营模式的驾校逐渐增加。

2. 直营模式改革创新的核心工作

直营模式改革和创新的核心工作是充分调动教练员的积极性。“直营教练员”与“挂靠教练员”两者相比，后者的招生意识、工作积极性明显占优。这如同 80 年代的国营工厂工人与“自己单干”的个体户之间的比较，两者差距一目了然。在产品同质化的情况下，个体户会逐步赢得市场。因此，充分调动教练员的工作积极性，是对直营模式进行优化的关键工作。一是打破“铁饭碗”，对教练员进行科学的绩效考核，加大奖优罚劣的力度，建立末位淘汰制度，给教练员必要的压力。二是激发“新活力”，可大胆探索“教练车承包经营”的新道路，充分体现多劳多得，让教练员充分发挥作用。

3. 直营模式下的驾校内部承包

它指的是驾校员工承包经营教练车或驾校，自负盈亏并向驾校缴纳承包费用的一种经营模式。

（1）驾校整体内部承包模式。驾校将自己的场地、车辆、人员、办公场所及教室、配套服务设施等所有生产资料整体承包给自己的员工进行经营。驾校根据承包人的绩效情况进行奖惩。

（2）教练车内部承包。与驾校有劳动关系的人员，完成驾校下达的招生、培训和其他工作任务。承包人使用驾校教练车，承担教练车的各种费用如油料、修理、保险、年检等，自负盈亏，并向驾校缴纳管理费。

驾校内部承包模式有利于调动承包人的积极性，达到驾校和承包人共赢的局面。由于驾校对生产资料有所有权，所以可以通过承包合同约定，对承包人进行必要监管。这种模式既能克服直营模式带来的经营机制不灵活等弊端，又能对驾校进行规范化、科学化的管理。不足之处是有些教练员为追求最大利益，会尽可能地缩减教练车的燃料费、修理费等，不利于教练车保持良好车况。

（二）挂靠经营模式还将长期存在

正规驾校的“容留”是挂靠经营存在的根本原因。如果所有驾校都不接受它，挂靠经营就会不攻自灭。有些地方的驾校共同签署自律协议，约定谁也不准收挂靠经营者。但这属于“君子协议”，没有约束力。在利益面前，“自律协议”会不攻自破。

学员之所以选择挂靠教练员，是因为学员对他们的认可。报名价格低只是吸引学员的一个原因。除此之外，学员能够就近训练或享受上门接送，况且他们的拿证速度并不比在直营驾校慢。学员对他们的认可，是他们生存的基础。

如何对挂靠进行有效管控，成为行业难题。本文认为，挂靠经营模式的出现有其历史原因，也有其必然性，挂靠教练员是驾培力量的一部分，现阶段无法将他们完全被排除在外。对他们进行必要改造、限制和管控，多管齐下，方为明智之举。

1. 客观看待挂靠经营模式

驾校挂靠经营模式的出现有其必然性，它的出现也对驾培行业发展起到了一些积极作用。一是挂靠经营模式刚刚出现之时，正值“学车潮”，“学车难”成为社会现象。挂靠经营模式的出现对“学车难”起到了缓解作用。二是挂靠经营模式的一大特点就是灵活经营，填补了市场空缺，满足了人们尤其是偏远地区人们就近学车的需求。

2. 区别对待，管控和改造并举

直营驾校教练员并非都好，挂靠教练员并非都坏。当前驾培市场低迷，严峻的形势也在深刻地影响着挂靠经营教练员。他们也要面临经营压力，也要面临激烈的竞争。他们与驾校存在竞争，他们内部之间也存在竞争。这使得这个群体也出现了分化现象。

在生存压力下，部分挂靠教练员，也在顺势而为地进行“升级”。他们也有了服务意识，彻底抛弃吃拿卡要、粗暴教学、不讲诚信等行为。他们的训练时间非常灵活，有些挂靠教练员每天工作 10 多个小时，学员可以根据自己的时间随练随走。为了让学员就近练车，无论是在城市乡村，还是在学员家门口、在田间地头、在工厂空地，甚至在大楼顶层都能够见到挂靠教练员的身影。而这一切，直营模式下的教练员是很难做到的。因此，同传统的直营驾校相比，挂靠教练员不但可以给学员提供便利服务，而且在价格上拥有巨大优势，更容易让学员满意。这些挂靠教练员，树立起了个人口碑，这是他们的招生数量多的原因之一。

因此，对于素质高、口碑好的“改革派挂靠教练员”，要加以利用、改造和管控。

3. 管控挂靠教练员的必要措施

（1）从管理部门角度讲，要使用“技术防控”手段。现代信息技术和科技手段的使用，一定会起到抑制挂靠经营模式的作用。目前，“驾驶培训机构监管平台”与“考试系统”联网对接工作陆续在全国各地开始实施。“驾驶培训机构监管平台”有非常强大的功能：一是驾驶培训机构监管平台系统“电子围栏”功能使挂靠经营模式失去就近训练优势；二是系统“绑定”功能改变挂靠经营者“串报串训”的情况（如：A 驾校教练员，使用 B 驾校教练车，将学员在 C 驾校报名，在 D 驾校进行训练）；三是“计时计程”功能将增加挂靠经营教练员的成本；四是系统的“黑名单”功能可对挂靠教练员的违规行为进行惩戒。这样一来挂靠经营模式将受到有效抑制。

令人遗憾的是，很多人使用“跑码器”“修改软件”等造假工具，利用计时系统的漏洞，进行学时造假，让系统无法发挥应有的作用。鉴于此，呼吁有关部门使用技术手段防止“学时造假”。

（2）从驾校角度讲，要对教练员实行“分类管理”。对于一个负责的驾校，为了自身的口碑和品牌，从长远出发，应当拒绝挂靠教练员的加入。但是，若所在地挂靠非常普遍，且自身已经采取了挂靠经营模式，驾校一定要对挂靠教练员进行分类管理，区别对待。根据挂靠教练员的实际情况，他们主要分为以下几类（见表 1）。

表 1　挂靠教练员的类别

项目 类别	教练车		学员报名		报名人数		驾校管理	
	本校	外校	本校	外校	多	少	服从	不服从
A	√		√		√		√	
B	√		√	√		√	√	
C	√		√	√		√		√
D		√	√	√		√		√

驾校要对以上不同类型的挂靠教练员区别对待。一是分类管理原则。对A类教练员要给予大力支持；B类教练员属于不稳定型，他们往往“脚踏数只船”，哪所驾校价格低他们就会将学员报到哪家驾校，要进行争取；C类教练员，一定是打着你的旗号招生，学员报在其他驾校，要采取必要措施进行限制；D类教练员可能是被价格所吸引，不用作为重点。二是严控学费原则。挂靠教练员所招学员的学费应当在规定的时间内全额上交驾校，视学员考试情况，按比例进行返还。三是宁缺毋滥原则。对于不服从管理的挂靠教练员，应当果断解除与他的合作关系，决不能迁就。

（三）公司化经营将成为发展趋势

从运营体制上看，目前驾培行业存在三种运营模式：一种是国营或集体所有制驾校所使用的“传统企业”经营模式；一种是中小型民营驾校多采用的“家族化”经营模式；一种是建立了现代企业管理制度的品牌驾校采用的“公司化”管理模式。这三种运营模式的出现有其历史原因，根据市场发展规律和驾培行业发展趋势，我们可以认定：公司化经营模式将被运用在越来越多的品牌驾校。

1. 传统企业经营模式不能适应当前社会需求

2004年以前，驾校基本上是公有制驾校，以国营或集体所有为主，运用的都是老国有企业所使用的经营模式，有的公安交警部门所办驾校的经营模式还具有企业行政化的味道，我们将这样的经营模式称为“传统企业经营模式”。

如今，这些老字号的国有驾校的命运各有不同。凡是采用传统企业经营模式的驾校，其管理理念和思维仍然带有典型的老国企痕迹，体制僵化、经营上墨守成规，日常管理照本宣科。基本上都不可避免地摊上了经营危机。还有一些公有制驾校摆脱了传统经营体制的束缚，不断地进行改革和创新，重新焕发了活力，获得了市场认可，成为品牌驾校。这也充分证明，公有制驾校所使用的传统企业经营模式如果不进行大胆改革，是无法适应当前形势和市场需求的。

2. “家族化”经营模不利于驾校成长

从整个驾培行业看，大部分民营驾校在成立初期采用了“家族化”经营模式，这种模式被很多驾校应用。从企业发展历史来看，家族化经营模式必将逐渐向公司化模式过渡，驾培行业自然也离不开这个发展轨迹。从行业发展角度讲，一大批采用公司化经营模式的品牌驾校，必将塑造市场新格局，推动行业转型升级。

（1）驾校“家族化”经营的历史意义。2004 年《道路交通安全法》颁布实施，拉开了驾培行业大发展的帷幕。驾校办学社会化的东风加上“全民学车热”的浪潮，引发了驾校“投资热”，并且持续多年。投资驾校效益好、回报快，吸引了大批投资者。这些投资者，大概有三种人：一是原管理部门工作人员或国有驾校员工，他们知道政策、了解市场，嗅到商机后毅然“下海”创业投资驾校，还有些人接手了由国有驾校改制后的民营驾校；二是外来投资者，经营驾校的高额回报吸引了他们；三是挂靠经营教练员，通过多年打拼积累了资金和经验，为求更大发展，索性创办驾校。这些投资人大部分没有现代企业管理经验，且使用的员工大多是他们的亲朋好友，因此像很多民营企业一样选择了“家族化”经营管理模式。

“家族化”经营管理模式，简单地说就是驾校大事小情都由驾校老板说了算。2013 年前，在驾培行业粗放高速发展的时代，很多驾校投资人依靠运气、个人胆略和关系获得不同程度的成功。在这个过程中，家族化经营起到了重要作用，不仅降低了管理成本，而且保证了工作效率。

（2）“家族化”经营模式的弊端。驾校家族化经营模式的弊端十分明显。多数驾校都是家长式管理，权力过于集中，驾校内部管理不成熟。员工基本上不参与驾校管理决策，重大决策往往由驾校投资人个人说了算，大小事情一人包办，驾校组织机构形同虚设。这些问题势必影响驾校的健康成长，不利于驾校资源的充分作用，也不利于当前驾校应对行业转型升级。

3. “公司化”经营模式将被广泛应用

公司化运作是中小民营企业走向现代化的方向，也是驾校经营必走的改革之路。

（1）公司化经营是驾校健康发展的必走之路。如果从“机动车驾驶培训实行社会化”被《道路交通安全法》以法律形式予以确认的2004年开始算起，驾培市场的发展历史算不上久远，市场发育也算不上成熟。今后相当长的时期内，经济下行、学驾需求减少、产能严重过剩等发展瓶颈，驾校要长期面对。根据自身实际情况，本着科学客观的态度，选好经营模式将成为关键。

综观其他行业，有很多家族化中小企业同驾校一样，长期深受恶性竞争、产能过剩、市场萎缩等的不利影响。再加上自身固有缺陷的不断显现，这些企业的生存面临很大的挑战。但凡能够获得成功的都经历了经营模式的变革，即从“家族化”转向“公司化”。如松下、福特、杜邦、通用电气、摩托罗拉等著名公司。

这就给广大驾校提供了宝贵的经验，作为中小型企业的民营驾校，应认识到驾校的发展也要遵循这个发展规律。从目前驾培行业现状来看，但凡做大做强的驾校，在不断变化的市场环境中生存下来并发展壮大，采用的都是公司化经营模式。学习它们的做法，结合自身实际情况，逐步去除家族化管理痕迹，应用公司化经营模式对自身进行完善，如此才能在竞争中找到机会。

（2）公司化经营是行业转型升级的必要手段。目前，驾培行业最突出、最主要的矛盾就是供求严重失衡、产能过剩严重。根据《中国道路运输发展报告（2017）》公布的数字，2017 年我国共有机动车驾驶员培训业户 17804 户、培训教学车辆 76.1 万辆，培训能力约为 5000 万人，而实际培训人数仅为 2706.7 万人，供大于求近 1 倍。产能过剩引发的后果是严重的，产能过剩危机四伏、恶性竞争日趋激烈、价格战烽烟四起，相当一部分驾校都面临严重的经营危机，面临巨大的生存压力。

产能过剩是驾培行业目前最大的危机，产能不去危机不除，驾培行业就不可能健康地发展。“充分竞争”，是去产能唯一的途径。在竞争中，故步自封、不思进取、经受不住改革阵痛的驾校，将逐步被自然淘汰；那些经营不善、连续亏损的驾校定会自动离开市场。相当一部分经营不善的驾校，会被廉价出让。这对于那些想做大做强的品牌驾校来说是一个不可多得的机遇。这些优秀的驾校将引领驾校并购潮，在经济增长乏力的情况下，这些驾校通过内生性增长很难提高收益，通过并购、重组、联合、上市等方式，可为自己寻找新的发展动力。

这种趋势将促进驾培行业转型升级，使得行业健康发展。而引领这种趋势的优秀驾校，定会建立现代企业管理制度、应用公司化经营模式。

四　结束语

经营模式是经营理念的体现和支撑，经营模式的选用决定驾校的命运。时逢驾培行业进入转型升级的关键时期，认真研究驾校经营模式，对于提升驾校经营管理、探讨驾培市场变革、展望驾培行业的发展具有重要意义。本文研究只是一个开端，今后还会长期进行、不断地开展更有价值的研究，力求为广大驾校和行业主管部门提供有益参考。

B.10
社会化考场及政府购买服务

董 强

摘 要：随着我国社会经济的飞速发展，人民群众生活水平日益提高，全国私家车的拥有量逐年增加，考驾照、买车成为人们生活的重要组成部分。驾驶培训、考试资源的合理配置事关民生，事关政府在人民群众中的形象，事关社会的安全和谐发展。政府购买社会化考场服务，不仅是世界经济发展的趋势，也是我国的大政方针和社会化考场规范化、科学化、精细化经营管理所急需的。

关键词：社会化考场 政府购买服务 恶性竞争

一 社会化考场的发展历程及作用

改革开放推动了经济的高速发展，我国跑步进入了汽车社会，学习驾驶技术、考取驾照成为人民群众的迫切需求之一。

（一）社会化考场产生的时代背景

21 世纪是世界经济高速发展的时代，是科学力量快速加强的时代。我国经济在 21 世纪初就进入了高水平发展时期，人民群众的物质文化生活水平随之发生了翻天覆地的变化，反映人民生活水平的恩格尔系数持续走低，人民群众用于房屋、汽车等高端消费品购买的支出占了家庭总收入的重大部分。

据公安部2019年1月发布的统计数据看，2014年我国私家车拥有量为1.09亿辆，2015年我国私家车拥有量为1.27亿辆，2016年我国私家车拥有量为1.49亿辆，2017年我国私家车拥有量为1.70亿辆，2018年我国私家车拥有量为1.89亿辆（见图1）。2015~2018年，全国私家车均保持10%以上的年度增幅，汽车已经成为我国普通百姓家庭中一种平常的代步工具。私家车数量的强势增长，带来了持续的学车热潮，学驾难、考照慢成为公认的社会问题。

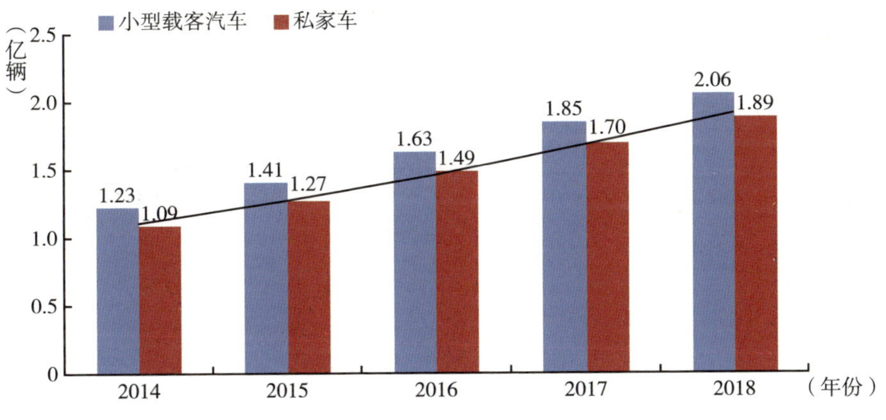

图1　2014~2018年中国小型载客汽车和私家车保有量

数据来源：《2018年全国小汽车保有量首次突破2亿辆》，中国新闻网，2019年1月11日。

学驾人群的快速增加需要驾考资源与之相匹配。然而在2011年以前，全国的驾考资源多为政府提供，各地的考场数量极其有限。据业内人士反映，从2000年开始，全国各地大批学员完成培训后积压在考试环节。2013年1月1日，全国开始实施《机动车驾驶证申领和使用规定》（公安部令第123号）；考试项目的调整和考试程序的完善，加大了驾驶人考试难度，考生积压日趋严重，学驾人强烈希望政府增加驾考资源供给。如深圳、成都等一二线城市的考生积压均在70余万人上下，不少地区学员的待考时间达两年以上。

为解决因政府考试资源匮乏而引起的各种矛盾，2010 年北京市、上海市率先开辟了社会化考场，将驾培机构合格的场地纳入考试场地中，作为车管所考试场地的补充，从而较快地缓解了本地的考照压力。北京、上海成功化解驾考供求矛盾的经验，在全国各地引起了强烈的反响。深圳、兰州等的政协、人大代表纷纷上书提案，反映本地驾考难的问题，并提出了引入社会驾考资源的意见建议。公安部也把引入社会驾考资源作为解决政府驾考资源匮乏问题的重要抓手，力求从政策制度上彻底解决人民群众学驾难、考照慢的矛盾。

（二）资本助推社会化考场快速增长

驾驶人培训考试工作一头连着群众需求，一头连着社会的和谐稳定。

2012 年底，公安部会同交通运输部围绕简政放权、创新监管、提升服务，出台了一系列推进驾考改革的政策措施。特别是在国务院关于推进机动车驾驶人培训考试制度改革有关“鼓励建设使用社会化考场”相关政策出台后，各省份公安交管部门深入贯彻落实驾考改革的方针政策，结合实际完善了本省份机动车驾驶人社会化考试场建设监督管理办法及实施细则，并向社会及时发布。随着政策的出台，深圳、成都、兰州、合肥等地公安部门纷纷鼓励驾培机构和民间资本进入驾考市场。在短短两年时间内，全国一大批设计合理、场地合法、项目齐全、配套过硬的社会化考场通过了各省份公安职能部门的验收，被纳入机动车驾驶人考场范围。资料显示，上海市从 2010 年开辟社会化考场，到 2014 年底绝大部分考场均为社会化考场。北京、成都等地的模式则更加特殊，没有一个公办考场，全部为社会化考场。

社会化考场的快速生长不仅极大地缓解了政府在机动车驾驶人考试方面的巨大压力，而且给投资人带来了丰厚的投资回报。以成都市为例，2012 年全市仅有毛家湾、青羊、长征 3 家社会化考场，年考试量在 70 万人左右，考前适应性训练的市场份额在 1 亿元以上。在巨大市场的诱惑下，一大批从事房地产、矿产、钢材、汽车等行业的老板目光敏锐地看中了这块“风水宝地”，转身投资驾校或考场，导致该区域驾培和驾考的“投资热”持续升温。

以成都市为例，截至2018年底，全市机动车驾驶人考场已由2012年的3家发展为23家，增长6倍有余，社会化考场的年考试能力达到了300万人以上，虽然成都市的年考试量仅为60万人左右。由于各地社会化考场呈几何倍数增加，远超过了当地公安部门对社会化考场建设的布局规划，社会驾考资源实现供求关系的快速转换，驾考资源浪费现象普遍。

“122交通网”发布的数据（见图2）显示，2017年全国各地社会化考场的使用率均未达到100%，使用率在80%以上的社会化考场不足30%，使用率在50%~80%的社会化考场占比为40%左右，使用率在50%以下的社会化考场占比高达30%以上，此统计数据反映出社会资本大量流入已导致考试资源过剩。为此，2017年以来，全国各地公安交通管理和公路运输管理部门均多次发出预警提示，提醒投资人驾培机构及社会化考场数量已达到饱和，须谨慎投资。驾考行业专家认为，社会化考场建设投资巨大，五年内难以解决供大于求问题，十年内难以收回投资，社会化考场已严重失去了投资价值。

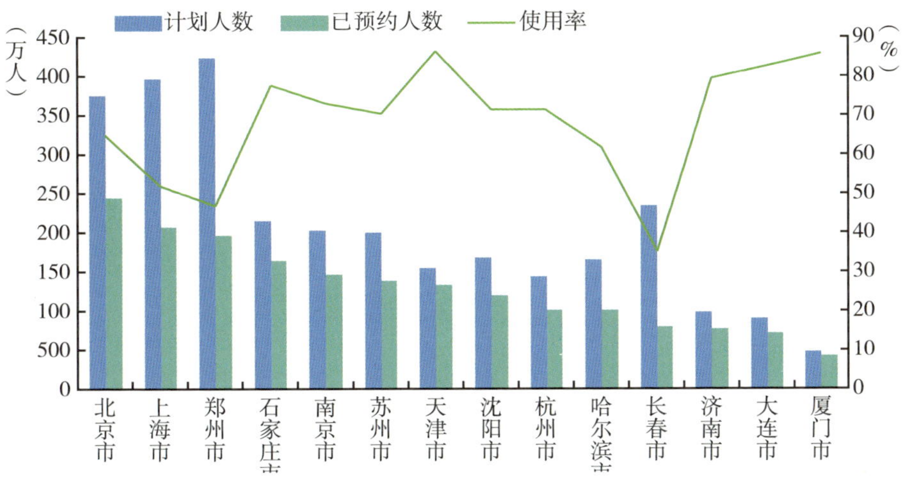

图2　2017年全国部分城市社会化考场使用率数据分析

数据来源：根据“122交通网”相关数据整理。

（三）社会化考场对社会的贡献

社会化考场是民间资本按政府相关政策要求及技术标准实施建设后，通过公安机关职能部门验收被纳为机动车驾驶人考试场地的场所。2012 年以来，全国各地社会化考场对缓解政府驾考资源不足及由此带来的种种矛盾起到了巨大作用，现已被人民群众广泛认可。其贡献主要表现在以下几个方面。

1. 缓解了政府建设机动车驾驶人考场的压力

机动车驾驶人考试场地（考场）建设涉及资金、土地及管理运营人员编配等诸多问题，仅从机动车驾驶人考场建设内容就可看出工程涉及面广、投资大、运营管理难、投入人力资源多。机动车驾驶人考试场地（考场）包括道路交通安全法律、法规和相关知识考试场所（科目一考试地点），场地驾驶技能考试场地（科目二考试场），道路驾驶技能考试路段（科目三考试路）和安全文明驾驶常识考试场所（科目三安全常识考试场）。

据业内人士预算，社会资本投资建设一个科目一、科目二、科目三（利用社会道路）日考试量均在 300~500 人的中型社会化考场（仅 C1、C2 车型），场地投资需土地资源 40 余亩，配套房屋等需土地资源 20 亩以上，不含土地购买费用，投资应在 1500 万元以上。建设一个全车型、全科目日考试量 500 人以上的大型考场（考试中心），所需土地资源应在 200 亩以上，不含土地购买费用，投资应在 5000 万元以上。

从上述情况看，民间资本投资社会化考场，缓解了政府建设机动车驾驶人考场在土地资源占用、财政支出等方面的压力，并解决了机动车驾驶人考试场所后期运营管理过程中所需的人员编配和财政支出问题。

2. 较快地解决了考生积压问题

从 2013 年底全国各地驾考市场调查分析情况看，一二线城市机动车驾驶培训待考试学员积压普遍在 30 万 ~70 万人，按 2013 年当时的考试能力推算，这些城市考完积压的驾驶人考生需 2~5 年时间。如深圳市，截至 2014 年 4 月，待考人数有 50 余万人，到 2014 年 10 月，待考人数增至 61.2 万人，2015 年底待考人数增至近 70 万人。2016 年初，全国社会化考场数量、规模基本实现了供求平衡，全国待考学员积压问题迅速得以解决，到2016年底，各地待考积压学员得到了彻底解决，社会化考场已是供大于求，社会驾考资源的供求关系出现了反转。

3. 驾考慢带来的各种矛盾得以化解

2015年以前，因考试资源匮乏，驾培机构及教练不得不采取减慢教学进度、拖延考试时间来降低成本，在这种情况下学员及亲属的不满情绪日趋严重，种种培训纠纷遍及全国。公安部令第123号实施后，由于驾驶人考试难度加大，学员学车排期长、考试拿证难，有的地方学员从报名到完成各科目考试至少要七八个月时间，有的要排队一年以上才能考完全部科目，大量的学员积压已成为驾驶员培训行业的普遍性问题。

业内人士透露，2014年以前，因考试资源的严重不足，驾培行业成为“吃、拿、卡、要”的代名词，学员同驾培机构以及学员、驾培机构同政府驾培驾考职能部门之间的矛盾极为敏感，已成为社会不稳定因素之一。如2007年成都市宏运驾校因学员培训周期过长等原因，导致难以支撑而宣布倒闭，造成几千名学员无处学车，而这成为社会关注的焦点，成为政府主管部门维稳工作的重点。但自2014年以来，随着社会化考场增加以及社会化考场服务功能、标准的提升，驾考矛盾得以化解。

据人民网报道①，公安部在扩大考试服务供给方面，通过新增考试考场、下放考试业务和增加考试网点等措施，有效提升了驾考服务能力。仅2016年，全国新增理论考场413个、驾驶技能考场1015个、县级考点284个、专兼职考试员16369人，有738个县（市）可以开展小型汽车驾驶证全部科目考试，更加方便了群众就近考试，减少往返奔波。湖北、安徽、黑龙江等11个省份50%以上的县（市）可以开展C1、C2驾驶证全部科目考试。

二　社会化考场经营管理现状分析

社会化考场是政府（车管所）考试资源不足的补充，是政府行使驾驶人

① 参见《驾考改革一年间：学车考试方便了，服务质量提升了》（2017年2月17日）。

考试领证职能的场所和服务民众的窗口。目前，社会化考场行业恶性竞争激烈，企业运营管理遇到了普遍亏损等问题，行业如何健康发展是摆在政府职能部门及从业人员面前亟待研讨、解决的课题。

（一）社会化考场经营模式及利弊

马克思在《资本论》中阐述资本逐利性时谈道：“一旦有适当的利润，资本就胆大起来。如果有10%的利润，它就得保证到处被使用；有20%的利润，它就活跃起来；有50%的利润，它就铤而走险；为了100%的利润，它就敢践踏一切人间法律；有300%的利润，它就敢犯任何罪行，甚至冒绞首的危险。”民间资本投资社会化考场后采取什么经营管理模式能实现回报呢？就投资运营模式而言，大体可分为以下三种。

1. 驾校考场综合运营

此种模式是驾校利用现有教学场地按考试技术标准要求进行改建，待政府主管部门审查验收后纳为机动车驾驶人考场（中心、站点）。投资人建设目的是实现驾培生源的增加和学员考试合格率的提升，以此达到驾培收入的增加和培训成本的降低。

由于此种经营管理模式下投资人相对单一（驾校原股东），目标一致（增加总利润），且一个班子两支队伍、一个企业两个业务，经营管理优势极其明显。在实际经营管理过程中，投资人不仅获得学员考前适应性训练所带来的高额回报，而且促进了本校品牌的打造和生源的增加。

据调查了解，2017年以前，资本投资社会化考场收获颇丰，但2017年开始因本地考生积压得以消化、资产使用率过低、考场运营成本过高、配套设施设备更新换代周期短且投资大等诸多因素导致驾考业务入不敷出，成为驾校的包袱。

2. 驾校考场联合经营

此种模式为驾校联合投资商共同投资建设社会化考场。此种模式虽能实现驾校、考场优势互补，分享各自优势给对方带来的业务量及收入增长，但因投资合作伙伴目的分散、出资方式不统一、各自独立核算、两套班子两个运营团队等问题，各自投资回报大相径庭，特别是考场投资人难以实现投资预期，从而导致合作过程中的分歧不断加深。

3. 考场独立投资运营盈利模式

如果说 2016 年以前，由于各地考前适应性训练生源充足，投资人实现了较高的投资回报，但从 2017 年开始，因考前适应性训练生源萎缩，驾考业务运营已是入不敷出。2014 年，全国不少媒体报道了机动车驾驶人考场适应性训练费用高得离谱的问题，充分说明了驾考市场的高投资回报。如武昌科目二考前适应性训练费用为每小时 500 元，攀枝花学员到车管所考场进行适应性训练每小时收费标准为 500 元，南充市考场练车每小时大车收费为 560 元、小车收费为 300 元等。

曾有媒体报道称社会化考场一年即可收回投资，虽此报道有待考究，但业内人士普遍认为，一个每天考量在 500 人以上的社会化考场，投资回报期为 3.8 年左右。也就是说，2015 年以前建成的社会化考场，投资人享受了驾考政策调整带来的丰厚红利。但此种投资运营模式在市场生源充足时，能收获高额投资回报，然而在市场萎缩时投资者须面对极大的经营风险。

（二）区域内社会化考场间的恶性竞争及危害

2017 年以来，社会化考场适应性训练生源萎缩、运营管理成本居高不下和投资人需兑现回报被经营者称为头上的“三座大山”，加之区域内考场间的恶性竞争愈演愈烈，导致社会化考场的运营举步维艰。

业内人士分析认为，2016 年以前，由于适应性训练生源充裕，社会化考场是“皇帝女儿不愁嫁”。但随着全国各地积压生源消失殆尽，2017 年开始考场间便打起了生存保卫战。据调查，从 2016 年下半年开始，对于不拼科学技术的驾考行业，全国不少区域的驾考企业为了生存下来，开始了不计血本的恶性竞争，靠价格战来确保企业的资金链不断裂。2016 年 8 月 05 日，《成都商报》报道了《成都驾考考场乱象》，反映了成都市各考场为得到更多的适应性训练生源，采取给教练员或生源组织者返款的办法拓展市场，不少社会化考场收取的 320 元 / 小时考前适应性训练费，给教练的返款就高达 200 元 /

小时，社会化考场剩余的考前适应性训练收入仅够设施设备的维修支出和助训人员工资。

成都考场的恶性竞争是全国各地社会化考场经营状况的一个缩影，给行业的健康发展造成了极坏的影响，主要危害体现在以下方面。

（1）挑战社会安全稳定这一底线。在社会化考场运营举步维艰的同时，行业内的不正之风愈演愈烈，教练员为得到高额的考前适应性训练返款，向学员编造某考场有关系容易考过等谎言，并舍近求远将学员拉到几十公里以外的考场考试。据成都市业内人士透露，成都市一般教练员年收取考场返款均在万元以上，不少教练员在送考过程中还想方设法向学员收取高额的交通、住宿和餐饮等费用，让学员苦不堪言。个别教练在送考途中还发生了严重的交通安全事故，给驾校和学员家庭造成了极其严重的损失及伤害。

（2）挑战社会主义精神文明和法制文明建设。驾考行业是我国改革开放后发展起来的新型服务产业，群众的参与度高、涉及面广、不良信息传播速度快。区域内驾考企业间的恶性竞争，不仅同党的十八大以来培育公民核心价值观和加大社会主义法制文明建设政策方针格格不入，而且在挑战我国的法律法规。

北京盈科（成都）律师事务所寇翼律师说，根据《中华人民共和国反不正当竞争法》《关于禁止商业贿赂行为的暂行规定》和最高检、公安部印发的《关于经济犯罪案件追诉标准的规定（二）》中第十条之规定，考场向组织学员驾考的教练员支付回扣，教练员利用职务便利收受回扣，是典型的商业贿赂行为，已经扰乱了社会化考场正常的经营秩序。根据上述规定，构成商业贿赂的，由工商行政管理机关依照《反不正当竞争法》第二十二条的规定，根据情节处以一万元以上二十万元以下的罚款，有违法所得的，应当予以没收；构成犯罪的，移交司法机关依法追究刑事责任。代表政府履行驾考职能的社会化考场违背国家法律法规，是党、政府和人民群众不愿看到的，也是职能部门不愿见到的。

（3）挑战行业为民服务的良好形象。发展社会化考场的初衷是解决人民群众考照慢的问题，是政府为民办实事的重要举措。社会化考场的投资、运营及管理要靠收取考前适应性训练费用来支撑，对于社会化考场而言无可厚非。但政府在收取了学员考试费用后，还允许社会化考场向学员收取考前适应性训练费，确实增大了学员前往适应性训练过程中产生的茶水、车船、住宿等费用负担，这不仅有悖于社会化考场建设的初衷，而且有碍于驾考行业良好社会形象的形成。

（三）行业主管部门及机构在行业自律中的作用及成效

2014 年 8 月，广东政协委员曹志伟越级向公安部部长郭声琨上书，反映驾考中的一些突出问题及考试权放开建议，此建议被公安部交通管理局转发到各省厅后，引发了各级领导的高度关注，从而掀起了社会化考场建设的新高潮。

为确保驾考改革积极稳妥、有序推进，公安部先后制定修订了《机动车驾驶证申领和使用规定》等 7 个规章规范和 12 个相关技术标准；针对机动车驾驶人考场的有效监督管理，建立了事前预警、事中监控、事后倒查的全过程监管机制；先后数十次召开全国视频会、专题部署会、现场推进会，指导各地细化改革措施、稳步推进机动车驾驶人考试及监管工作；采取派检查组赴全国各省份明察暗访等方式听取群众意见建议，查看考场管理及规章制度落实情况；启用考试监管系统，加强考试监督检查，严查违规考试问题。

这一系列驾考改革政策及监管制度、措施的精准落地和有序推进，确保了考试过程、考试结果更加公开公平公正，确保了各社会化考场严守考试标准，坚决将“马路杀手”挡在了准驾大门之外，维护了人民平安出行的根本利益，也有效保证了驾考工作的公正廉洁。

由于职能部门扎实的监管，群众普遍反映驾校培训质量有较大提升，服务内容、标准更贴近学员需求，广大考生在考试过程中也表现出极强的获得感、幸福感。但面对区域内的恶性竞争，行业主管部门及机构为何显得束手无策，行业自律又难以有效持久呢？究其原因，主要有以下几个方面。

（1）高运营成本迫使经营者恶性竞争。社会化考场除有考试场地、考试车辆及配套设施设备等巨大投入外，还承担驾驶人考试过程中产生的车损、油耗、维修、通信网络、软件系统维护和人力资源等方面的费用开支。在区域内适应性训练生源减少、社会化考场营收难以维持正常运营时，摆在经营者面前的选择是要么不择手段增加营收求生存，要么退出驾考行业另谋出路，他们无疑都会选择前者。于是，考场经营者采取向生源组织者（教练）高额返款来实现抢生源、增营收的目的，用经营者的话说“不求利润为生存，搞垮对手看未来”。

（2）超能力投资是恶性竞争的催化剂。为分享驾考政策放开带来的红利，民间资本在对驾培驾考行业知之不多、知之不深的情况下，盲目进行超能力、超规模的投资。投资人为缓解还款付息的压力，不得不在区域内争夺生源增加营收，这也将该区域驾考企业带入了恶性竞争的泥潭。如四川省 ×× 市 ×× 考场投资人采取高息民间借贷方式跑步进入社会化考场建设，为减轻还款付息压力，他们率先在该地区实施了适应性训练返款、学员报名免适应性训练费等促销活动来增大营收，严重扰乱了该地区的驾培驾考市场。

（3）政府对社会化考场的无偿使用是恶性竞争的又一诱因。全国大多数社会化考场均是社会资本投资建设的，交警部门仅派考验员到现场进行考试。在政府未购买社会化考场服务的情况下，无论是公安管理部门还是机构（协会）对区域内考场之间恶性竞争只能听之任之，即使插手管理也显得力不从心。如成都市、渭南市、长春市、张家口市等地公安机关职能部门围绕社会化考场经营管理中存在的问题，采取管理、考核、处罚等多管齐下的办法对它们进行综合治理，但区域内的恶性竞争还是屡禁不止。

以成都市为例，为彻底解决行业内的恶性竞争问题，成都市 20 家社会化考场苦于企业总数不能达到申报行业协会的法定数量，只好自发联合起来成立“成都益考企业管理有限公司”。公司自成立以来得到了成都市公安局交通管理局车辆管理所的大力支持，虽收到了一定的成效，但因受运营管理等诸多因素制约，解决行业内恶性竞争的作用还有待发挥。

三　政府购买社会化考场服务的可行性分析

政府购买社会服务起源于西方国家。20 世纪 20 年代末期，席卷欧美的经济危机，促使欧美各国开始考虑为广大弱势群体提供社会保障和社会服务问题。在这种背景下，欧美国家通过一系列“社会计划”和社会福利政策，调整利益格局、化解社会冲突、维护社会稳定。随着我国社会、经济的迅速发展，政府购买社会服务也被提上了议事日程。

（一）政府购买社会服务背景及购买考场服务的政策支撑

我国政府购买社会服务有着深刻的社会历史背景，主要有 5 个方面。

（1）社会转型需要。在 2012 年底，中国人均 GDP 突破了 2000 美元，总体上达到小康水平，但就业、社会保障、教育、卫生等社会矛盾和问题也比较突出。由于直接提供公共服务能力的不足，政府开始认识到公共服务的提供需要全社会的共同努力。

（2）建立公共服务型政府需要。20 世纪 80 年代以来，伴随着经济全球化、政治民主化和信息技术革命的迅速发展，世界各国都在推进政府再造和变革，积极建设服务型政府，社会工作机构无疑是政府理想的合作伙伴。

（3）非政府组织和非营利性组织的快速发展需要。在经济多元化过程中，各种非政府组织、社会工作机构快速发展，在贫困救助、孤残救助、艾滋病救助、慈善捐助、临终关怀、青少年犯罪等方面发挥着日益重要的作用。政府通过购买服务的形式，鼓励、引导这些社会工作机构的发展。

（4）政府转变职能的需要。2013 年以来，我国政府牢牢把握加快转变政府职能、推进政事分开和政社分开、在改善民生和创新管理中加强社会建设的要求，进一步放开公共服务市场准入，改革创新公共服务提供机制和方式，推动中国特色公共服务体系建设和发展，努力为广大人民群众提供优质高效的公共服务。为此，国务院出台了《国务院办公厅关于政府向社会力量购买服务的指导意见》（国办发〔2013〕96 号）；财政部先后出台了《政府采购非招标采购方式管理办法》（财政部令第74号）、《关于推进和完善服务项目政府采购有关问题的通知》（财库〔2014〕37号）、《关于支持和规范社会组织承接政府购买服务的通知》（财综〔2014〕87号）、《关于印发〈政府购买服务管理办法（暂行）〉的通知》（财综〔2014〕96号）、《关于做好行业协会商会承接政府购买服务工作有关问题的通知（试行）》（财综〔2015〕73号）。系列政府购买社会服务的政策措施，极大地促进了社会工作机构的发展。

（5）社会化考场服务是政府购买社会服务的组成部分。进入21世纪，我国学驾需求攀升，匮乏的驾考资源难以满足广大学员驾考需求，全国各地驾考学员积压。国务院出台"鼓励建设使用社会化考场"的相关政策后，各地社会化考场如雨后春笋般快速发展起来，极短时间内改变了我国考试资源供不应求的局面。无论是对于社会化考场的产生和使用主体，还是对于社会化考场的服务对象及服务内容，社会化考场均应成为政府向社会力量购买服务的承接体。为此，《关于进一步加强驾驶人考试场地及考试系统规范管理的通知》（公交管〔2018〕439号）第一条第3款对规范购买社会化考场服务问题做出了明确规定，严禁无偿或变相无偿使用社会化考场。政府向社会化考场购买驾考服务从国务院、财政部、公安部相关政策文件中均得到支撑。

（二）政府实施购买社会化考场服务存在的瓶颈问题

河南商丘市、新乡市和昆明曲靖市等地公安局在于中国采招网上发布机动车驾驶人社会化考场购买服务项目内容时均强调：配合中国政府实施《中华人民共和国政府采购法》《中华人民共和国招标投标法》以及规范公共采购市场。由此可见，政府向社会化考场购买服务在政策上并无任何壁垒，但为何各地政府在购买社会化考场服务问题上又不作为、难作为呢？原因主要有以下三个方面。

1. 政府购买考场服务的资金存在无预算问题

根据政府向社会力量购买服务所需资金预算管理要求，列入财政预算的购买社会服务资金必须有财政预算安排，且资金的管理要确保公开、透明、规范、有效。从各省市县公布的财政预算看，向社会化考场购买服务并未被列入地方政府的年度财务预算。从中国交通运输协会驾驶培训分会在2018年对全国驾培机构的问卷调查相关数据（见图3）看，全国各地车管部门均向机动车驾驶人收取考试费用，且收费标准在500元/人（不含补考费）以上的占到了59.43%，收费标准在301~500元/人的占到了28.57%，收费标准在300元/人及以下的仅占到12.00%。虽然各车管部门长期收取机动车驾驶人缴纳的考试费，但各地均把此项收入当成政府的必然性收入，而从未把此项收入通过财政资金预算用于购买社会化考场服务。

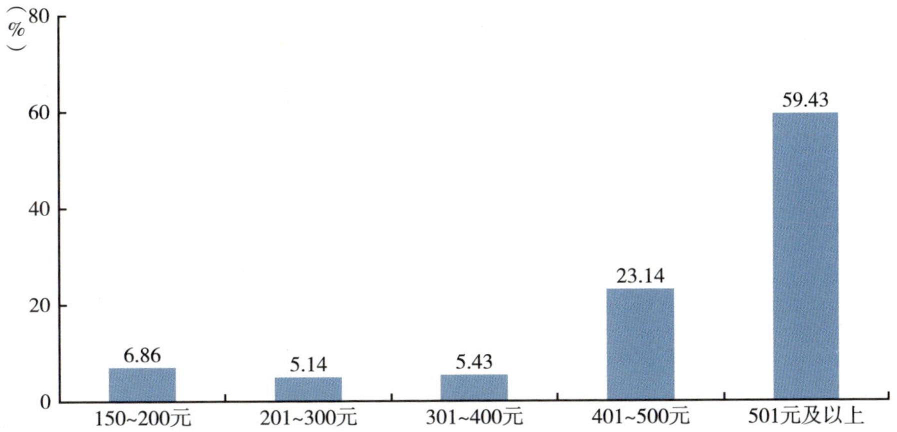

图3　如果学费中含替当地车管部门向学员代收取的考试费，大约为多少元？

数据来源：中国交通运输协会驾驶培训分会问卷调查相关数据。

2. 社会化考场有经营收入的瓶颈

从各地社会化考场经营情况看，大多数社会化考场向学员收取考前适应性训练费用，且收费标准较高。从中国交通运输协会驾驶培训分会在2018年对全国驾培机构的问卷调查情况（见图4）看，全国各地社会化考场考前适

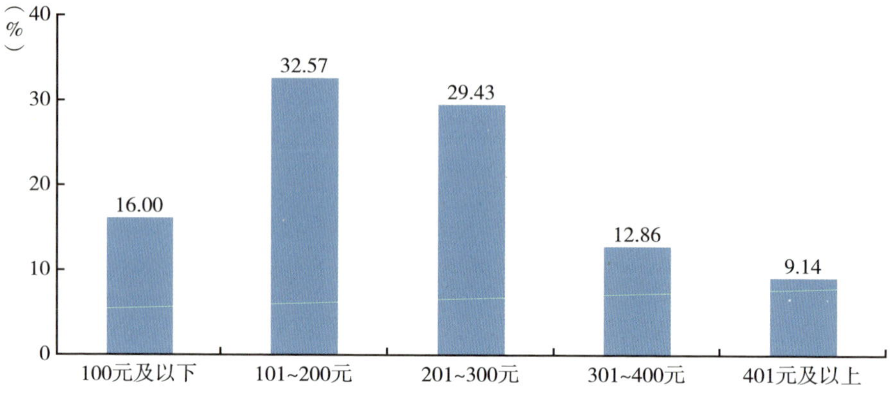

图 4　当地考场（含社会化考场）收取的考前模拟适应性的费用，折合每小时为多少元？

数据来源：中国交通运输协会驾驶培训分会问卷调查相关数据。

应性收费每小时在 101~200 元的占到了 32.57%，每小时 200 元以上的占到了 51.43%，且每小时在 300 元及以上的占到了 22.00%。在生源充裕情况下，社会化考场不仅能在 3~5 年收回投资，而且能收获可观的投资红利。在这样的情况下，政府不仅认为投资者在分享驾培驾考政策释放的巨大红利，而且认为用财政资金购买社会化考场服务是增加政府的财政负担，是无形中增加了政府的管理成本。

3. 社会驾考资源过剩期不需购买服务的瓶颈

由于驾考资源供大于求和运营管理不规范，以及不少社会化考场收取高额适应性训练费和驾考中搭车收费在社会上造成的负面影响极坏等原因，购买主体（政府）一方面不愿购买承接主体没有质量的服务，另一方面也希望通过市场竞争淘汰劣质的驾考企业，以此实现驾考市场的供求平衡。近年来，全国各地公安职能部门针对社会化考场出台的一系列监管措施、考核规定及退出机制，无不说明政府职能部门想通过综合治理、专项整治达到净化驾考环境和维护行政服务窗口良好形象的目的。

（三）政府购买社会化考场服务的必备条件

政府使用了社会化考场服务理应支付购买服务的费用，但在目前情况下，政府购买社会化考场服务还须具备以下几个条件。

1. 政府在购买驾考服务认识上有待统一

各地政府职能部门要把政府购买社会化考场服务摆在同党中央保持高度一致的位置来认识。购买社会服务不仅是政府维护社会和谐稳定和为人民群众办实事、解难事所需的，而且是人民群众分享社会进步和改革开放成果所需的。地方政府各部门定要走出购买驾考服务可有可无的误区，将社会化考场的使用纳入政府购买服务目录；定要在总体方向上把握、在制度上完善、在预算上落实；定要将政府收取的机动车驾驶证申领人所缴纳的各科目考试费及驾驶证工本费做到专款专用，全额或按一定比例通过财政返还给提供考试服务的企业。只有这样才能解决驾考企业的燃眉之急，才能规范驾考企业的管理，才能优化驾考行业的环境。

2. 驾考企业管理及服务质量有待提升

政府购买社会服务的目的是解决自身资源不足，用社会资源解决民生问题，采购的项目一定是管理规范化、服务标准化及人民群众满意的服务。为此，社会化考场务必从服务所需的硬软件上达到考场建设标准，并在配套设施设备上达到完成服务所需的要求；务必按政府财政、民政、工商、监察、审计部门要求做好各项工作，并做到制度健全、管理规范；务必牢固树立服务意识、优化标准及流程，并在服务的质量上做到让政府及群众满意。也只有这样才能让政府愿意、放心购买自己提供的服务，才能让人民群众满意消费自己提供的服务，才能让人民群众在消费服务的过程中感受到党和政府的关怀，以此增强他们的获得感、幸福感。

3. 职能部门及行业协会对驾考企业的作用有待发挥

行业协会是政府实施行业管理的参谋和助手。从目前情况看，全国不少省市因驾考企业数量难以达到成立行业协会的要求而未建立行业协会，导致行业内企业之间的管理难规范、标准难统一、监管难实施、考核难开展，企业之间的恶性竞争也因此愈演愈烈。要实现行业的科学化、规范化管理，政府职能部门要建立一整套行业投资预警机制，从源头上解决资本的无序进入和恶性竞争周期的延长问题。

要根据地区驾考市场实际进行合理规划，对现有个别建设标准不高、布局不合理、经营管理滞后、服务难提升的社会化考场进行梳理，采取适当措施引导它们改变经营方向，以此为购买社会化考场服务做好前期准备；要引导驾考企业在各地机动车驾驶员培训行业协会或道路交通安全协会领导下成立驾考专委会，通过专委会将政府关于行业的各项方针政策及时传达下去，并贯彻落实到社会保障服务中，实现政府对驾考企业的宏观调控和间接管理，实现行业的可持续发展。

四　社会化考场生存发展分析

在政府还未实施购买社会化考场服务之时，社会化考场如何在激烈的竞争中生存下来，履行好服务群众的职能、承担起应有的社会责任，是每个社会化考场的经营者务必研究思考的问题。

（一）练好经营管理内功是生存之本

驾考企业的命运是经营者自身决定的。据公安部交通管理局官方微博消息，截至 2018 年底，全国机动车驾驶人突破 4 亿人，达 4.09 亿人，其中汽车驾驶人 3.69 亿人。虽我国新增驾驶人数量有所回落，但 2018 年新增驾驶人为 2750 万人，这意味着全国驾考市场每年考前适应性训练的营收应在 10 亿元以上。如此规模巨大的驾考市场，只要各驾考企业在以下几个方面下功夫就能有所收获。

1. 练好高标准、高品质、全方位特色服务的内功

考场全体工作人员要彻底改变过去高高在上、自以为是、恶言相向的作风，深知自己存在的价值就是为考生服务。从服务的对象看，不仅要做好个体考生的服务，而且要做好驾校的服务，要树立“考生是亲人，服务是责任”

的理念，用实际行动让考生及生源组织者感到“热心、顺心、舒心、暖心”。如兰州市机动车驾驶人奔马考试场，为服务好考生和驾校（生源组织者），为各驾校安排了独立的接待办公室和休息专区，在竞争中收到了较好的市场效应。

2. 练好狠抓规章制度落实这个内功

规章制度是企业精细化管理的根本保障，是每位员工规范言行的准则。各社会化考场要根据公安部相关政策规定和职能主管部门的要求，结合本企业各个窗口、岗位的具体实际，建立完善高标准、高质量、高效率完成驾考任务和让考生高度满意的服务保障体系所需的规章制度；要加大规章制度的执行力度，做到组织健全、职责明确、监管到位，确保对违规人事处理公平、公正、公开，以此确保有损于考生权益的事不会发生，有损于考场形象的事无人敢做；要畅通监督渠道，通过网络互动背靠背听取考生心声，通过设置投诉处理台和建立“值班经理”制度及时处理考生反映的问题和要求。

3. 练好成本控制这个内功

在激烈的市场竞争中，降低成本是企业生存和发展的重要途径之一。日本企业家“利润 = 售价 - 成本”的经营理论值得我们思考借鉴，这个以利润为目标来设定成本的思想称为利润主义。利润主义告诉我们在经营管理过程中一定要思考如何才能赚取合适的利润，经营管理定要从成本的角度去思考，在竞争中自觉做到把固定成本（如设备、建筑物减价折旧费，保险费，税款，地租等）管好，把变动成本（如材料费、电费、水费、人力资源费用）控住。

（二）用好自身资源是生存的关键

社会化考场投资大、资源浪费严重是不争的事实，如何充分利用现有自身资源创收是企业在竞争中生存的关键。驾考企业资源的主要构成为场地资源、考试车辆资源、人力资源，经营者务必在三大资源利用上下功夫、做文章。

1. 充分利用好场地资源

场地是驾考企业投入最重的资源，无论是场地的购买租赁，还是场地的建设达标，均需大量资金的投入。建设一个科目一、科目二、科目三日考量均在500人以上的大型考场，占地应在200亩以上。对于考量不饱和的驾考企业，定要根据现有考量大胆地对现考场进行重新设计、规划，将多余的场地另行安排，以降低投资成本及租金；定要做好纵向资源利用工作，对于自身拥有驾校资源的驾考企业，可将场地提供给驾校使用，对于无驾校资源的驾考企业可同驾校进行纵向合作，按照“以驾校助驾考，以驾考促驾培”的思路开展合作，以此延伸自身的产业链，让学员享受从“报名→培训→适应性训练→考试→领证”的一条龙服务；定要挖掘场地资源附加值，主动同各类厂家、商家联系，在非考试时段进行商品展促销活动和在非考试区设置广告出租摊位等办法，增大考场的非主营收入。

2. 用好考试车辆及配套设施设备资源

目前，全国各驾考企业的考试车辆及配套设施设备的使用率极低，部分驾考企业的考试车辆及配套设施设备的使用率不到30%，资源浪费极其严重。各驾考企业一定要根据考量重新对考试车辆用量进行核算，重新核定所需车辆、设施设备数量，对剩余车辆做到该封存的封存、该处理的处理，以此降低流动性成本。与此同时，可采取承包责任制的形式对考试及适应性训练的车辆进行管理，以此解决车辆粗放式管理带来的高成本运营问题。

3. 做好人力资源成本管理

据业内经营者透露，由于驾考企业的特殊性，企业人力资源成本一般情况下占到流动性成本的40%左右，经营者对高额的人力资源成本感到压力巨大。为此，经营者定要主动同驻场警官协调，在不影响正常考试业务开展的情况下，对现有岗位、工作流程、人员配备、工作内容及职责进行梳理，做到合理设置岗位、合理分配工作，以此达到优化驾考业务、提高员工劳动效率、降低人力资源成本的目的。有条件的驾考企业还可以将驾考员工进行综合使用，或对个别岗位采取聘用临时工的办法，解决部分岗位工作半天休息半天的问题。总之，降低流动性成本不仅仅影响企业的效益，更是企业生存发展的需要，只有把降低成本放在十分突出的位置，才能为企业多创利润，才能使企业在竞争中拥有更广阔的发展前景。

（三）区域内资源整合是走出困境的必然选择

区域内驾考企业资源整合是实现短期、长远利益的战略决策。目前，全国不少地区的驾考企业间恶性竞争激烈，企业已深感“杀敌一千自损八百”给企业带来的灾难。驾考行业要走出目前困境，最优的选择是有效整合区域内企业间现有资源。

1. 在职能部门和协会的引导下走出困境

区域内行业主管部门、协会是行业自律和解决恶性竞争的直接管理部门，应采取行政、半行政及督促履行公约协议等手段对行业进行监管。在制定各类监管制度和行业自律公约时，要充分征求区域内驾考企业的意见，平衡好大中小企业的利益，确保制度和自律公约的公平性、合理性和可操作性；要制定整套贯彻落实制度、公约的奖惩措施，确保制度、自律公约实施后有人抓、有人管，让制度、自律公约有超强的惩罚威慑力；要加大企业的诚实守信教育，筑牢成员单位诚信经营、依规经营、守约经营意识，从根本上避免区域内的恶性竞争，确保行业的规范、健康、和谐发展。

2. 自发形成经营管理同盟走出困境

在区域内职能部门和行业协会难以发挥应有作用时，驾考企业要着眼未来，自发组织起来形成区域内驾考同盟，让驾考资源产生应有的效益。各驾考企业间应自觉在约定的价格区间内开展以拼服务为主要内容的竞争，让学员可以根据自身对品牌、服务的需要选择驾考企业。与此同时，区域内驾考企业应主动将资源整合的内容报主管业务部门、行业协会备案，以此确保资源整合内容的合法性、可执行性。要建立健全切实可行的监管配套机制，做到监管工作有章可循、有经费保障、有技术支撑、有实施队伍，确保各企业间公开、公平地开展竞争。

3. 驾考资源整合走出困境

任何一个行业中都存在竞争，但要在无较高科学技术支撑的行业解决恶性竞争问题，最佳的办法是对资源进行有效整合，让资源的价值实现回归，这是实现区域内社会化考场短期、长远利益的有效途径。资源整合的有效手段是区域内企业联合成立管理公司或平台公司（以下统称“管理公司”），管理公司在不改变区域内驾考企业原有经营管理模式的情况下，通过对区域内的驾考资源实施有效管理，实现驾考资源带来的增值回报。管理公司如何才能实现管好、用好资源呢?

因管理公司股东构成上包含各驾考企业、软件公司和运营管理团队，故在管理公司成立、运营时，务必抓好科学设置各方股份占比工作，合理设置各方股份才能激发股东参与、建设公司的主动性、自觉性。

管理公司要务必重点抓好公司一系列规章制度的建立，因为规章制度不仅是管理公司科学化、规范化、精细化运营的保证，而且是股东行使权利的根本性保障。这就要求管理公司的《章程》《股权管理及行权协议》以及管理公司内部的一系列经营管理规章制度必须得到全体股东的高度认可，只有这样才能夯实规章制度执行的基础。

管理公司要务必重点抓好管理公司目标确定，就短期目标而言就是要通过系列制度措施和手段，让区域内的资源价值回归合理标准，使考试车辆及配套设备得以有效整合。就中期目标而言就是让驾考企业通过管理公司的广告、技术、服务、客源等获得超额回报；长期目标是发挥资金流、数据流及信息软件的优势，实现同资本市场的对接，最终实现股东资产的巨大升值。

B.11
教练员个体生存与发展及驾校就业责任

邱晶晶

摘　要：驾校教练员是安全驾驶的第一道防线，是机动车驾驶人的启蒙者，是驾培行业的重要参与者。我国现有91.6万名驾培教练员，他们的生存现状和发展诉求正在受到招生压力、培训压力、产出压力等多方面的冲击。在当下激烈的市场竞争中，一名教学好的教练员已经不能满足市场的需求，只有教学好而且会招生的教练员才能在激烈的竞争中脱颖而出。

关键词：教练员　生存模式　技能培训　安全驾驶　招生

一　教练员的生存与发展概况

公安部发布的最新数据显示，2018年全国新注册登记机动车3172万辆，机动车保有量已达3.27亿辆，其中汽车2.4亿辆，小型载客汽车首次突破2亿辆；近五年全国机动车驾驶人数量呈现持续大幅增长趋势，年均增量达3012万人。2018年，全国机动车驾驶人数量达4.09亿人，其中汽车驾驶人达3.69亿人，占驾驶人总数的90.28%，这个数字还在不断地增加。所以作为驾培机构的灵魂人物，驾校教练员发挥着举足轻重的作用。

（一）教练员年龄、性别、区域分布

《2017年道路运输统计分析报告》显示，全国有91.6万名驾校教练员；从区域划分来看，山东省教练员人数最多，高达6.2万人；其次是江苏、浙江、四川、河南、河北等省份，教练员人数均在5万人左右。从性别和年龄的角度来看，通过对趣教练小程序[①]上来自全国各地的5000名教练员进行抽样调查得知，教练从业人员以男性为主，男教练员占71.1%；30～39岁教练员占31%，40～49岁教练员占19%，25岁～29岁教练员占19%，50岁及以上教练员占7%。

由此可见，30～39岁的男性教练员是我国教练员群体的主要组成部分。从性别角度来说，教练员需要有极强的车感，男性的车辆感知能力总体要强于女性，而且教练员职业需要常年在室外工作，烈日酷暑，非常辛苦，更加适合男性。从年龄角度来说，30～39岁这个阶段，既没有20多岁的冲动和青涩，也没有50岁以上的精力不济，这对于需要时刻保持冷静且精力集中的教练员来说十分重要。因此，无论是从年龄还是从性别角度分析，我国教练员分布都是合理的。

（二）教练员生存模式

全国教练员群体主要由驾校直营教练员和挂靠教练员组成。

（1）驾校直营教练员主要负责培训，由驾校提供训练场地和教学设备，驾校安排教练员每天的培训情况，教练员的薪资主要由驾校提供的基本工资和学员通过率绩效构成。驾校对教练员的培训时间、培训产出要求严格，教练员主要注意力在如何让学员快速学会驾驶技巧、提高考试通过率、提高个人绩效上。

驾校作为一家企业，除了要创造经济效益外，也需要履行和承担一定的

① 趣教练小程序是一款拥有50万名教练员用户的教练员招生工具型产品，有招生素材、招生名片、学员奖状、证书、驾考头条等功能，为教练员招生、教学赋能。

社会责任，其中就包括帮助社会解决居民的就业问题。驾校和直营教练员的关系，是雇佣关系。全国有接近 91.6 万名教练员，虽然没有具体统计直营教练员的数量，但肯定是一个不小的数字，这也就是驾校承担社会就业责任的体现。

（2）挂靠教练员是和驾校合作，借用驾校场地和培训资质，自己负责招生和培训的教练员。这种发展模式下的教练员，压力来自招生和培训两方面。一方面要自己负责招生，只有招到更多学员才能有更大的生存空间。另一方面也要保证学员的产出，通过率低既会增加培训成本也会降低自己在市场上的美誉度，影响后续招生。因为挂靠教练员自负盈亏，面临招生和培训的双重压力，所以他们也是驾培生态体系中最灵活的一分子，在我国驾驶员培训体系中发挥着不可替代的作用。

但不论是驾校直营教练员还是挂靠教练员，现在都面临更加严苛的市场生存环境的挑战。一方面，我国第一波人口红利迎来拐点，市场上学员整体数量较往年有下降趋势；另一方面，全国各地大小驾校遍地开花，市场整体供过于求，部分城市的驾校甚至开始打价格战，以求在不景气的市场环境下求得一丝生存之地。

总体来看，想要在这样的市场环境中生存下来，教练员不仅要具备过硬的教学培训技巧，还要掌握一定的营销本领。

对趣教练小程序上来自全国各地的 5000 名教练员进行抽样调查，结果显示：从教练员的从业时间来看，教练行业的职业稳定性较高，从业年限 2~5 年和 6~10 年的分别占据第一、第二梯队。从业 6 ~ 10 年的教练员经历了驾培行业蓬勃发展的时期，从业 2 ~ 5 年的教练员经历了驾培行业改头换面的变革时期，虽然工作辛苦，而且竞争压力越来越大，他们中的大部分热爱教练员这份职业，并且对驾培行业的未来充满希望。

整体工作满意度上，54% 的教练员表示对工作状态感到满意或较满意。60% 的教练员表示 2019 年的整体收入情况比 2018 年有所降低。47% 的教练员非常喜欢目前的工作，且在日常工作中感到有成就感；也有 36% 的教练员感觉工作较辛苦，日常工作中时常会感到压力与疲惫。近 90% 的教练员一周几乎没有休息日，每日工作强度也极高，74% 的教练员每天工作 8 小时以上，整体工作负荷较大。

（三）教练员招生现状

新生源缩减、驾校经营状况参差不齐以及驾考改革后日渐上升的考试难度，都给教练员的工作带来巨大挑战。

在抽样调查中，有 81% 的教练员表示招生工作难开展，同时 74% 的教练员认为目前同行竞争压力过大。其中驾校间压价竞争、学员向一二线城市流动，以及学员本身对驾考学习的抵触等，是目前教练员工作中必须面对的严峻问题。

想要在激烈的市场竞争中占据一席之地，就不得不解决招生的问题。怎样获取更多生源，怎样让更多有学车意向的人找到你，怎样让学员成功找自己报名，都是教练员在实际招生中不得不思考的问题。

那么 2019 年教练员在招生上都是如何开展工作的呢？

对趣教练小程序上来自全国各地的 5000 名教练员进行抽样调查，结果显示：在互联网浪潮下，教练员招生也迎来新局面。传统驾校推广、招生以贴广告、发传单、贴招生海报为主，现在正逐渐向线上迁移。越来越多的教练员在网上上传自己的招生信息，制作自己的招生名片并将其在社交渠道传播。

以趣教练小程序为例，教练员可上传自己的姓名、联系方式、训练场地址、招生班型、教学环境照片等信息，并邀请学员给自己做出评价。通过这样的方式，在网上更加立体地展示自己的个人形象，并通过社交渠道将招生名片发送给自己的好友，大大提高了招生信息的曝光度，同时也提高了宣传效率。借助微信小程序，不用下载安装，而且操作简单，就能让自己的招生信息在微信渠道的曝光达到最大化。

数据显示，83% 的教练员曾在朋友圈发过招生信息或学车趣事段子，有意识地在社交渠道塑造“个人名片”，将朋友圈、微信群作为吸引招生以及提供教学辅助的主要线上手段。

二　教练员教学培训现状

（一）教练员技能培训发展历程

伴随着我国汽车工业从无到有、迅速繁荣的两个发展阶段，我国机动车驾驶培训教练员培训经历了以下两个阶段。

1. 教练员起步发展阶段

20 世纪 80 年代以前，我国机动车数量较少，对驾驶员的需求小，且多为职业的驾驶员。驾驶员培训采取以师傅带徒弟的形式，由专业的技工学校和运输企业联合培养。技工学校教师和运输企业有经验的驾驶员充当教练员，技工学校教师经过专业培训，具有较为丰富的理论知识和实践经验；而运输企业有经验的驾驶员，驾驶经验丰富、驾驶技术较好，具备较好的驾驶教学技能。

2. 社会培养阶段

20 世纪 80 年代后，随着我国改革开放政策的实施，经济取得了重大发展，机动车数量逐步增加，对驾驶员的需求相应增加，驾驶员的培训需求也逐渐增大，出现了专业的机动车驾驶员培训机构（以下简称“驾驶培训机构”），专职的教练员由此出现，负责教授学员的理论知识和驾驶技能。自 80 年代以来，教练员的培养主要以社会培养为主，也有部分驾驶培训机构采用与相关职业院校联合培养教练员的职业教育人才培养模式。1989 年公安部颁布实施的《机动车驾驶员培训学校（班）管理办法》明确教练员实行教练员资格证管理。此后尽管教练员的管理职能部门发生变化，但教练员资格证管理制度得以延续，即准备从事教练员工作的人员，经过第三方培训机构的短期培训后，即可报名参加行业管理部门组织的从业资格考试，考试通过后发放教练员证，持有教练员证的人员便可从事相应的驾驶教学。

2016 年 2 月，《国务院关于第二批取消 152 项中央指定地方实施行政审批事项的决定》（国发〔2016〕9 号）明确指出，取消教练员从业资格证认定。《机动车驾驶员培训管理规定》《道路运输从业人员管理规定》等行业管理规章也做了相应的调整，取消了教练员从业资格考试的相关规定。

2018 年，《交通运输部职业资格中心关于印发 2018 年鉴定工作计划和第一次统一鉴定考务工作安排的通知》中提到从原来的“四级制”改为“五级制”。在 2018 年之前，我国机动车驾驶教练员的从业资格体系一直是四级制，2018 年开始改为五级制度，分别为：五级机动车驾驶教练员（初级）、四级机动车驾驶教练员（中级）、三级机动车驾驶教练员（高级）、二级机动车驾驶教练员（技师）、一级机动车驾驶教练员（高级技师）。这样的变化和改革，体现出交通运输部对教练员职业认定的重视程度，对教练员素质教育和成长的渴望，对驾培行业培训和服务质量的重视，对培养出中国优秀驾驶员的诉求。驾培从业者应该对此感到高兴，并积极主动配合执行，以促使驾培行业的从业者素质越来越高、行业整体的口碑越来越好。

目前，我国教练员培训和管理的主体均为驾驶培训机构，驾驶培训机构自主聘用、管理、辞退教练员。即驾驶培训机构根据行业管理的相关规定和自身的业务特点设定教练员的岗位条件，符合条件的，驾驶培训机构对其实施必要的岗前培训，经考核合格后，聘用其为教练员，从事驾驶培训的理论或实操教学；驾驶培训机构对聘用的教练员进行监督管理、教学评议等；每年安排教练员进行为期一周的脱岗继续教育。

此外，道路运输管理机构对教练员实行教学质量信誉考核，考核教练员的教学业绩、教学质量、继续教育等情况；同时学员在参加培训过程中可对教练员的教学行为和服务情况进行监督。

（二）教练员的安全驾驶教学理念

传授安全行车知识和安全驾驶方法，培养学员安全驾驶理念，是驾驶教练员教学工作的核心内容之一。教练员正确的驾驶态度、安全教学意识、安全驾驶理念，直接影响学员的驾驶行为，是培养安全文明驾驶学员的土壤。教练员在驾驶教学中，要正确认识教学过程中影响教学安全的因素，始终坚持安全教学理念，规范驾驶教学行为，运用预见性安全驾驶教学方法，让学员养成良好的安全驾驶习惯，安全独立地驾驶准驾车型。

教练员的安全意识包含安全知识和安全体验两方面，具有主观能动性，对教学活动有着调节作用。安全意识是安全教学的灵魂，教练员把安全意识贯穿教学全过程，以达到培养学员安全意识的目的，这是确保安全教学的关键。

教练员安全意识的高低，取决于教练员出行和教学时的安全需要及对教学中危险因素的认识能力。安全需要过低就会漠视生命，危险认识能力不足往往表现为冒险蛮干而忽视危险的存在。

教练员具有较强的安全意识，既是对自己的安全负责，也是对学员和社会负责。缺乏安全意识的驾驶员更易发生事故，而这类驾驶员往往是由于在学习期间受教练员的影响，没有养成尊重生命的理念和安全驾驶的习惯。学员学习期间，教练员的安全意识会直接影响学员的驾驶道德、风格、理念和驾驶行为习惯。

安全驾驶教学主要体现在遵纪守法、珍爱生命、安全驾驶、文明行车、减少事故、确保行车安全等方面。安全驾驶理念的核心是安全责任意识。安全责任意识是教练员的精神灵魂，教练员既要对自己的安全负责，又要对学员的安全和社会的公共安全负责，让自己的安全意识、思想能够融入学员学习中。对学员负责、对未来的道路交通参与者负责，是教练员精神境界的具体表现。

教练员要有合理的知识结构和丰富的专业知识储备，并且能够随着道路交通安全法律法规、车辆技术和现代化教学手段等知识的不断更新，自觉加强业务学习，巩固专业知识。在驾驶培训过程中，教练员要注意培养学员的安全驾驶理念，不仅仅要教学员怎么做，更重要的是教学员为什么这样做，做到晓之以理，如此才有利于学员理解和掌握。教练员应教育学员学会“安全驾驶是一生的追求，避免交通事故是终生的努力”。教练员是安全驾驶的第一道防线，是机动车驾驶人的启蒙老师，是一个决定“往车轮子底下送人还是从车轮子底下救人”的职业。所以教练员的安全驾驶理念，在教学过程中向学员传授安全驾驶知识，就显得尤为重要。

我国的道路交通事故死亡率高居世界第一，我国也一直在不断完善和加强道路交通安全方面的立法，各地最严酒驾规定的问世，也是在不断强调驾驶安全。

然而，安全驾驶想要从根源上抓，还是要从提高准机动车驾驶人的安全驾驶意识开始。在驾驶培训环节，不仅仅要教会学员如何顺利通过考试，更要教会学员真正的安全驾驶技术。

三　教练员的个体发展

（一）教练职业的发展现状

2015年之前，日益增长的机动车驾驶人培训需求促进整个行业蓬勃发展，驾培行业在发展过程中经历过野蛮增长时期；2018年驾培市场竞争环境严峻，行业洗牌加剧导致更多的驾校或主动退出或被淘汰，有的迫于经营压力更是停掉部分分训场和教练车。

在机动车驾驶培训行业，很长一段时间里，在教练员的意识中，自己与学员的关系就是传统的师徒关系，“师道尊严”的思想严重。但随着市场的变化，学员的要求也发生了根本变化，师徒关系基本不复存在，取而代之的是服务与被服务的关系，学员成为真正的消费者。

教练员的教学就是在对学员进行驾驶知识和驾驶技能培训中所提供的一种服务。教练员的服务是在教练员与学员之间进行的行为，表现出“教与学”这种很强的服务与被服务的关系。教练员是服务的主体，所以要找准职业定位，摆正与学员之间的关系，确定正确的服务理念、服务态度和服务方法，满足学员需要。

随着市场经济的发展，驾培行业的竞争会更趋激烈。物竞天择，适者生存。服务水平低、教学质量差的教练员肯定会被市场经济的大潮所淹没，要做驾培市场的常青树非常不容易。

（二）想要在市场竞争中生存下来，教练员应该怎么做?

第一，改善服务。类同于目前的教育体制改革，重心由原先的教师转到学生。而驾培同样作为一个传统行业，也面临类似的问题，驾培重心的转移也是势在必行的。提高学员地位，让学员享受到应有的服务。根据驾考宝典提供的《2018 年全国驾培市场用户数据报告》，驾校和教练员都已经将服务体验作为首要改变的内容，并且已经体现出一定的成效，其中四星级驾校占比达到 53.69%，学员对驾校的好的评价排名前五为态度好、通过率高、收费透明、练车时间多、车辆整洁；不好的评价排名前五则是态度差、约课约考难、隐形收费多、通过率低、车辆破旧。学员教练员的评价中，五星级教练员高达 92.54%，其中排名前五的好评为尽心尽力、细心、资深教练员、专业讲解、约车方便；排名前五的差评为粗俗、不擅长教学、吃拿卡要、通过率低、练车难。

第二，完善学车体验，变更教育模式。教育就是教化培育，学车并不只是为了拿到驾照，很多学员虽然已经拿到驾照，但是还达不到上路的水平，甚至有很多常识都不知道。学员应该学到一些除考试之外的东西，不能仅仅为了驾照考试才去驾校学习。驾校应该体现其专业性，教练员对学员的教育应该是全方位的，无论是道路交通安全意识，还是车辆驾驶技能、车辆基础知识等，真正让学员掌握驾驶能力，而不仅仅是为了拿到一本驾驶证。

第三，配套设施改革，增加人性化因素。随着学习驾驶的主力群体从“80 后”“90 后”，逐渐变成“00 后”，学员的诉求产生了变化，更多的个性化服务和教学需求也引起了驾校和教练的注意。例如，趣学车成都安全主题驾校每个月举办一次学员生日会，给在本月出生的学员集中过生日。生日会上，趣学车会给学员们准备蛋糕、饮料、零食等，并且会举办一些游戏和抽奖活动，这样的活动成本并不高，但能给学员带来很多乐趣，同时也增进了学员和驾校、教练员之间的连接。

作为服务行业的驾培行业，提升用户体验、增加客户满意度，是产业升级必须做的一件事，这也是众多传统行业改革创新一直针对的点。同时提高驾校的价值，也是迫在眉睫的一件事，要让用户感受到除考试通过率以外的价值。

无论是目前的政策方向，还是资本，对于驾培行业来讲都提供了一个好机会，也是千载难逢的好时机。这个市场很庞大，但是随着驾培市场的不断发展，涌现出区域性的连锁品牌以降低学员的选择成本，已经成为大势所趋。身为教练员，应接受和拥抱这样的趋势，适应这样的市场变化，瞄准市场态势，加入改革和变化的趋势中去。一方面提高自己的教学和服务能力，为学员提供更好的教学和服务；另一方面有意识地提高自己的招生和营销能力，打造好自己的“个人名片”。只有适应市场潮流的教练员才更有可能被市场筛选下来，拥有更好的生存和发展机会。

B.12
驾校市场营销的现状与实例

刘俊利　钟鸿峰

摘　要：随着驾培行业市场化进程的推进，驾校一方面需要将培训和服务能力提升起来，另一方面需要将营销作为重要突破的业务项之一。过去的驾培行业是卖方市场，学员主动上门，如今随着驾考改革的推进和市场红利的消失，已经彻底变成供大于求的市场。如果不再主动出击，面临的结果只能是被市场无情地淘汰。做好营销需要做到精准人群定位、细分市场和用户画像、营销活动、口碑传播等多种方法并行推进，如此才有机会在竞争激烈的驾培市场取得先机。

关键词：品牌化　口碑　活动营销　大学生　人群定位

一　学车人群概况

据公安部数据统计，截至2018年，全国机动车驾驶人数量达4.09亿人，其中26~50岁的驾驶人达3亿人，占驾驶人总数的73.31%；18~25岁的驾驶人达5136万人，占12.55%；51~60岁的驾驶人达4663万人，占11.39%；超过60岁的驾驶人达1123万人，占2.74%。从驾驶人性别看，男性驾驶人达2.86亿人，占69.92%；女性驾驶人达1.23亿人，占30.07%。

根据国家统计局公布的最新数据，2018年全国人口数量为13.9亿人，而机动车驾驶人只有4.09亿，不到总人口的1/3，可见驾培行业的存量市场依然巨大。一般情况下，驾校的市场大致可按照年龄段细分为：19~22岁的大学生市场，占报名量的 20% 左右；23~44 岁的青年人市场，占报名量的 60% 左右；45~59 岁的中年人市场，占报名量的 15% 左右；60~70 岁的老年人市场，占报名量的 5% 左右。

二　找准细分市场，做好用户画像

所谓细分市场，是指按照消费者欲望与需求把一个总体市场划分成若干个具有共同特征的子市场。因此，分属于同一细分市场的消费者需要和欲望极为相似；分属于不同细分市场的消费者对同一产品的需要和欲望存在明显的差别。

学生市场和社会市场是目前行业内划分的两个最主要目标市场，尤其是在近几年，适龄青年学车比例快速上涨。相对于社会市场来说，学生市场目标群体精准，消费人群集中，更有利于驾校推广、营销。

驾校在做定位、营销之前，一定要知道主要目标群体是谁，他们的消费能力如何，他们最核心的诉求是什么。也就是说，要做一个相对准确的用户画像。通过用户画像，能够了解消费者视角，提升营销效率。很多时候，我们以为给了消费者最好的东西，但消费者并不那么认为，这就是不了解消费者视角造成的。

做精准的用户画像并不是仅仅给用户贴个标签就完事，而是在收集与分析用户的社会属性、生活习惯、消费行为等主要信息后，完整地概括出一个用户的商业全貌，为从业者提供足够的信息基础，以快速找到精准用户群。

中国交通运输协会驾驶培训分会曾邀请市场营销专业的大学生做过详细的关于考驾照最关心的问题的市场调查。据调查统计结果，在高校学生市场中，约 70% 的大学生考驾照最关心的问题是价格，排序第二的是训练场的远近，第三是训练场的环境设施，第四是服务质量。而在白领人群中，最关心的是训练场的远近，第二是服务质量，第三是环境设施，第四是价格。可以看到，不同的群体最关心的问题是不一样的，自然营销方式与方法也需要“因群而异”。

所以我们要细分用户市场，根据用户的需求做到精准营销。如青年人市场是高端消费客户的重要来源，他们特别注重服务质量。为了抓住这个占比最大的群体，还要进行再次细分，挖掘用户需求，根据需求制定不同的班别（VIP 班、精英班、快速班、普通班）等，来满足不同层次的需求。另外，还可以制定针对企业员工和白领的营销方式和方法。

以学生市场为例，通过对学生市场的用户画像进行分析，了解学生的消费习惯，可得到以下认识。

（1）大学生的互联网使用特点是爱尝鲜。大学生是伴随着移动互联网成长的一批用户，是移动互联网“原住民”，“爱尝鲜”“紧跟潮流”是“95 后”在互联网产品使用上的典型特征。趣学车曾以机器人为主题对驾校进行设计、装修，吸引了一大批大学生到驾校参观，体验机器人教练。因此，驾培行业前沿科技是一项可以吸引大学生的重要工具。

（2）大学生的内容偏好是兴趣导向。崇尚“宅”文化的大学生，宅在家里、宿舍里打游戏、看视频、睡觉是他们普遍的放松与娱乐方式。在内容追求上以“娱乐至上”“兴趣导向”为宗旨，对于正经严肃的内容“95 后”并不买账。驾校需要思考自身提供的内容是否足够有趣，宣传物料如何能触达宅在宿舍打游戏的大学生，吸引他们的注意力。

（3）大学生的内容获取方式是社交媒体。大学生每天使用的 App 中最高频的是社交类应用，社交媒体是大学生获取感兴趣内容的主要渠道，内容获取社交化，社交传播的影响对于大学生下载新的 App 起关键作用。微信拼团、砍价等基于人和人分享的互动，都是驾校可以尝试的线上活动方式。

（4）大学生的内容形态偏好是短视频。2017 年以来，短视频成为互联网新风口，大学生“尝鲜一族”也是短视频产品的重要用户，大学生主要使用抖音、B 站两款 App 产品去看感兴趣的短视频。

以时下风靡的抖音为例，这是一款音乐创意短视频社交软件，专注年轻人的 15 秒音乐短视频社区，用户可以通过这款软件选择歌曲，拍摄 15 秒的音乐短视频，形成手机原声配乐作品。抖音的用户主要是年轻人，用户的黏性非常强，很多企业也希望能借助平台的流量，帮助自身宣传。

目前，行业内少数驾校、教练也开始运营抖音号，以趣学车抖音号为例，以段子的形式展现驾校日常搞笑瞬间，传递好玩、有趣的品牌理念，形成用户触点，达成品牌曝光，提升驾校知名度。

三　实例：学生市场营销策略分析

驾校做好营销策略要考虑多方面的因素，除了解用户、洞察用户需求之外，还要清楚自己所处的市场竞争环境、竞争品情况，找到自身的核心优势或差异等，综合这些情况再思考自身的产品、价格和推广等营销策略。

下面以学生市场为例，目前驾校在高校的常见营销种类大概有活动营销、利用校园代理招生以及赞助校园文化、体育活动投放广告等形式，以从多方面提高学生的品牌认知度。营销的方式有很多，关键是考虑投入产出比，做到在有限的营销预算下把营销价值最大化。

如上所说，首先针对人群画像，了解消费者需求。对于高校市场这一大学生群体来说，假设选择学车考驾照首先关心的是价格，其次是距离、环境和服务质量。此时，驾校首先会选择设定一个目标群体接受度较高的价格，在这种情况下，留给其他营销投入的预算空间就不多了，那么对于高校市场的营销策略将以口碑营销、代理营销体系为主。以下将列举六种适合年轻人群体的营销方式及案例。

（一）口碑营销

口碑营销指的是以口碑传播为核心的营销方式，借助一定的渠道和途径进行口碑传播，以实现品牌曝光、商品交易，赢得顾客满意和忠诚，提高企业和品牌形象。总之，要创造一个理由，让人们谈论你的产品，同时，还要创造机会，让人们谈论时更加轻松自如。

驾驶培训客单价高，服务链条长，在用户传播中以第三方推荐为主。如果积累起口碑，容易形成长尾势能。

在细分领域，遍布着以性价比为驱动而产生消费行为的用户，忠诚度低，他们会为差价绝尘而去。与此截然不同的是，面对价格高昂的苹果产品，“果粉”总是有高度的热情，并有各种对苹果表达忠心的方式：彻夜不眠排队抢购新产品、对乔布斯的个人崇拜、收集古董款苹果产品建博物馆……

显然，用户与粉丝的区别就在于他们对品牌和产品的忠诚度，通俗讲就是“用户黏性”。只有让用户获得真正的超预期体验，建立情感连接，从而增强用户黏性，才能逐渐把这些用户打造成自己的粉丝；当然，前提是产品足够好。

英国的 Mediaedge 实施的调查结果也表明，当消费者被问及哪些因素令他们在购买产品时更觉放心时，超过 3/4 的人回答“有朋友推荐”。各种调查研究显示，口碑对于消费者购物决策有很重要的影响，所以驾校必须重视口碑营销。

口碑传播无处不在，特别是在高校这样一个封闭的市场空间内，口碑对于驾校的发展有至关重要的作用，直接关系驾校的发展潜力和生命力。相对于其他营销方式来说，口碑营销是成本较低的方式。

驾校口碑好的维度有很多，如服务好、环境好、教练好等。很少有驾校可以把所有维度都做好，但其实把几个点做透，做到稍微地超出用户预期，并且长久坚持下去，口碑效应带来的价值就可以是无穷的。

过去口碑只能靠口口相传，传播效率低；在社交媒体高度发达的今天，朋友圈、QQ 空间、微博让信息的传播变得越来越简单。驾校要充分利用社交媒体优势，更高效地建立口碑。将口碑传播也作为营销策略的一部分，不光是未来获得学员的口头夸赞，还要思考如何让学员发一条朋友圈，创造一个更有利于口碑传播的环境。例如，引导学员发朋友圈、QQ 空间、微博等，给学员适当的物质激励等。有条件的驾校也可以选择通过精准的权威媒体报道来增加品牌知名度。

除此之外，要找准驾校和用户间的服务触点，覆盖从驾校销售人员接触用户的第一刻到学员毕业拿证再到推荐新学员的全过程。其中，教练是整个服务链条中的核心要素。因此，驾校对教练的培训极为关键，一方面需要提高教练的职业技能，另一方面需要提高教练的服务水平。让学员和教练之间产生强连接、强黏性。从用户视角制定并落实规则，增强用户的忠诚度，完成用户到粉丝的转化。

案例 1

2017 年 9 月，趣学车在驾校内举办的一场“卡丁车赛”营销活动，将赣州机器人主题驾校打造成一个卡丁车赛场，并邀请附近高校大学生到驾校内畅玩卡丁车。活动的主要目的是：趣学车品牌曝光；将用户引流到驾校；突出趣学车优势，达成销售。

活动的主要参与者有趣学车的老学员以及还未报名学车的潜在意向学员，为了让参与的学员能够更主动地在社交媒体上分享这次活动，现场有专人全程为用户抓拍。通过高质量的活动照片增强了用户在线上社交媒体平台分享的动机，每一个参与用户分享之后又可以抽取趣学车奖品（趣学车吉祥物、笔记本、保温水杯、书包等）。用户的主动分享扩大了品牌曝光，将传播效果最大化。同时，前来现场参加活动的潜在意向学员，对驾校环境和品牌有了更深入的了解，促成销售的概率大大增加。

图 1　越学车“卡丁车赛”

案例 2

2019 年 4 月 20 日，郑州红绿灯趣学车驾校为了庆祝建校十周年，举办了一场校庆活动，活动吸引了超过1000名学生到场参与，活动当天报名超100人，当日活动照片形成了4万次以上的访问量。据不完全统计，主动将活动照片转发到朋友圈、QQ空间的学生不低于300人，在郑州东大学城形成了不小的影响力，并且形成了一定的长尾效应，不断有学员通过这次校庆活动知道红绿灯趣学车驾校并咨询报名。

图2　郑州红绿灯趣学车驾校十周年校庆活动

鉴于驾校的主要学员群体是年轻的大学生，营销人员从策划初期便紧紧围绕年轻、有趣，贴近大学生群体的喜好来安排庆典节目，如轮滑、街舞、教练方阵，设置活动环节：现场可以凭气球投票选出最喜欢的节目，获得免费学车等丰厚大礼；现场引导学生拍摄抖音，点赞量最高者给予现金奖励。

此外，营销人员对活动后期传播做了充分的铺垫，包括活动中各物料的设计、场地布置等，使得学生更愿意在欣赏节目的同时，自发拍照留念。为了提升学生的分享意愿，驾校请到了专业的摄影机构，由趣学车线上技术及营销团队配合对活动进行图片直播，现场学员可以实时查看并挑选自己喜欢的照片，极大地刺激了学生主动转发的动机。

（二）建立校园代理体系

大学生兼职招生代理是帮助驾校实现招生目标的一个非常重要的角色，他们对用户更了解，也能和身边的同学建立高度信任，这直接带来了高效率的招生。但校园代理因为不是正式的职位，只是大学生在业余时间赚取一定生活费和工作经验的兼职，有人员流动性较大的特点。

因此，驾校要不断完善校园代理的管理体系，为校园代理制定详细的工作规范，明确其职责、权利，定期对他们进行培训，如销售话术等。另外，驾校要处理好校园代理的工作强度和薪酬之间的关系，设计好校园代理的提成和激励制度，合理的激励制度能激发代理的工作积极性和信心，留住优秀的人才。围绕校园代理体系，同样可以衍生出以班级为单位开展的营销。

案例 3

2017 年 12 月，趣学车在重庆熙街举办了一场最团结班级大赛。时逢期末，大一新生班级有强烈的团建需求，趣学车联合重庆大学城各商家共同为学生提供优惠券、代金券等，刺激大学生消费，营造班级团结聚会热潮。

最团结班级大赛通过各大高校班级报名、投票、拉票，以班级团建、聚会、全班免费吃喝玩乐为亮点和噱头。分别设置班长报名奖、班级投票奖、班级成员奖、冠亚季军最团结班级等覆盖吃喝玩乐各个方面的奖项。使用户班级主动分享、产生裂变传播。

活动通过微信公众号、校园微博、QQ 空间、校园贴吧、兼职群等线上及线下趣学车自有渠道 、公交站台、熙街灯杆、合作商家展架易拉宝进行曝光。既达到了趣学车品牌曝光覆盖熙街附近高校的效果，也让许多意向客户了解了趣学车并报名。

（三）体验式营销

体验式营销是站在消费者的感官、情感、思考、行动、关联五个方面，重新定义、设计营销的思考方式。体验式营销的威力在于使客户以个性化的

图 3　趣学车最团结班级大赛

方式参与其中，通过体验对品牌产生情感寄托，从而成为品牌的忠诚客户。它的最终目的是为客户提供愉悦的体验、为客户和企业创造价值。

驾校从业者要多从学员感性面去思考营销的方式，比如趣学车的赛车主题驾校和机器人主题驾校就是一种创新式的体验营销。除此之外，教练用湿纸巾给学员擦方向盘，驾校报名大厅的装潢、陈列摆设、香水味都是体验营销。

从用户的感官感觉、感受、思维、行动和联系去想如何把体验做得更好，如视觉上的科技感（感觉）、服务周到（感受）、创意（思维）、激励引导（行动）、可以和某种生活方式联系起来（联系）等。例如，哈根达斯这个冰激淋品牌在全世界推销的都是浪漫感觉，而非产品本身，用这种方法把产品与浪漫爱情联系在一起，在冰激凌这一款休闲零食产品上增加了充满仪式感的礼品属性，这就是增强联系带来的营销效果。

学员的学车体验贯穿每一个细节，对从业者来说做到极致的学车体验意味着成本的增加，应该思考的是哪些体验是必须做的、是学员最重视的；哪些体验又是可以用非常小的成本就能达到相对较好效果的。无须兼顾所有细节，只需将这些必须做的细节放大，就能够起到差异化服务、增强体验式营销的作用。

案例 4

针对部分大学生漠视交通法规、开“英雄车”这一情况，济南交校机动车驾驶员培训有限公司（以下简称“交校驾校”）联合齐鲁师范学院团委、学生处，走进大学校园，开展“安全驾驶从大学做起”活动。通过分析当前交通安全形势、播放警示案例片、通报近期发生的特大道路交通事故等形式，向大学生们讲述超速、超员、疲劳驾驶、酒后驾驶等交通违法行为的危害性。并针对道路交通事故发生的规律和特点，向大学生们讲授行车安全常识及注意事项，使大学生们牢固树立文明安全驾驶的意识，养成自觉遵守交通法规的良好习惯。

交校驾校一直坚持走进校园开展“安全驾驶从大学做起”活动，累计派车 8 次，开展公益讲座 10 次，培训大学生 6000 余人，切实增强了大学生的安全驾驶意识。

交校驾校就是放大了“安全驾驶”这一体验，让学员和潜在消费者感受到驾校重视安全驾驶这一服务特性，在高校内形成话题，形成体验式营销。

（四）线上注意力营销

最早提出“注意力经济”这一概念的是迈克尔·戈德海伯（Michael H. Goldhaber）。1997 年，他在美国著名的 Hot Wired 上发表了一篇题为“注意力购买者”（Attention Shoppers）的文章。在这篇文章中，戈德海伯指出，目前有关信息经济的提法是不妥当的，因为按照经济学的理论，它研究的主要课题应该是如何利用稀缺资源，而在信息社会中信息非但不是稀缺资源，相反是过剩的，相对于过剩的信息，只有一种资源是稀缺的，那就是人们的注意力。戈德海伯进而指出，正在崛起中的以网络为基础的“新经济”的本质就是“注意力经济”，在这种经济形态中，最重要的资源既不是传统意义上的货币资本，也不是信息本身，而是注意力。

而注意力营销尤其适合现如今追求尝鲜的年轻人群体。对于让驾校调动用户的注意力，驾培从业者需要明确以下几点。

（1）用户只对与自己有关的内容感兴趣。2019年春节档《流浪地球》票房超40亿元带火了一句台词："道路千万条，安全第一条，行车不规范，亲人两行泪。"趣学车在江西理工大学蓝鲸驾校装修中将其引用为"道路千万条，安全第一条，报名趣学车，情敌两行泪"。引起前来练车的学员大量自发拍照传播。

（2）反直觉，超出用户预期。普通用户对驾校的认知至今仍停留在"土"的阶段，2019年3月7日，趣学车推出了一组以"趣学车 做女王"为主题的系列海报，画面风格清新且融入趣学车的5个优势点，很多用户表示很惊讶并且主动转发到各社交媒体的群聊中，庆祝女生节的到来。

（3）驾校吉祥物IP化。吉祥物是给人带来幸运的人、动物或者物品，起源于法国。吉祥物更多是为了表现主体的同一性而制作的动物形象，更多的是一种象征。一般使用在活动、促销、产品介绍、地区宣传及企业、团体的象征等方面。吉祥物是比较具象的形象传达，所以即便在没有其他辅助图形和文字的情况下，也能达到传达信息的作用，这是商标无法逾越的优势。

现代吉祥物设计有着明确的文化目的和商业目的，所以吉祥物必须具有很强的注目性和独特性。

主打女性白领市场的国民零食品牌"三只松鼠"即以小松鼠作为企业代言人，松鼠覆盖了其线上和线下的产品及服务场景。淘宝、官网客服又以"主人"为口径，极大地强化了用户对松鼠的印象，为品牌内容输出减小了阻力，和客户形成了良好的互动关系。

在驾培行业，一些注重营销的驾校已经开始将注意力放在吉祥物上，旨在通过吉祥物增加学员对驾校的熟悉感、亲切感和信赖感，认可驾校的品牌，从而吸引潜在学员和促使老学员转介绍。其中，趣学车的做法值得借鉴。

案例5

2019年9月15日，趣学车更新的吉祥物组合趣学车三班在历经了10个月的用心打磨、前后修改60多次，首度亮相，即获得了用户和友商的关注，组合成员分别是熊教练和4位学员：羊驼艾斯、苏格兔、趣小蜗、懒鸭鸭。

图 4 “趣学车 做女王”主题海报

用卡通漫画的形式使用户更愿意主动关注其学车故事。随后其形象被广泛应用于趣学车的中秋礼品、新年礼物等，获得了大众的喜欢和追捧。趣学车也以它们开设了抖音号，已有单条视频获得千万浏览量。

图 5　趣学车三班（1）

图 6　趣学车三班（2）

（五）线下活动营销

很多驾校会举办各式各样的线下营销活动，位置和时间通常选在人流量大并且繁华的地方和合适的时间段，主要目的是进行品牌和产品宣传和曝光，通过丰富多彩的活动类型，吸引路过的人群留意这个活动，了解情况，参与活动。在此类活动中，马上报名的概率不会很大，但往往可以起到提升品牌知名度、让用户了解驾校优势的作用，以便日后影响用户的购买选择。

关于线下活动营销，如今驾培行业从业者更应该考虑的是活动场景的年轻化、体验的沉浸化。一场成功的体验营销活动必须肩负着实现驾校营销目标的任务，起到传递驾校品牌、宣传业务的效果。从学员的感知出发，设置多重激励机制，一些激励机制的存在可以有效提升他们的参与度和体验度，甚至直接促成报名。

案例 6

2018 年 3 月，南昌白云驾校策划了一场名为“王者荣耀千人争霸赛”的营销活动，吸引了近 3000 人到达活动现场（某高校体育馆）参与活动。活动的主要目的：促进销售；扩大白云驾校的品牌影响力，传达白云驾校年轻、快乐的品牌主张。

活动奖励：冠军 10000 元；亚军 6000 元；季军 4000 元。

活动规则：2 月 26 日至 3 月 25 日来白云驾校报名的学员均可报名参赛，参赛人员可自行组建战队，战队中必须至少有 2 名新报名学员，通过抽签形式进行淘汰赛，3 月 31 日决出冠、亚、季军，获奖团队将有丰厚的现金奖励。

王者荣耀这个游戏本身具有庞大的受众面和很高的受欢迎程度，白云驾校抓住了这个极有号召力的大 IP，利用其影响力策划营销活动。同时，业余电子竞技比赛也是很多年轻人愿意积极参与的活动形式，再把大奖设置在活动中，起到了很好的自传播效果。在活动预热造势方面，白云驾校选择了搞笑多个优质公众号覆盖的目标人群，报名参赛至少需要组建一支 5 个人的团队，这也加快了活动的传播速度。活动现场有不少学生主动拍照分享传播，通过游戏竞技比赛、创意节目表演、抽奖互动让整个活动达到用户预期，也保证了线下活动的气氛。

2017 年 12 月，白云驾校再次利用《中国有嘻哈》这档人气火爆的网络电视选秀节目，策划了一场名为“白云驾校嘻哈跨年狂欢晚会”的营销活动。活动目的是回馈学员长久以来对驾校的支持和信任，晚会设置了奖品以激励学员报名。其中一条规则为：12 月 15~28 日在白云驾校报名并出席晚会的学员凭报名发票均能抽取最低 200 元的现金红包一个；一等奖可获得 8888 元的现金红包，二等奖可获得 5888 元的现金红包。不菲的奖金能够帮助驾校达到促销的目的。

近年来虽然竞争环境激烈，但是白云驾校的招生数量节节攀升，这与它重视营销是分不开的。

（六）价值观营销

价值观营销的概念就是向潜在客户传递企业的价值观，从而引起用户对企业的认可和赞同。利普·科特勒 (Philip Kotler) 在其著作《营销 3.0》中说：“新一代的营销必须是价值观营销，更注重企业的人文关怀和社会价值。”因为，新一代的消费者是具有独立思想、心灵和精神的完整个体，只有商业价值与社会价值并行的品牌才能真正打动他们，学驾群体也不例外。

在竞争日益激烈的市场态势下，驾校经营的本质已经由垄断资源、抢占市场，转变成争夺市场，而争夺市场的关键就是“赢得人心”。也就是说，驾校想要在新形势下生存发展，就势必要顺应“从入眼到入心”的营销定律，在心灵上与学员建立信任关系。而这套生存逻辑的内在核心就是“价值观营销”。诚然，这番道理听起来过于冷冰，但实际上所谓“价值观营销”终究是价值观在前，营销在后。

现今年轻的用户群体尤其注重自己消费的品牌的“品牌调性”是否能够彰显自己的价值观，年轻人爱谈“三观”，已经成为一种文化现象。

利用这一文化现象对年轻用户输出价值观营销，可以获得用户好感度、增强品牌黏性。

案例 7

2018 年 10 月 29 日，“世界第一屏”纽约纳斯达克大屏上出现了工工整整的汉字“我们最大的愿望是学员安全地行驶在世界各地”。趣学车借此举向国人乃至世界人民传递了驾培人的心愿，传递了自身“让天下没有难考的驾照，成为马路杀手的杀手”的使命，也赢得许多学员和潜在学员的关注和好评。

图 7　纽约纳斯达克大屏中的趣学车广告

案例 8

2019 年 2 月 19 日，广州安培驾校党员组织“学雷锋”活动，出动中巴和 9 座面包车共 8 辆，党员和司机及工作人员共 30 人，开通 4 条线路，提供免费接送与指引服务，方便农民工和外来工直接、快速到达人才市场找好工作，企业及用人单位尽快解决用工问题。受到了应聘者的一致好评。安培驾校也因为社会做实事，弘扬了社会正能量，输出了以实际行动回报社会的价值观。此次活动出乎意料地为安培驾校带来了倍增的招生量。

四　如何评价一次营销活动是否成功？

绝大多数营销活动的效果都立竿见影，但也有一些营销活动的效果要长期多次才能体现。那么，如何评价一次营销活动是否成功。在此列举了如下三种自检清单，如果都能满足，则说明这次活动从策划到执行都能够达到及格线，如果能够在此基础上更有创意，则会是一次成功的营销活动。

1. 营销创意策划设计自查

（1）活动是否为品牌和用户建立了熟悉感（知道品牌叫什么、知道品牌是做什么的、知道品牌擅长什么）？

（2）活动需求点是否和目标人群生活关联度高，为用户所熟知？活动需求点是否和品牌建立了有逻辑的关联？

（3）活动呈现、文案传达是否足够直观到看了就懂？参与活动的人的行为是否可以勾起他人好奇或看了就懂？

（4）传递的优势点是否合理？是不是充分体现了这项优势？消费者能不能体会到卖点？

2. 营销活动流程设计自查

（1）用户从接触到离开活动的行动过程够不够简单便利？精神上够不够轻松？

（2）活动是否有明显的峰值和一个强势的结尾？是否能够让用户容易记忆，便于提起、口述？

（3）用户参与活动的动作顺序安排是否合理顺畅，既符合用户的预期和情绪、回应了用户的好奇心，又能达到驾校的目的？

3. 活动激励自查

活动礼品、奖品是否稀缺？是否对学生有较强的吸引力，很多人想要？在活动设计和规则文案上，是否会让看的人感觉可以轻松获得，不参加就吃亏了？

如果对照此清单自检后，营销方案能够同时满足以上三点，这将是一个60分以上的营销活动。在预算允许的情况下，就可以放心大胆地实施。

结　语

纵观2018年的驾校市场，营销形式多种多样、种类繁多，驾校需根据自身发展阶段、目标群体特征等关键信息综合评估，找到适合自己的营销方式和内容，以形成独特的品牌优势。

B.13
驾培行业信息化演变与行业效率

王 萍 张泽涛

摘 要：随着信息技术的高速发展、互联网和移动互联网的日益普及，以及产业互联网时代的到来，驾培行业信息化升级和改造的话题，越来越被从业者所关注。驾培市场已经从过去30年突飞猛进的增量市场变成接下来的低速增长的存量市场，下一个10年，我国驾培行业将进入一个从粗放式经营管理到精细化运营的变革时期，而信息化手段，是精细化运营驾校中不可或缺的一个组成部分，是提高运营效率和提升客户体验的有效方法，驾培行业的信息化，将要经历在线化、自动化和智能化三个发展阶段。

关键词：驾培行业 信息化 在线化 自动化 智能化

一 驾培行业信息化的趋势与意义

2018年，许多互联网企业纷纷曝出进军传统产业，同时也有不少传统企业涉足新兴技术。一场由技术革新带来的变化正在颠覆我们的认知，传统产业与互联网将通过数字化实现平等对话与融合。马云在“2017杭州·云栖大会”上说：“未来将不属于互联网公司，而属于利用好互联网的公司。”

知名男装品牌海澜之家为自家染缸装上了一颗聪明的大脑，运用智能设备，通过精准的数据采集，实现染色、花样设计等全流程线上化管理，实现实时监控和动态调整，实现企业节能减排、提质增效，解决了合格率低等问题。24 小时监测、数据化驱动、精细化生产、自身全程控货等关键词已经渗透这个传统经济的典型代表服装行业。服装行业利用大数据、云、人工智能等数字技术提高产品的产出和效率也并非个例，实际上，如今各行各业都在暗流涌动。《2019 数字化趋势报告》指出，当前数字化的应用领域正从互联网行业向政府、金融、零售、农业、工业、交通、物流、医疗健康等深入。互联网大数据在加速向传统产业渗透，驱动生产方式与管理模式变革，推动各行各业向网络化、数字化与智能化方向发展，作为传统行业之一，驾培行业中的这一趋势也不可抵挡。借力互联网，传统驾校可以更好地设计出满足学员需求的产品和服务、更有效地运营管理，从而从整体上优化组织结构、提升内部效率。

今天，我们已经来到了一个“ABCD（AI 人工智能 +Blockchain 区块链 +Cloud 云 +Data 大数据）+X”的新技术推动的产业新周期，人工智能是继蒸汽机、电气后的第三次生产力革命；区块链是继股权、期权后的第三次生产关系革命，给用户分钱的币权机制正在重构每一个经济体，它在加速每一个产业的迭代，所有产业都将值得重做一遍。

驾培市场已经从过去 30 年突飞猛进的增量市场变成接下来的低速增长的存量市场，下一个 10 年，驾培行业也将被重做一遍。未来全社会的趋势是一个实体经济和虚拟经济通过数字化实现平等对话、高度融合的时代，也是消费需求牵引整个培训需求的时代，驾培行业的未来属于做好培训与服务的企业，更属于懂得用好新技术的企业。

驾培行业信息化将朝着线上化、自动化和智能化三大方向发展。线上化和自动化将帮助驾校提升效率、降低人力成本、减少运营出错率；智能化将不仅对驾校经营提供数据智能化的决策支持，还将提供个性化的产品和服务，满足学员的个性化需求，有效提高学员满意度，扩大产品品牌的影响力，最终帮助驾校提高招生价格、提升营业收入和经营收益。此外，要分析企业自身信息化所处阶段，包括不同的信息化内容、具有的各自特点、合适的推动方式等，可以考虑引入“外脑”，帮助驾校认清现状、分清阶段、厘清思路，有针对性采取推进方法，如此才能取得事半功倍的效果。

二 驾培行业信息化的方向

驾培行业的未来发展必定是跟技术升级密切相关的，一定会经历线上化、自动化和智能化三个发展阶段。线上化是驾培行业产业升级的基础，自动化是服务效率提升的关键，智能化则是所有服务行业的未来。

（一）线上化

“互联网 +”驾校最本质的价值是能够通过对驾校产生的数据进行管理，提高驾校的生产效率、管理效率，并将数据用于驾校的成本分析，从而有效帮助驾校降低各项成本。对于驾培行业来讲，线上化就是把驾校的学员数据从人工记录或分散的电脑文档，转移到云端的管理系统上。驾校在生产过程中产生的相关培训数据，全部在线上存储并计算，驾校的管理者和工作人员可以清晰地了解学员培训流程中的每一个节点的数据，这有助于降低学员数据出错的概率，提升人效。简要地说，线上化的主要目的是“通过数据，提高效率”。

下面针对驾考培训流程中的各个节点阐述当前驾校是怎样实现线上化的。

1. 学员报名

未实现线上化的驾校会将学员的身份信息、联系方式、班型信息、已缴金额、介绍人等信息全部通过 Excel 表格的方式进行记录，一旦表格损坏或者丢失，驾校想要找回学员数据变得十分困难，也会影响到后续的培训工作。

实现线上化的驾校，驾校文员登录驾校管理系统，将报名学员的身份信息、联系方式、班型信息、已缴金额、介绍人信息等录入系统后，报名学员的数据会储存至云端数据库中，无论何时何地，只要拥有登录账号的驾校工作人员登录驾校线上的管理系统，就可以查看驾校学员报名的相关信息，并且能够实现全驾校的数据同步，大大减少了文件损坏造成数据丢失的可能性。

2. 科目一、理论学习

驾校学员的理论学习部分，一直都是传统驾校无法真实触达的。在不与学员沟通的情况下，驾校无法得知学员真实的理论学习情况，这样一来，理论学习部分的考试通过率也就无法得到保证。

全国推行驾考计时打卡流程，理论学习后，学员可以自行在学习网站中进行理论模拟考试。实现线上化的驾校可以通过管理系统获取学员在学习网站上的模拟考试成绩，通过对获取的模拟考试成绩进行分析，可以得出该学员通过理论考试的成功率。如果成功率高，驾校就可以为学员约考；如果成功率低，可以叮嘱学员再仔细学习几遍。这样一来，驾校可以很好地了解学员的理论学习情况，也可以提高驾校理论考试的通过率。

3. 科目二、科目三培训

驾校实现线上化，改善最大的就是科目二、科目三的实操培训部分。未实现线上化的驾校，教练和学员需要在微信群里进行沟通，沟通好之后才可以去训练场练车。这种方式沟通成本太高，也浪费了学员和教练的大量时间，且不方便驾校的统计和管理。

在实现线上化的驾校，教练可以使用线上系统生成的微信教练端小程序，根据自己的时间安排，配置每天的课程时段，并设置每个时段可以教学的人数。配置成功后，学员登录学员端小程序，就可以看到自己教练所放的课程，并可以线上约课。教练可以在小程序中查看约课的学员和学员的学时情况，这样的线上操作，不仅减少了教练与学员日常无效的沟通，也方便驾校管理查看教练的培训情况和学员的练车情况。

同时在学员考试通过后，驾校的工作人员不需要问每个人的考试成绩，使用线上的管理系统，可以登录到 122 网站获取学员的考试成绩，并在系统内同步成绩。系统会根据学员的考试成绩，来调整学员的学习进度，从而简化驾校的工作流程，实现内部的数据自动同步。

4. 驾校内部的管理

实现线上化的驾校的管理变得简单起来，驾校管理员在系统中添加驾校工作人员，并配置好账号。驾校工作人员用自己的账号登录系统后，就可以在系统中完成学员的报名添加，确认缴费、学习进度管理、考试成绩管理等工作。管理者通过登录系统，就可以查看整个驾校的学员数据和驾校的运营情况。

对于招生而言，实现线上化也带来了很大的便利，招生人员通过招生功能对意向学员进行添加，意向学员缴纳学费后可以在系统中直接转化成驾校学员，节省了招生人员与前台工作人员的沟通成本。系统也会在使用者自定义的时间段生成该时段的招生统计报表，方便驾校对招生人员的工资结算，可减少人工统计产生的误差。

赣州蓝鲸驾校在使用驾多多驾校管理系统后，整体的运营情况得到了很大的改观。驾校工作人员在驾多多中为学员进行添加报名操作，学员的信息保存至系统中，待学员信息预录入成功后，系统会自动将学员的学车进度更改为科目一。驾校工作人员通过对学员平时科目一模拟考试成绩的分析，判断学员是否可以参加理论考试，如果可以，则为他安排考试时间。理论考试通过后，学员的学习进度会自动更改为科目二，工作人员将科目二的学员分配至驾校的教练名下，教练可以在“驾多多”小程序上进行放课，学员在小程序上进行约课，整个流程全部在线上进行，在减少了沟通成本的同时也大大提高了驾校的培训效率。对于可以参加考试的学员，教练可以将他们添加到考试计划中，并为他们约考，整个过程实现了无纸化、线上化，不仅提高了驾校的沟通效率，也节省了驾校的人力成本。

对于驾校管理者，通过登录驾多多管理系统查看操作日志，就可以查到哪些学员发生了状态的改变，以及驾校员工在系统内的操作动作，驾校整体情况一目了然。

驾考的培训流程正在逐渐地从纯线下升级为线下线上结合。线上化所带来的精准、同步、便捷，吸引着越来越多的驾校，驾校管理系统成为越来越多驾校的选择。

（二）自动化

1. 流程自动化及其优势

流程自动化是未来三到五年的发展趋势，甚至在部分高新技术行业已经实现；对于驾培行业来讲，应该抓住这个未来的机会，这甚至是必须进行的进化。既然无法避免，那我们就很有必要去了解流程自动化到底是什么。

流程自动化，可以通过自动触发流程节点，立即给出最准确、最快捷的解决方案，让多个流程相互串联、协作。让数据真正地发挥作用，将行业中的人从机械的、重复的工作中解脱出来，去执行系统之外的探索和创新。例如，在现在物流行业，基本实现了自动化的分发，阿里巴巴的菜鸟物流是在这个行业走在最前端的现实例子。曾经的物流行业在分发快递时，都是以人工为主，而现在的物流行业，已经实现物流过程中的自动化，如自动识别、自动检测、自动分拣、自动存取、自动跟踪物流等，这大大地增加了物流的效率和收益比。

简单来说，业务流程自动化通常由一个事件开始，例如学员报名。而这又需要一套预先确定好的工作步骤或流程，最后以报名成功结束。在此流程中不需人的参与，这便是一个小小的流程自动化。

对于驾培行业来说，业务流程相对固定，因此在具有一定的线上化数据后，就有了实现驾考流程自动化的先决条件。这时就要思考如何进行"驾培流程自动化"，实现"提速""提效"。在我们思考并实践对"驾培流程"的自动化管理后，将拥有很多以前并不具有的优势。例如:（1）错误率大幅降低;（2）数据实时性和准确率得到提升;（3）复制与维护的简约化;（4）高效、简洁的团队合作;（5）全可视化的业务流程。

更简单地说，对于驾培行业最终形成的自动化，将是从学员来报名这一个动作开始，就会像多米诺骨牌一样，流程自动进行，而我们的工作仅仅是在这一流程之中的关键节点设置开关，像火车的变轨器一样，变轨器需要大力气去做，而其他的我们仅仅需要动一动手指就可以完成。通过分析自动化的业务流程，驾培机构整体的工作流可以得到改善，从而提高效率，同时减少明显的人为错误，每个工作的角色和责任更加明晰。

2. 驾考流程自动化所带来的收益

驾考流程自动化会给行业带来那些收益呢？举个例子，A 驾校是一个独立运营的驾校，业务范围除了正常的学员培训外，还有一大部分的精力投入招生中，那自动化管理，可以带来什么？

（1）学员进度：自动触发下一阶段学习。不需人为的干涉，当自动化实现后，会根据学员的基础信息、考试成绩等，自动为学员、教练员展示当前阶段，自动识别条件，自动进行下一步安排，自动为学员触发下一步提醒，不需人为参与，更快捷、更高效。

（2）学费缴纳：驾考流程自动化也会对驾校所能提供的服务进行量化，学员选定班型后，后续都可以按流程自动进行。如自动生成缴费单、线上支付、线上签订学车合同、线上开具电子发票（餐饮行业中的肯德基已经在手机点餐上实现了发票自动生成，并发送给客户）。

（3）日常管理：驾校在驾考流程自动化下，将无须劳神费力地组织学员，一遍一遍地去为学员安排什么时间体检，什么时间去做什么，当驾考流程自动化部署后，这一切的工作都会自动完成，为学员排号，系统会自动计算什么时候需要做哪一步，并同时提醒学员，准确、高效也更节约时间。

（4）驾校收益：当驾考流程自动化部署后，将大大提高收益。可以从快递行业的自动化经验获得启发。随着近些年电商行业的快速增长，中国快递行业的整体规模迅速壮大，年业务量已超过 300 亿件。尤其是在“双 11”期间，存在人工成本居高不下，快递物品种类繁多、规格杂乱不一等问题，但是仅仅在快递分拣这一个细分领域中加入了流程自动化，从揽件、放件、分类、集中装车这几个步骤，就帮助快递行业节约了用工成本的 40%，而这一数字随着自动化的更加普及，也会越来越高。产业自动化第一阶段不是不需要人，而是将人均单位时间内所能做的事翻倍提高。

对于驾培行业来说，教练在单位时间内的产出、场地的利用率、学员在驾校时的效率等，都可以在驾考流程自动化中得到明显提升。

（三）智能化

2019 年，李克强总理在《政府工作报告》中四次提及“人工智能”，强调指出要“加强新一代人工智能研发应用”“发展智能产业”。

智能化，是未来中国 30 年继续发展的重要方向。作为国家战略焦点的人工智能正在作为基础设施，逐渐与产业融合，加速经济结构升级，并将对人们的生产和生活产生重要且深远的影响。信息行业、制造业、服务业、农业等都要全面拥抱智能化。驾培行业属于教育服务行业，同样要拥抱智能化。

1. 什么是智能化?

依托产业基础设施发生的巨大变化、大数据和人工智能的日趋成熟，算法能力提升，做到智能匹配。通过对多元形式的、从众多来源搜集而来的实时性的庞大数据组进行原始数据采集、数据预处理和清洗、数据探索式分析、数据计算建模、数据可视化等，为学员提供差异化、个性化的服务，对驾校经营提供数据智能化的决策支持。

2. 智能化能做什么?

（1）学车前：根据学员性别、地域、年龄、行业等数据信息，通过社交网络、电商网站、学员访问记录，将这些数据进行大数据分析，运用数据深度挖掘技术，智能匹配最适合学员的培训方案，包括教练选择、班型选择、保险选择等，带给学员最完美的学车体验。

学员选择驾校的方式由熟人推荐、网络搜索转变成智能化匹配，选择教练由驾校随机安排变成智能化匹配最合适教练，使学员获得个性化培训服务。

（2）学车中：智能教练成为改造驾培行业、提升学员体验的切入口，预计未来三到五年内大部分驾校训练场内将实现智能化教学，围绕培训的相关服务也将逐渐智能化。

智能教练可以让人工教练从重复劳动中解放出来，让更多学员同时进行实操练车，实现车辆、场地和有效时间的最优化利用。智能教练能够进行规范化、流程化、精准化甚至人性化（机器人教练完全可以做到文明教学，对学员一视同仁，永远保持耐心，不给学员压力）的教学，减轻教练员的劳动强度，提高教学质量。驾驶人驾驶行为数据化之后，通过对大数据的分析，预测学员学习特点，可以为学员定制针对性的教学方案，实现分类教学。通过深度数据分析可以发现学员操作中的细微错误，加以正确引导，可极大提高学时有效性。大数据分析表明，智能教练培训过的学员考试合格率比人工教练更高。

例如，北京某科技公司研发的机器人教练曾经在 CCTV 新闻频道亮相，引来了社会各界媒体、驾驶培训行业协会、政府部门、驾校以及印度、韩国、日本、美国等国驾驶培训行业的广泛关注和好评，并已在河北、湖南、新疆、黑龙江、上海、广东、山西、陕西等多个省份的驾校进行了实践应用。2017年发布了第三代人工智能机器人教练，经过2年多人工智能机器人教练的大规模实践应用，每一个学员的学车数据和驾驶行为数据，都已被记录下来，从而有了海量实战型训练数据。相关行业专家分析，这一进步不仅能够为驾校提供有力的数据支撑，让驾校和教练清楚每一个学员的水平，同样也为日后学员驾驶上路后的交通行为管理，提供了预判。

（3）学车后：记录学员练车过程中产生的完整数据，结合学员自身的喜好和收入情况等，通过数据分析挖掘有价值、有规律的信息，通过智能预测和分析支持，为学员推荐理想的私家车品牌型号和购买渠道。

通过对基于虚拟现实技术、内容动感特效模拟及多维度动感技术来模拟真实驾驶的VR虚拟驾驶技术的运用，全方位为学员提供逼真的练车体验。可以模拟现实中可能出现的交通危险情况，如车辆碰撞、高速公路、连续急弯山区路、隧道、湿滑路、紧急情况处置等，对驾驶人员进行有针对性的培训，加深学员在恶劣天气条件下的驾驶感觉，强化在紧急情况下的应急反应意识和安全驾驶能力，以有效提高培训质量和培训效率。分析学员在虚拟练车产生的数据，可以为学员匹配班型、选择教练提供依据。

VR驾驶模拟器的使用不需要投入大量的固定资产，车辆、燃油、驾驶员、土地等方面的投入都可以大幅度降低。目前由于技术瓶颈的原因，VR驾驶模拟器并未得到大范围的推广和使用，相较于现实开车，有比较大的驾驶感知方面的差别，而且戴一段时间后，容易出现视线模糊、头晕等不良反应。在技术快速革新的时代，只要VR技术得到重大突破，当前的一些技术性问题获得解决，VR驾驶模拟器必将在驾培行业被大量运用。

北京东方时尚驾驶学校已经将VR虚拟现实技术融入交通法规课程当中，把交通事故情景还原，让学员可以身临其境体验在驾驶过程中因操作不规范而引发的交通事故，学员现场感较强，可以更好地督促学员遵守交通法规、文明驾驶车辆。由于虚拟现实技术能给人超强的沉浸感，东方时尚的这一做法可以让学员更加深刻地体会到交通安全的重要性。

驾校经营决策智能化管理系统为驾校合理配置资源，为经营管理提供全面的智能化决策支持，以建立并维持企业运营的良好秩序，进而为驾校业绩提升提供数据支撑。

大数据挖掘技术还可以帮助驾校选址、确定资源配置、设计班型，帮助驾校对学员进行精准的分类，有针对性地提供个性化的产品和服务，满足学员的个性化需求，有效提高学员满意度，扩大品牌的影响力。

三　驾培行业如何拥抱产业信息化

（一）何为产业信息化?

产业信息化不等同于企业信息化，它是指以信息技术提升产业效率，围绕“四流三周期”，即物流、资金流、业务流、价值流和产品生命周期、企业生命周期、产业生命周期，构造以信息化带动其他要素流动的产业关联，对资源优化配置、整合，对过程优化重组。当然，它的运行核心是企业信息化，宗旨是减少产业成本，防范和减少不确定性。

产业信息化一般来说包含三个内容：企业内部生产流程的信息化，企业间的信息化交互，行业与其他行业信息化协同。

产业信息化是提升企业运作效率和行业发展质量的基础，更是对抗不确定性的重要保障。但若信息化运用得不好，也存在较高的失败风险；因为信息化具有较高的复杂性、实施落地的困难度，且需要较高水平的人才支持。

（二）驾培行业信息化程度低

虽然各城市车管所系统在不断优化信息化手段，推行无纸化办公。但当前驾培行业的信息化程度依然很低，全国登记在册的近 2 万家驾校中，拥有一定现代化信息手段的驾校，只有不到 10%。完全实现招生、培训和内部管理信息化的驾校不足 1%。

驾培行业信息化程度较低的原因主要有以下四条。

（1）因驾校经营粗放，服务流程不够精细标准，校长信息化经营意识淡薄，对驾校信息化的需求并不是十分迫切。

（2）驾校信息化建设投资少。当前驾校行业竞争白热化，很多驾校经营在亏损线上，不愿意为信息化系统投入成本。

（3）实施信息化的人才不足。绝大部分驾校不具备信息化系统研发和维护人员。

（4）市场上的驾校信息化系统质量参差不齐，缺乏统一标准，驾校落地部署难度高。

案例　驾校信息化系统服务商军博软件的生存现状

军博软件，成立于2009年，专注于驾驶员培训学校相关产品的研发与销售，是驾培行业的老牌软件服务公司。其核心产品有驾校管理系统、预约培训收费系统、3D仿真驾驶系统，驾校用户累计3000多家。军博的产品从最开始的PC客户端单体软件发展到后期BS结构的Web系统；收费模式则是采用一次买断、终生使用。在2009~2014年全国驾校学员快速增长的时期，发展迅速，让驾校开始使用现代软件进行内部管理。在2015年之后的几年，移动互联网越来越普及，学员和驾校都希望能在移动端获得服务，但军博软件没有及时抓住这次机遇，产品升级太慢。又因为其收费模式，驾校不愿意额外付费升级新系统，再加上全国驾考政策的变化，以及各地学时系统和12123系统的上线，军博软件在驾校实际的使用率逐渐降低。

四　如何推动驾培行业信息化

驾培行业信息化的障碍来自三个方面：一是驾培业务的特性；二是驾校管理的复杂性；三是信息技术的局限性。要真正成功地在驾校实施信息化，抓住行业信息化系统的关键尤其重要。很多驾校在实施信息化过程中失败的原因集中在准备不足，轻视了信息化的难度，以为买一套管理系统就万事大吉。

驾校经营者是信息化系统的买单者，其经营意识直接关系驾校实施信息化的深入程度。驾校经营者要做好实施信息化的目标和配套的流程管理落地方案，并且适当引入技术顾问，帮助驾校分析已有的业务流程，并有针对性地选择现有系统或者寻找外包公司定制开发。以经营者诉求为核心，以服务人员和教练习惯为基础，以提升效率和服务体验为目标，最终才有可能成功。

如何平衡驾校经营者、员工和学员三者的关系，考验每个驾校经营者的智慧。在驾校调研访谈中发现，服务和管理水平比较高的驾校，内部的信息化一般都做得不错。比如沈阳的八棵树驾校、福州的安吉驾校。

成功案例 1　南京“乐享学驾”

南京市的“乐享学驾”就是当地驾校行业信息化的成功案例。乐享学驾是一款以信用管理为基础的公益、服务性管理软件。相较于其他类似产品，对行业服务品牌的认定，对学员投诉纠纷的受理和调解处理等，是该 App 的特色优势。系统共包括学员客户端、教练员客户端、校长客户端和行业管理部门客户端四个版块。学员客户端展示信息主要包括“乐享学驾”服务品牌联盟成员驾校名单、全市所有驾校信用等级、基本信息、教练员信息、学驾须知、教学大纲、培训合同范本、投诉途径和学员对驾校及教练员的评价信息等内容。从 App 发布至今，系统在册可供学员自主选择的教练员达 1800 余名，日均通过 App 进行报名和预约培训的学员突破 1000 人，App 使用流量达到 6 万多人次。

成功案例 2　福州安吉驾校

最近三年福州安吉驾校每年实现经营规模增长一倍。安吉驾校的校长易超认为驾校经营制胜的关键，在于将效率提升到极致。而这一切归因于该驾校通过信息化系统，成功实现了“阿米巴经营模式”。而所谓的阿米巴经营模式，是一种提升效率的内部组织和经营模式，就是将企业拆分成可独立核算的最小组织模块，充分赋权，独立核算。让每一个模块，自行制定各自的计划，并依靠每个团队成员的智慧和努力来达成目标。基于此，安吉驾校将驾校拆分成管理中心、办公室、招生培训部、财务中心、信息中心五个模块。五个模块相互协作，又独立核算，全部成员零底薪，都为经营目标负责，靠绩效获得收入。

安吉驾校能成功实现阿米巴的关键，除了组织和模式设计外，信息化系统的支撑功不可没。因为经营信息的快速协同和自动化，是各模块能够快速行动和决策的基础。比如办公室文员在将学员的报名和约考信息录入系统后，财务中心就能无缝合作进行缴费，培训中心就能及时安排学员的集训。教练也通过教练助手的手机App，实时了解当前各科目的学员库存情况，及时跟进学员，安排培训或考试，保证每个月学员科目考试的通过人数。校区主管则通过驾校助手的手机App，实时了解校区的整体库存和每个教练的招生和培训情况，及时进行沟通、指导和人员的调整，保证每个教练都能掌握到好的招生方法和培训方法。主管还能快速地获得学员的信息档案，更好地处理学员的投拆反馈。

综观信息化落地，企业的几个核心诉求无非合规、避险、增效、降本。换个角度看驾校信息化，其实信息化和营销、品牌、人才等的管理一样，只是驾校管理的一部分内容。只有让驾校认识到信息化的投入产出比是合理的，即使在落地过程中会有很多困难，也能够得到实施。相反，若只是为了信息化而信息化，驾校经营者看不到实际好处，那最终肯定会失败，无法持久。但信息化的真正成功，既须实现内部流程效率的提升，又须实现学员服务体验的改善，从而获得更好的学员满意度，提升驾校的服务口碑，最终提升经营规模和利润。

五　信息化产品的商业模式

（一）传统软件买断模式

军博、1039等老牌软件公司使用的是这种付费模式，通常是第一笔收几万元到几十万元不等的费用，包括定制开发费用，以后每年收部分维保费用。

这和卖电视一样，卖一次基本上这个客户未来几年都和你没关系了。驾培行业的客户数量有限，这样的付费模式天花板很低，这就是部分老牌软件公司现在面临营收增长乏力的主要原因。

（二）SaaS订阅模式

传统软件的买断模式将难以为继，因为买断后团队缺乏动力去帮助客户用好产品，而 SaaS 的收费模式是续费。SaaS 公司有一个内在的机制，每年都会找客户续费，所以需要不断帮客户解决问题。SaaS 公司通常会有一个客户成功团队，它的 KPI 就是客户的续费率，因此它会想尽办法调动产品资源、研发资源、服务资源甚至公司高管资源，去帮客户解决问题。在驾培行业中，“驾多多”采用的就是这种模式。

（三）消耗模式

消耗模式类似百度关键字投放，其实是按效果付费。你先存 5000 元，消耗过程带来商机，有效果了再预存 1 万元，带来了一批客户效果不错，再预存 2 万元……驾培行业中驾考宝典对应的就是这种模式。这种模式能让客户看到实际的效果，但还需要系统本身好用，如果系统不好用，就会沦为客户仅仅用来领取线索的地方，并不能深入全流程帮助客户解决问题。

（四）分成模式

产业互联网是一个大趋势。以前都说“互联网 +”，但今天大家都认识到应该是“产业 + 互联网”。用互联网的方式来产生新的业务流程和新的业务模式，只有深入产业改造产业，才有机会创造更大的价值和分享更大的成果。分成模式的典型代表美团，除了给餐馆流量，提升客流，还收购了 7 家餐饮管理软件开发公司，向餐厅提供收银、进销存等管理软件，进而向餐厅提供原材料的供应，实现流量、工具和供应链的深度赋能，帮助餐饮店提升营收、提高效率。

在“驾培行业 + 互联网”的方向上，也有机会实现商业模式上的创新和升级，更进一步深入业务的模式才是行业信息化下一步的方向和突破口。

“驾多多”在做模式上的创新和探索，期望向中小型驾校输出品牌、输出服务标准、输出技术系统、导入学员，解决驾校在品牌、管理、服务效率、获客等方面资源受限的困境，帮助驾校高效运营，提升体验，增加营收，最终实现规模化、品牌化、互联网信息化、服务标准化、用户粉丝化、资产证券化。

S 基本子库
UB DATABASE

中国社会发展数据库（下设 12 个子库）

全面整合国内外中国社会发展研究成果，汇聚独家统计数据、深度分析报告，涉及社会、人口、政治、教育、法律等 12 个领域，为了解中国社会发展动态、跟踪社会核心热点、分析社会发展趋势提供一站式资源搜索和数据分析与挖掘服务。

中国经济发展数据库（下设 12 个子库）

基于“皮书系列”中涉及中国经济发展的研究资料构建，内容涵盖宏观经济、农业经济、工业经济、产业经济等 12 个重点经济领域，为实时掌控经济运行态势、把握经济发展规律、洞察经济形势、进行经济决策提供参考和依据。

中国行业发展数据库（下设 17 个子库）

以中国国民经济行业分类为依据，覆盖金融业、旅游、医疗卫生、交通运输、能源矿产等 100 多个行业，跟踪分析国民经济相关行业市场运行状况和政策导向，汇集行业发展前沿资讯，为投资、从业及各种经济决策提供理论基础和实践指导。

中国区域发展数据库（下设 6 个子库）

对中国特定区域内的经济、社会、文化等领域现状与发展情况进行深度分析和预测，研究层级至县及县以下行政区，涉及地区、区域经济体、城市、农村等不同维度。为地方经济社会宏观态势研究、发展经验研究、案例分析提供数据服务。

中国文化传媒数据库（下设 18 个子库）

汇聚文化传媒领域专家观点、热点资讯，梳理国内外中国文化发展相关学术研究成果、一手统计数据，涵盖文化产业、新闻传播、电影娱乐、文学艺术、群众文化等 18 个重点研究领域。为文化传媒研究提供相关数据、研究报告和综合分析服务。

世界经济与国际关系数据库（下设 6 个子库）

立足“皮书系列”世界经济、国际关系相关学术资源，整合世界经济、国际政治、世界文化与科技、全球性问题、国际组织与国际法、区域研究 6 大领域研究成果，为世界经济与国际关系研究提供全方位数据分析，为决策和形势研判提供参考。

法律声明

“皮书系列”（含蓝皮书、绿皮书、黄皮书）之品牌由社会科学文献出版社最早使用并持续至今，现已被中国图书市场所熟知。“皮书系列”的相关商标已在中华人民共和国国家工商行政管理总局商标局注册，如LOGO（ ）、皮书、Pishu、经济蓝皮书、社会蓝皮书等。“皮书系列”图书的注册商标专用权及封面设计、版式设计的著作权均为社会科学文献出版社所有。未经社会科学文献出版社书面授权许可，任何使用与“皮书系列”图书注册商标、封面设计、版式设计相同或者近似的文字、图形或其组合的行为均系侵权行为。

经作者授权，本书的专有出版权及信息网络传播权等为社会科学文献出版社享有。未经社会科学文献出版社书面授权许可，任何就本书内容的复制、发行或以数字形式进行网络传播的行为均系侵权行为。

社会科学文献出版社将通过法律途径追究上述侵权行为的法律责任，维护自身合法权益。

欢迎社会各界人士对侵犯社会科学文献出版社上述权利的侵权行为进行举报。电话：010-59367121，电子邮箱：fawubu@ssap.cn。

社会科学文献出版社